A vida vai dar certo para mim

Iyanla Vanzant

Autora de *Enquanto o Amor não Vem*

A vida vai dar certo para mim

Pensamentos para o crescimento espiritual e a paz interior

SEXTANTE

Título da edição original em inglês: *Until Today*

Publicado em acordo com a Simon & Schuster, Inc.

tradução
Claudia Costa Guimarães
Regina da Veiga Pereira
preparo de originais
Regina da Veiga Pereira
revisão
José Tedin Pinto
Sérgio Bellinello Soares
capa
Glenda Rubinstein
projeto gráfico e diagramação
Marcia Raed
fotolitos
R. R. Donnelley Mergulhar
impressão e acabamento
Cromosete Gráfica e Editora Ltda.

CIP-Brasil. Catalogação-na-fonte
Sindicato Nacional dos Editores de Livros, RJ.

V383v Vanzant, Iyanla, 1953 –
A vida vai dar certo para mim
/ Iyanla Vanzant ; tradução de Claudia Costa Guimarães e
Regina da Veiga Pereira. – Rio de Janeiro : Sextante, 2003

Tradução de: Until today
ISBN 85-7542-071-2

1. Negros – Livros de oração e devoções. 2. Devoções diárias.
I. Título.

03-1097. CDD 291.43
CDU 291.4

Editora Sextante / GMT Editores Ltda.
Rua Voluntários da Pátria, 45 – Gr. 1.404 – Botafogo
22270-000 – Rio de Janeiro – RJ
Tel.: (21) 2286-9944 – Fax: (21) 2286-9244
Central de Atendimento: 0800-22-6306
E-mail: atendimento@esextante.com.br
www.sextante.com.br

AGRADECIMENTOS

Fico humildemente grata por ter sido incumbida e designada para a impressionante tarefa de lembrar aos filhos de Deus o quanto somos divinos. Eu aprendi, passo a passo, como deixar de esperar o pior; como deixar de viver de acordo com as expectativas alheias; a ouvir o meu coração; e, acima de tudo, a perceber que eu, de fato, estou bem agora. Admito que nem sempre fui uma boa aluna. Muitas vezes deixei de fazer o meu dever de casa, tentei colar em uma prova, copiei a vida de outra pessoa, ou cheguei atrasada ou despreparada na aula – em algumas ocasiões, as duas coisas. Reconheço que, com enorme freqüência, aprendi as minhas lições gritando e esperneando, negando e resistindo. Muitos foram os dias em que tive de ficar sentada num canto. Muitas foram as vezes em que tive de repetir uma matéria. Eu sou a primeira a admitir que as minhas bênçãos, o meu brilhantismo e sorte são fruto do empenho de meus mestres. A cada um de vocês, por sua paciência, fé e recusa em desistir de mim, sou humildemente grata:

Para os meus filhos e meu Conselho da Sabedoria, Damon, Alex, Gemmia e Nisa, eu quero o melhor!

Para os meus netos, Oluwa, Niamoja, Adesola e Asole, vocês são a luz do meu sol!

Meu marido e melhor amigo, Adeyemi Bandele, faltam só oito quilômetros! Eu deixo você dirigir!

Minha melhor amiga e irmã espiritual, Shaheerah Stephens, não existe montanha alta demais!

Meus parceiros de preces que estão sempre me mantendo

na luz, Raina Bundy, Sarah Porter, Rev. Chester Berryhill e Vivian Berryhill, eu simplesmente não sou capaz de dizer tudo o que desejo!

As Pessoinhas: Simone, Devon, Damali, vocês sempre terão beijos quando precisarem deles!

Meus irmãos mais velhos, Rev. Jeremiah Wright e Rev. Willie Wilson, a sua genialidade se revela!

Minha assistente, Bernadette Griggs, que está sempre pronta para tudo, tenho uma dívida com você!

Minha paciente editora, Trish Todd, não vou mais fazer promessas!

Meu maestro particular, Kenneth L. Browning, só uma cançãozinha de amor à moda antiga!

Para *Miss Daisy*, Erika Conner, por sua persistência em atingir a sua "Grandeza".

E para todos aqueles cujo trabalho e espírito me ensinaram a SER:

Oprah Winfrey, Susan Taylor, Paul Ferrini, Marianne Williamson, John Roger, Andrew Weil, Neale Donald Walsh, Norm Frye, Ron Hulnick, Mary Hulnick, Sharon Heyward, Patti Webster, Donald Lawrence, L. Barrett Tyson, Louis e Kevin Hutt, Vivian e Ray Chew, a família na Harmony Records, os alunos da Universidade de Santa Mônica, Rev. Floyd Flake, Rev. June Juliette Gatlin, os *Angels of Inner Vision:* Almasi, Adara, Ahmed, Candance, Cochise, Danni, Doyle, Ebun, James, Janet, Judith, Rev. John, Larcenia, LaTonya, LaQuita, Lucille, Lydia, Maia, Maxine, Muhsinah, Sherman, Viviana, Yawfah e para todos aqueles que enviaram preces e bênçãos em minha direção. Finalmente, um obrigada muito especial para minha irmã-mãe, amiga e guerreira de preces, Helen Jones, pois *você sabe das coisas!*

Dedico este livro à minha irmã mais velha,
Sua Alteza Real Leola Iyalu Oredola Opeodu;
a Edna Hassell e Grady Owens,
cujos espíritos vivem em meu coração para sempre.
E àqueles que se encontram na jornada rumo
à verdade e à integridade; àqueles que iniciaram
a jornada mas encontraram um motivo para parar;
àqueles que querem iniciar a jornada
mas não sabem como começar; àqueles que têm perguntas
sobre a jornada e têm medo de fazê-las; àqueles que
se dispõem a fazer a jornada, mas cuja carne traz a
marca de seus traumas; àqueles que já fizeram
a jornada e se dispõem a fazê-la outra vez.

A todos nós, que nossos caminhos
sejam iluminados pelo amor de Deus!

Conteúdo

INTRODUÇÃO:
Sempre há algo mais a ser dito!

JANEIRO: Vida

FEVEREIRO: Amor

MARÇO: Consciência

ABRIL: Reconhecimento

MAIO: Aceitação

JUNHO: Perdão

JULHO: Compreensão

AGOSTO: Fé

SETEMBRO: Confiança

OUTUBRO: Valor

NOVEMBRO: Serviço

DEZEMBRO: Paz

INTRODUÇÃO:
Sempre há algo mais a ser dito!

Se por acaso ninguém tiver dito hoje que ama você, será uma grande honra para mim ser a primeira a dizer: *eu amo você hoje!* Eu amo você porque você existe e se dispõe a crescer. E como você cresceu! Ao crescer, você passou da luta para a busca. De tentar fazer para aprender a fazer. De ter medo a poder demonstrar a sua coragem. Você cresceu de muitas maneiras, sempre expressando a sua disposição e coragem de dar o passo seguinte – o passo em direção à sabedoria divina que se encontra oculta no seu eu mais profundo. O passo em direção ao autoconhecimento. É exatamente por isso que eu amo você – porque você é um ser tão profundamente divino.

O crescimento é uma experiência profunda. Pode ser lindo ou feiíssimo, pode fortalecer ou enfraquecer, pode nos levar a refletir, ou nos confundir, ser agradável ou desagradável, ou tudo ao mesmo tempo. E justo no momento em que achamos que compreendemos alguma coisa a vida parece dizer: "É mesmo? Pois então, tome!" E somos apanhados de surpresa. Então, quando estamos prestes a levantar as mãos para o céu, a desistir ou a nos castigarmos por repetirmos a mesma coisa da mesmíssima maneira, acabando exatamente no mesmo lugar, nos damos conta de que – no final das contas – não fomos tão mal assim. Você sabe que cresceu quando consegue vencer um desafio, um obstáculo ou uma dificuldade sem enlouquecer completamente. De alguma forma, durante o processo de crescimento você percebe que quanto mais cresce mais compreende e mais se anima a crescer e compreender.

E há mais aspectos seus esperando para se revelar. Há muito mais coisas do mundo que você deseja compreender. Há novas pessoas prestes a entrar na sua vida, e você vai se conhecer melhor através de suas experiências com elas. Há tantas informações novas vindo em sua direção, e você vai se enriquecer com elas. Há muitas riquezas, bem-estar, paz e alegria à sua espera, e, porque eu amo você, desejo-lhe o melhor. Oferecer-lhe este livro é uma demonstração de meu apoio, é uma garantia de que estou ao seu lado ajudando você a preparar-se para as bênçãos que estão por vir.

Quero lhe contar uma história. Você já sabe que sempre tenho de contar pelo menos uma história. Pois aqui está ela:

Como preparação para um evento, dei à minha equipe uma incumbência que considerei simples. Sabe o que foi? Pedi a cada pessoa, a cada professor em potencial que se descrevesse em quinhentas palavras, na primeira pessoa, usando o presente do indicativo. Eu estava convicta de que aqueles indivíduos poderosos e amáveis, com quem trabalho há mais de sete anos, se dedicariam à tarefa de corpo inteiro. O que aprendemos durante o processo foi extremamente terapêutico para todos nós.

Ao nos sentarmos para examinar cada resposta, os integrantes de minha equipe me disseram como ficaram aflitos ou até mesmo amedrontados. Sei, por experiência própria, que examinar a si mesmo, parar para pensar no que fazemos e em como nos sentimos pode ser uma tarefa extremamente desafiadora e assustadora. Compartilhar essa informação com outros, então, é pior ainda! Mas os membros de minha equipe sabiam que a jornada que nos leva à auto-aceitação e ao amor por nós mesmos precisa começar com um auto-exame. Todos nós sabíamos que é quase impossível crescer ou aprender com a vida até embarcarmos na jornada da auto-reflexão.

As respostas que compartilhamos naquela noite foram extremamente comoventes e radicalmente sinceras. O mais importante foi que cada um de nós encontrou um pouco de si na resposta dos outros. Mas uma das respostas se destacou. Captou aquilo que todos nós sabíamos, embora não tivéssemos a coragem ou percepção necessárias para admitir. Vou compartilhar essa resposta com você e vou rezar para que, assim como nos preparou, ela prepare você para realmente analisar como e por que faz o que faz.

Paisagens de mim mesmo

Enquanto eu pensava sobre a minha resposta a esta tarefa, me dei conta de que há três aspectos muito diferentes de mim mesmo que eu poderia descrever. Decidi então descrever, com o máximo de sinceridade, todos os três "eus" que conheci até hoje. Esses três eus formam o que eu vou chamar de paisagens de mim mesmo, paisagens que estou me empenhando em transformar. Que estou decidido a transformar.

A paisagem de quem somos muda de aparência dependendo de quem somos, da nossa posição na vida e de como escolhemos nos apresentar. Em primeiro lugar há o "eu" que costuma aparecer durante momentos como este. O eu que eu quero que os outros vejam. Este é o eu de montanhas majestosas e prados verdejantes. Este é o eu de força e poder. É o eu das grandes realizações educacionais e profissionais, da capacidade de liderança e da comprovada dedicação aos outros. Este é o eu público: o eu em que eu me empenho em me agarrar.

Em seguida há o eu que não quer ser revelado. O eu que quer se esconder. Trata-se da paisagem da fraqueza. Há muitos vales e poucos picos nesse eu. Ele inclui o que eu penso e acredito secretamente a meu respeito. Este é o eu que eu não compartilho com os outros. É o eu com quem viajo nos momentos de tristeza, de medo, nos momentos em que me sinto sem valor e sem esperança. Entretanto, sou capaz de reconhecer que este eu pode me ajudar a aprender com meus erros e falhas e crescer.

Na paisagem desse eu, a topografia inclui locais como o "pântano da auto-enganação", que transborda com a falta de sinceridade, que se encobre com a neblina do egoísmo e que fede com o mau cheiro do narcisismo. Aqui, as serpentes venenosas da procrastinação, da preguiça e da falta de disciplina procriam livremente. Com freqüência, ameaçam me comer vivo.

Perto dali encontra-se o "vale da insegurança". Este vale é pontilhado das imensas rochas do temor, formadas pelo medo de fracassar e por seixos de incerteza. O solo é árido devido às longas secas da vergonha e da culpa. Nada cresce nesse vale. Ele é coberto pelas ervas daninhas da limitação e da escassez.

O deserto da ira cerca o vale da insegurança. Ele é aquecido pelo implacável sol do ódio e do ressentimento, que dão origem aos ventos quentes da resistência, da desobediência, da competitividade e da arrogância. Esses ventos criam tempestades de areia de ciúme, maldade e inveja.

Há lugares nessa paisagem que não podem ser vistos por quem a olha. São as cavernas e grutas subterrâneas do "não sou bom o bastante" e "não mereço o que é bom", que percorrem o terreno por baixo dos pântanos, dos vales e do deserto. Essas cavernas estão por baixo de todas as cenas autodestrutivas e improdutivas. Só recentemente fui descobrir o quão profundamente essas cavernas e grutas recortam a minha vida. E foi a esses alicerces que eu me apeguei para construir minha vida. Até hoje!

Durante este trabalho, achei muito interessante verificar que, embora eu seja capaz de identificar os meus pontos fracos com imenso detalhe, sinto dificuldade em apontar os meus pontos fortes. Existe, no entanto, um terceiro ambiente nessa paisagem do eu. Não é novo, embora se trate de um local que estou apenas começando a conhecer e aceitar. Nessa terceira paisagem viceja um cenário lindo e inspirador, cenas de sonhos e aspirações. Para mim, é um local novo, porque chafurdei tempo demais no pântano do auto-engano, visitei a gruta de "não sou bom o bastante" com excessiva freqüência – com tanta freqüência, aliás, que perdi de vista o meu direito de sonhar e de aspirar aos objetivos que criei para mim.

Agora eu me vejo no meio desse novo território, tendo sonhos alegres, dedicando-me a realizá-los. Vejo o sol iluminando as colinas verdejantes da esperança; vejo praias com as areias alvas da confiança; jardins de amor-próprio e montanhas de fé na minha capacidade. Neste novo local de sonhos, eu canto e danço, deliciando-me; visito lugares onde reina uma paz de tirar o fôlego, enquanto caminho por um planeta de riquezas abundantes e converso com Deus em silêncio. Eu agora me vejo aprendendo coisas novas, ensinando coisas novas, criando objetos de rara beleza, amando e sendo amado, apaixonadamente. Mas acima de tudo eu me vejo na paisagem da felicidade. Eu apenas sou como sou, e, à medida que vou me transformando, vou sendo. Vejo-me como professor de um eu novo e verdadeiro. Sou um mestre disposto a dar apoio aos que buscam conectar-se com Deus. À medida que aprendo e que ensino a mim mesmo, terei o que compartilhar com os outros.

Ensinarei o processo inscrito no coração de acordo com o que aprendi em minhas andanças pelo deserto, pelo pântano e pela gruta, até vir descansar na praia da entrega, nos jardins dos sonhos.

Não é incrível que tenhamos de percorrer tantos lugares sombrios para encontrar a luz que sempre tivemos? Eu fugi de quem sou e voltei a me encontrar enquanto tentava ajudar os outros. Agora vejo-me com mais clareza, dedico-me a usar o que Deus me deu para atingir o que desejo e me ofereço ao bem maior deste planeta. A isso eu me dedico.

A entrega como modo de vida

Raramente nos damos conta de que a *entrega* é um instrumento precioso. Quando nos dispomos a nos entregar, recebemos uma força divina para realizar aquilo que desejamos e decidimos fazer. Entregar-se não significa cruzar os braços esperando que uma força mágica venha resolver nossos problemas. Entregar-se é colocar-se nas mãos do poder maior do universo – que muitos chamam de Deus –, confiando que ele sabe o que é melhor para nós e nos dará os recursos de que precisamos para atingi-lo. Cabe a nós usar esses recursos sabendo que talvez as coisas não aconteçam da forma que desejamos ou determinamos. A entrega requer boa vontade, abertura e disposição para aceitar e acolher a verdade. É um processo de abertura para receber o que já existe. A bondade e o amor de Deus já existem. O amor de Deus nos leva à verdade. Quando achamos que sabemos tudo, que compreendemos tudo ou que algo na vida não se aplica a nós, ficamos incapazes de conhecer a verdade. Quando nos entregamos confiantes e nos dispomos a conhecer a verdade, tudo o que ainda precisamos saber achará um meio de chegar até nós.

Por isso preparei este livro querendo que a leitura do texto preparado para cada dia, durante os 365 dias do ano, vá operando uma transformação em seu ser. Fazendo você ir descobrindo a verdade a seu respeito e a respeito das suas relações com as outras pessoas. E, por descobrir e acolher a verdade, ser capaz de receber e dar amor com mais liberdade e alegria. Fazendo você tomar posse desse amor que é a essência do seu ser. Contribuindo para sua paz e felicidade.

Os textos que se encontram em cada página deste livro ajudarão você a abrir a sua mente e o seu espírito e fundir-se com toda a bondade que Deus reserva para você. Quando nos entregarmos e nos dedicarmos a curar o nosso mundo interior, nos amando, nos respeitando e usando esse amor e respeito como padrão para a nossa relação com os outros, todas as riquezas deste mundo virão até nós. Este livro é sobre essa jornada: a de aprender a se amar e a se respeitar de dentro para fora. É só isso o que o nosso Criador nos pede.

Como usar este livro

A Vida Vai Dar Certo para Mim foi dividido em doze partes. Cada parte representa um mês, e se parte de um princípio espiritual que ajudará você a examinar, explorar e curar a paisagem que compõe os seus pensamentos e sentimentos mais íntimos. Os princípios são universais e apresentados em uma ordem que guiarão você, passo a passo, até um nível mais profundo de conhecimento do seu eu e dos processos desta vida.

A cada dia você lerá uma passagem. Ao final da passagem de cada dia, uma forma de pensar antiga será apresentada, precedida da afirmação "Até hoje". Esta afirmação representa os antigos sentimentos, ressentimentos, crenças, decisões, acordos, juízos e idéias que se tornaram habituais e impedem você de crescer. Em seguida vem uma afirmação iniciada por "Hoje": nela você se dispõe a renovar sua forma de pensar e de agir para iniciar um novo caminho, praticando essa decisão durante aquele dia.

Em alguns dias você se disporá a transformar apenas um pensamento. À medida que for se libertando da velha maneira de ver a si e as suas relações com os outros, você irá transformando sua forma de agir. Na base de cada página há uma afirmação que deve ser repetida o maior número de vezes que conseguir durante o dia, para que a transformação vá se operando, mesmo sem você sentir.

Outras disposições diárias exigirão ação. Pediremos que você faça algo de específico para colocar essa nova forma de pensar em movimento. Um querido amigo e colega, Dr. Therman Evans, ensina: "Se você se comportou durante tanto tempo de uma determinada forma, deverá repetir muitas vezes uma forma diferente para sair da primeira!" Ao declarar diariamente sua disposição, você estará anunciando para o universo a sua clara intenção de fazer o melhor, de ser melhor e de experimentar as boas coisas da vida. Serão 365 dias em que você refletirá e repetirá aquilo a que se dispõe. Imagine só! Todo dia você se levanta da cama e sai correndo para repetir os mesmos gestos, encarar o mundo com os mesmos olhos, pensar nas tarefas profissionais e domésticas, sem encontrar tempo e espaço para refletir e se perguntar se é isso mesmo o que você quer. Em vez disso, dia após dia, passo a passo, você terá a oportunidade esplêndida de se conhecer, se entender e descobrir qual é a essência mais profunda e essencial do seu ser, para construir, a partir dela, a sua vida. E quer saber de uma coisa? Eu mal posso esperar para saber de todas as coisas maravilhosas que você irá vivenciar no final de um ano de prática diária.

Quero ser bem clara: não desejo, com as práticas que lhe ofereço, substituir as suas devoções diárias. Na verdade, como cada disposição incluída neste livro foi baseada num princípio espiritual, você poderá incorporar o trabalho que fará no decorrer deste ano com qualquer prática religiosa ou espiritual. Não estou querendo converter ninguém, estou apenas oferecendo um companheiro de jornada. Você também verá que alterno o uso das palavras Deus, Espírito e Universo. Faço isso porque desejo que todos se sintam confortáveis. Como sempre, sinta-se à vontade para substituí-las por qualquer Ser sagrado que você tiver o costume de invocar. A bênção virá de qualquer maneira.

Você é uma imensa bênção para mim! O amor, o apoio e o entusiasmo com que você vem recebendo todos os meus trabalhos me deram um propósito renovado. Você compartilhou coisas comigo. Você confiou em mim. Você me encorajou a procurar um pouco mais fundo, a descobrir um pouco mais, a oferecer o que eu encontrar com uma percepção nova, fresca. Você me mantém em estado de alerta, e por isso eu lhe sou grata. Durante esta parte de nossa jornada quero retribuir o que recebi de você. Quero que aprofunde um pouco mais sua procura. Quero que estude um pouco mais. Quero que dedique um pouco mais de tempo para a tarefa de vida que é descobrir o seu eu verdadeiro, o seu eu divino, celebrando a vida e fazendo aquilo que lhe traz alegria. Eu rezo para que *A Vida Vai Dar Certo para Mim* abençoe você com informações, princípios e reflexões que transformem sua vida. Enquanto isso, enquanto você cresce, saiba que eu caminharei ao seu lado, não como líder, mas como companheira e amiga.

Eu lhe agradeço!
Eu saúdo você!
Eu venero a sua grandeza!

Iyanla

JANEIRO

VIDA

Se houve um dia em que você comeu
até se satisfazer; se há uma alegria
da qual você consegue se lembrar;
se escapou das garras da morte pelo
menos uma vez; se consegue recordar
uma ou todas as coisas acima,
você tem algo a agradecer.

1 de Janeiro

A vida vai dar certo para mim quando eu tomar consciência... de que preciso priorizar as coisas importantes!

A lei das prioridades é um princípio que nos leva a reconhecer, aceitar e acolher *Deus em primeiro lugar* em tudo aquilo que fazemos. Em primeiro lugar, pergunte a Deus. A seguir, ouça o que Deus tem a dizer. Quando ouvir, reaja. A seguir, confie em Deus para lhe mostrar o caminho. Se fizer essas coisas, Deus multiplicará muitas vezes as suas recompensas.

Quando você respira, isso é Deus. Quando você se movimenta, isso é Deus. Quando você vai realizar uma tarefa e pensa no que precisa fazer, isso é um ato de Deus dando a você a capacidade de transformar o pensamento em ação. Quando você fala, isso é Deus. Quando você come, isso é Deus. Pois, sem o amor de Deus, sem a sua misericórdia e graça, nada do que você considera importante seria possível. Basta você reconhecer isso.

Quando você respirar pela primeira vez ao acordar, lembre-se de que é Deus quem está tornando isso possível. Quando você colocar os pés no chão para ficar de pé, agradeça a Deus por estar se movimentando através de você, como a fonte de sua vida. Antes de fazer o que quer que seja, agradeça a Deus por cada habilidade, cada talento, dom e oportunidade que existem em você. No decorrer de cada dia, peça para que Ele guie você na direção dos pensamentos e dos atos que contribuirão para o seu bem. Chame Deus para participar de todas as suas atividades. E quando essas atividades forem lhe trazendo recompensas, agradeça a *Deus em primeiro lugar.*

Até hoje, você pode ter acreditado que precisava ir a algum lugar especial para encontrar o poder, a força e o amor de seu Criador. Hoje, dedique-se a lembrar, a agradecer, a confiar e expressar a sua gratidão a Deus por estar presente a qualquer momento no lugar onde você está.

Hoje, eu me dedico a colocar Deus
em primeiro lugar, em todas as coisas.

2 DE JANEIRO

A vida vai dar certo para mim quando eu tomar consciência... de que preciso me colocar à disposição da vida.

A forma mais plena de servir a você e a Deus é passar alguns momentos de cada dia *em silêncio,* para entrar em contato com o seu eu verdadeiro. É o momento em que você se faz disponível para a Fonte de sua vida. O tempo passado em silêncio é necessário para contemplar os seus propósitos e ver com mais clareza os meios que você usa para atingi-los. É tempo de fortalecer a mente, purificar o coração e fortalecer o espírito. A forma de amor mais plena que você pode oferecer a si, a Deus e àqueles que você ama são os momentos passados invocando a presença de Deus, o nome de Deus, a luz de Deus. Os momentos passados invocando a presença de Deus fortalecerão você. Trata-se de tempo usado para reconhecer a presença de Deus no universo e dentro de você. Os momentos usados para invocar a luz de Deus purificam você. Eles lhe dão acesso à doçura da vida, sem as lutas e os dramas que nós, seres humanos, estamos acostumados a passar.

A forma mais plena de louvor que você pode oferecer a você, a Deus e ao mundo é passar algum tempo durante o dia expressando a sua *gratidão.* Este ato comunica a Deus a sua consciência de que tudo vem Dele. Comunica que você tem consciência da inacreditável presença da Vida dentro de você. Comunica a você que a cura virá, como vieram as outras bênçãos em sua vida. Tempo passado em silêncio, em contemplação e expressando gratidão é tempo de renovação.

Até hoje, você pode ter achado que não tinha tempo para ficar em silêncio durante a correria diária. Hoje, dê a Deus apenas dez minutos de seu tempo, durante o qual você invocará, silenciosamente, o amor de Deus, o nome de Deus, a luz de Deus e a presença de Deus em sua vida.

Hoje, eu me dedico a passar momentos de silêncio com Deus.

3 de Janeiro

A vida vai dar certo para mim quando eu tomar consciência... de que tenho o poder de prosseguir pelo caminho certo! De que tenho o poder de dizer o que é certo! E de que tenho o poder de viver da forma certa!

Qual é o seu plano espiritual? Você sabe com clareza em que direção está caminhando espiritualmente? Você sabe aonde gostaria de chegar? Sabe como fazê-lo? Sabe como atingir a força espiritual necessária para crescer neste mundo? Porque *é impossível crescer sem ter força espiritual.* O que é força espiritual? O que fazer para atingi-la? Para mantê-la? Qual foi a última vez em que você se fez qualquer uma dessas perguntas? Como fazer um plano espiritual?

Um plano espiritual começa com uma afirmação clara do que você deseja experimentar no seu íntimo, e de uma definição clara do que precisa fazer para consegui-lo. Um plano espiritual não consiste, apenas, em rezar e meditar. Consiste em agir: são as coisas que você pode e que não pode fazer para atingir o seu objetivo espiritual. Um plano espiritual exige que você examine profunda e sinceramente o ponto em que está sua vida e avalie como chegou a esse ponto. A seguir, você precisa decidir se é nesse ponto que deseja estar e, se não for, o que precisa eliminar ou incorporar para seguir em frente. Faça esse exame e tome essas resoluções em momentos de silêncio. Procure anotar tudo o que lhe vier à mente.

Até hoje, você foi tocando a vida, como se ela levasse você. Hoje, dedique-se a tomar as rédeas de sua vida e planejar o que realmente deseja. O seu espírito se encarregará dessa definição e lhe mostrará o caminho para chegar aonde você quer.

Hoje, eu me dedico a examinar minha vida para começar a fazer o plano espiritual que me dará força para crescer.

4 de Janeiro

A vida vai dar certo para mim quando eu tomar consciência... de que o meu corpo é o instrumento através do qual o meu espírito se expressa.

Examine seu corpo. Tome contato com ele. É um corpo saudável, vigoroso, flexível? Ele lhe obedece quando você deseja correr, praticar esportes, fazer longas caminhadas? Você se alimenta bem, come aquilo que dá mais força aos seus músculos, mais viço à sua pele, mais brilho aos seus cabelos, mais energia e força? O seu corpo colabora para que você realize o seu objetivo na vida? Aquilo que veio cumprir no mundo?

Pelo menos uma vez a cada quatro meses eu me prometo que começarei a me exercitar com regularidade. No entanto, quando me vejo diante da escolha entre pegar um elevador ou subir alguns lances de escada, confesso que escolho o elevador. Eu até me matriculo na academia de ginástica, mas costumo estar ocupada ou cansada demais para ir. E deixo passar o prazo do check-up anual porque a agenda está lotada. Eu me alimento correndo como em lanchonete ou mastigo apressada na frente do computador. Por que devo me levantar cedo para andar, quando os lençóis são tão macios e a cama, tão quentinha?

Se você quiser desfrutar da força que tem nesta vida, precisa fazer um plano para o seu corpo físico. E sobretudo: *precisa seguir esse plano*. Há uma força divina em nós que flui com maior eficácia quando os tecidos, órgãos e músculos do nosso corpo estão saudáveis e em sintonia.

Até hoje, você pode ter tido muita força adormecida dentro de si. Hoje, dedique-se a fortalecer o seu eu físico. É o passo mais importante que você pode dar para realizar todo o potencial de seu eu divino.

Hoje, eu me dedico a fazer um plano de medidas que fortalecerão o meu corpo físico.

5 DE JANEIRO

A vida vai dar certo para mim quando eu tomar consciência... de que todas as decisões são tomadas com base em outras decisões que eu já tomei, e que estas, por sua vez, se baseiam em tudo o que já aconteceu na minha vida.

Você está prestando atenção? Você tem consciência do que faz? Dos resultados que atinge? Qual foi a última vez em que parou para fazer um balanço da forma como leva a sua vida? Você presta atenção e escolhe o que faz, ou se limita a fazer o que vai acontecendo? Ou faz por hábito?

Você tem prestado atenção no que diz? No que quer dizer? E na reação que espera dos outros depois de dizer o que pensa? Você presta atenção para tomar consciência do que sente quando acorda? Para verificar qual é sua expectativa para o dia que começa? Essa expectativa lhe dá alegria? Cansaço prévio? Angústia? *O que motiva o que você faz?*

Você tem prestado atenção para ver se sorri e como sorri? Há quanto tempo vem prendendo o choro? Tem prestado atenção para saber o que chama a sua atenção? Para saber o que deseja conseguir? Você tem prestado atenção no que a vida vem tentando lhe dizer? Tem prestado atenção na sensação que a vida lhe causa? Ou tem vivido sem pensar, ignorando os detalhes de quem você é e de como as coisas à sua volta fazem você se sentir?

Até hoje, você pode não ter prestado atenção nos detalhes de cada experiência que vai vivendo. Hoje, preste muita atenção para o que você está fazendo e em como está se sentindo. Vá anotando cada pequeno detalhe do que descobrir. Então, você descobrirá para o que e para quem vem dedicando a maior parte da sua atenção. E assim você terá o que for necessário para fazer as mudanças que desejar.

Hoje, eu me dedico a prestar a maior atenção possível em cada pequeno detalhe da minha vida.

6 de Janeiro

A vida vai dar certo para mim quando eu tomar consciência... de que vou continuar a me sentir mal até começar a desenvolver minha harmonia interior!

Você está tendo dificuldades em sua vida? Tem a sensação de que, quando está dando o melhor de si, alguém sempre lhe cria problemas? Talvez você deva refletir sobre estas palavras: "O seu mundo externo é um reflexo exato de seu estado interior." Acredite ou não: a sua vida interior é a causa e a fonte de tudo que se manifesta à sua volta. Por isso, a sua vida externa sempre arranjará um jeito de fazer você saber que há algo "dentro" de você requerendo a sua atenção e o seu cuidado.

Há uma vida dentro de você que requer amor, carinho e muita atenção. A sua vida interior precisa ser purificada, fortificada e bem ordenada. *Você é responsável por ser tudo aquilo que deseja ser*. Por isso, cabe a você dar os passos necessários para garantir a sua harmonia interior, pois ela se refletirá em todos os acontecimentos da sua vida exterior. Não se afobe nem desanime! Você iniciou o caminho!

Seja paz! Seja alegria! Seja força! Seja sabedoria! Seja criatividade! Seja inspiração! Seja útil! Seja um sorriso! Seja um abraço! Seja um sucesso! Seja esperança! Seja fé! Seja verdade! Seja confiança! Seja dignidade! Seja paciência! Seja calma! Seja estímulo! Seja disciplina! Seja diversão! Seja liberdade! Seja riqueza! Seja respeito! Seja amizade! Seja oração! Seja amor! Seja o milagre! Seja a compaixão! Seja a oportunidade! Seja a missão! Comece de dentro e permita que todo o seu potencial desabroche na verdade de quem você é.

Até hoje, você pode ter esperado que alguma coisa externa acontecesse para haver melhoras em sua vida. Hoje, dedique-se a começar a ser tudo o que você deseja. Faça isso com fé, sabendo que a harmonia interior atrairá igual harmonia em sua vida!

Hoje, eu me dedico a começar a buscar a harmonia interior com calma, paciência e esperança.

7 de Janeiro

A vida vai dar certo para mim quando eu tomar consciência... de que dentro de mim se encontra a essência de tudo o que sou!

A vida produz plantas que são exatamente como as suas sementes. A essência da semente sempre estará presente na planta. A semente a partir da qual crescemos é a essência de Deus. Deus é Espírito. Você é espírito. Deus é bondade. Você é bondade. A cada virada da vida, duvidamos, questionamos e, em alguns casos, negamos a essência de Deus que vive em nosso ser.

A vida que existe dentro de você é a mesmíssima essência de Deus. Nessa essência, você possui o mesmo poder, a mesma sabedoria e o mesmo amor de Deus. Você também tem um corpo. É bem provável que não cuide dele como devia. Se parar e pensar que se não cuida da parte de seu ser que é visível, como é que cuida da parte que não pode ver? Em outras palavras, como é que você cuida do seu eu divino? *Você cuida bem da sua essência*?

A sua essência divina precisa ser bem tratada. Isso é fundamental para você! Sabe como cuidar da sua essência divina? É reconhecendo a mesma essência divina nos outros e servindo-a. É envolvendo a sua essência divina com amor-próprio, suavizando-a com perdão, alimentando-a com oração. De vez em quando, você precisa dar um presente para a sua essência divina: o silêncio. Fortalecendo-a com a fé, com a bondade, a compaixão e a humildade. Assim ela rapidamente crescerá, vencendo todos os limites da sua condição humana.

Até hoje, você pode ter concentrado suas energias para mudar o seu eu físico. Hoje, dedique-se a cuidar de sua essência. Se fizer isso, algo realmente fundamental, maravilhoso e poderoso crescerá em você.

Hoje, eu me dedico a alimentar a semente da essência de Deus que existe dentro de mim.

8 de Janeiro

A vida vai dar certo para mim quando eu tomar consciência... de que um problema que está acontecendo "neste momento" pode ser uma história "de muito tempo atrás".

Não conte essa história outra vez! Não fale do quanto sofreu, não fale sobre ele ou sobre ela, a não ser que isso faça você se sentir melhor. Não pronuncie uma única sílaba sobre a dor e sobre as perdas, a não ser que tenha condições de se recuperar neste instante. Pare com isso! Pare de se agarrar ao passado, lembrando-se do quanto as coisas lhe fizeram mal, a não ser que isso ajude no que você está fazendo agora. Cada vez que você pensa naquilo, fala sobre aquilo, ou se lembra daquele tempo, *traz a energia negativa do passado para o momento presente.*

É claro que você precisa reconhecer como se sente em relação a todas as experiências que já viveu. Não deve, no entanto, ficar remoendo ou contando uma história que faz você se sentir mal. Fale do que aprendeu! Conte como você se curou! De como a força da vida em você superou o sofrimento. Se examinar bem sua história, verá que há muitas coisas que você pode usar para seguir adiante. Quando, no entanto, você se prende a detalhes que só servem para reavivar a sua dor, é porque está contando a história da maneira errada.

Sim, você precisa ter consciência dos detalhes da sua vida para aceitar a sua parcela de responsabilidade. Na verdade, cada vez que você conta a sua história – mesmo os detalhezinhos sórdidos –, para aprender com ela, pode descobrir novos níveis de compreensão e perdão. Quando, no entanto, você remói uma história que lhe faz mal, pare de contá-la!

Até hoje, você pode ter repetido as histórias que lhe fizeram mal. Hoje, reveja as suas histórias, procurando descobrir como elas contribuíram para o seu crescimento.

Hoje, eu me dedico a deixar para trás as velhas histórias que me fizeram mal para viver melhor com o que aprendi com elas.

9 DE JANEIRO

A vida vai dar certo para mim quando eu tomar consciência... de que as únicas paredes, portas trancadas e prisões que existem em minha vida são aquelas que eu construí.

Deixe que hoje seja o dia em que você desenvolverá um plano para limpar os entulhos de sua mente. Trata-se de um planejamento para a saúde mental. Faça um esforço para libertar a sua mente de pensamentos improdutivos, não-essenciais e potencialmente perigosos a seu respeito, a respeito dos outros e da sua vida. Comece a desfazer-se de todos os seus rancores, largue os seus fardos, cure as suas feridas e quite as suas dívidas. Você pode usar este dia para abandonar a raiva, desafiar a derrota, abrir mão do medo, livrar-se da culpa e estilhaçar a vergonha que possam estar entulhando a sua mente. Chamamos isso de libertação e desenvolvimento da saúde mental.

Não é um processo fácil, mas é preciso começar. À medida que os canais forem ficando desimpedidos, você terá mais energia para celebrar a sua criatividade, declarar a sua divindade, afirmar a excelência, comprovar o seu próprio valor e se dar conta de todas as suas bênçãos. Uma mente limpa ajudará você a fazer as mudanças necessárias para dar qualidade à sua vida. *Uma mente clara mudará a sua forma de ver as coisas e as pessoas.*

Você precisa ter um plano para desenvolver a sua saúde mental. Esse plano ajudará você a escolher em quem e no que quer investir a energia de sua vida. Você precisa arranjar tempo para pensar, para escolher o que é melhor para você, para começar a tomar medidas – por pequenas que sejam – para direcionar sua vida no sentido da felicidade. Não se conforme com o desânimo e a depressão. Um planejamento de saúde mental impulsionará você para a frente. Um plano lhe dará direção.

Até hoje, talvez você não tenha elaborado um planejamento mental, decidindo o que é melhor para você. Hoje, dedique-se a começar a planejar como abrirá e libertará a sua mente para coisas maiores e melhores.

Hoje, eu me dedico a começar a desenvolver um planejamento de saúde mental.

10 de Janeiro

A vida vai dar certo para mim quando eu tomar consciência... de que a experiência vivida com fé aumenta a minha fé.

Você precisa ter fé para viver plenamente. Precisa crer que tudo aquilo que espera da vida é possível. Precisa crer que não importa o que a vida lhe trouxer, você será capaz de administrar. Precisa crer que a sua fé fará com que você tenha experiências que contribuirão para o seu crescimento.

Quando temos experiências sem refletir nelas, não descobrimos nada. Mas quando tomamos consciência do que uma experiência nos ensinou, de como ela nos fez crescer, reforçamos nossa fé. As experiências, então, passam a assumir outro valor, mesmo quando são dolorosas ou desafiantes. Você tem fé de que elas servirão para o seu bem, ainda que não compreenda como, no momento em que as vive.

Muitas vezes não é fácil manter viva a sua fé. Há experiências em que você, por mais que se empenhe, tem a sensação de estar remando contra a maré. Em outras, nada prova que as coisas em que você acredita e pelas quais luta tenham algum valor. Ainda assim, se você tem fé, vai em frente, pois chegará o momento em que uma determinada experiência vai lhe mostrar que *valeu a pena persistir.*

Vou repetir: mantenha a sua fé mesmo quando viver uma experiência desagradável. Acredite, enquanto a estiver vivendo, que você há de aprender algo novo, útil e produtivo. E creia que, assim, sua mente e seu coração sempre estarão abertos para experiências maiores e melhores que contribuirão para o seu crescimento e felicidade.

Até hoje, você pode ter vivido suas experiências sem se dar conta de que todas elas podem servir para nos ensinar e nos fazer crescer. Hoje, tenha fé para viver suas experiências de uma forma mais consciente.

Hoje, eu me dedico a examinar o sentido das minhas experiências para aumentar minha fé.

11 de Janeiro

A vida vai dar certo para mim quando eu tomar consciência... de que tenho tudo de que preciso dentro de mim para criar o que quero do lado de fora!

Há sentimentos e valores mais profundos e essenciais que estão dentro de nós e que podemos controlar se tomarmos posse deles e os desenvolvermos. Há outros que dependem de pessoas e acontecimentos externos. Sobre estes o nosso controle é bem menor e, se não estivermos atentos e tomarmos cuidado, eles podem nos dominar completamente.

Se você estiver à espera de algo externo que faça a sua felicidade, é bem possível que esteja matando a sua alegria interior. Mas se você estiver em contato com sua alegria interior mais profunda, conseguirá ser de certa forma feliz, pois manterá a sua paz, apesar do que possa estar acontecendo à sua volta. Quando você tem certeza de que terá sempre uma proteção, uma orientação e receberá muitas bênçãos, fica mais fácil acreditar naquilo que você não pode ver, mas que é absolutamente real. Se você só consegue crer naquilo que pode ver e tocar, é possível que *perca bênçãos que se encontram ao seu alcance.* Se você tiver amor em seu coração, e for capaz de dá-lo com generosidade, certamente encontrará pessoas e situações que devolverão a mesma medida de amor por você. A riqueza do seu mundo interior será uma salvaguarda contra a inconstância dos acontecimentos externos e uma energia que você deseja para a sua paz e felicidade.

Até hoje, você talvez tenha ignorado a necessidade de fortalecer o seu mundo interior e ficou na dependência dos acontecimentos externos. Hoje, dedique-se a desenvolver uma vida interior forte, capaz de criar uma vida exterior mais feliz. Através da prece e da meditação, peça para sentir alegria, sabedoria e amor, sabendo que, se pedir, receberá!

Hoje, eu me dedico a entrar em contato com a alegria, a sabedoria e o amor que habitam em mim para desenvolvê-los.

12 DE JANEIRO

A vida vai dar certo para mim quando eu tomar consciência... de que fiz tudo o que estava a meu alcance, mas preciso ter paciência para esperar que aconteça o que desejo!

Se você quiser aprender uma lição sobre a paciência, entre numa longa fila de banco. É num momento como este que a gente percebe que não pode fazer a vida caminhar mais rápido do que ela está caminhando. Por mais urgente que a sua situação pareça ser, *as coisas só vão acontecer quando tiverem de acontecer,* nem um minuto antes disso. Não importa quantas vezes você bata o pé no chão com impaciência, não vai conseguir fazer com que a vida aconteça mais rapidamente. Quando você tiver a sensação de que as pessoas não estão se movimentando com a velocidade que você desejaria, lembre-se de que o processo está em marcha e que as coisas acontecerão quando tiverem de acontecer.

A paciência é a escolha consciente de confiar no incessante movimento da vida. A paciência é a capacidade de lembrar que, uma vez que as rodas comecem a girar, você certamente chegará ao seu destino em algum momento. A paciência é a habilidade emocional de saber que aquilo que você espera e deseja acontecerá quando precisar acontecer. A paciência é a ciência de saber que o que você colocou em movimento, aquilo em que acredita do fundo do coração irá acontecer – no momento certo, da maneira certa.

Pode ser desafiador praticar a paciência enquanto aguarda na longa fila do banco. Mas, se você conseguir ter paciência nessa situação, conseguirá tê-la em qualquer outro lugar.

Até hoje, você pode ter tido acessos de impaciência. Hoje, dedique-se a dominar a arte da paciência. Tenha paciência com você. Seja paciente com os outros. Seja paciente com a vida. A paciência sempre vale a pena!

Hoje, quero dominar a arte e a ciência da paciência comigo, com os outros e com a vida, pacientemente.

13 de Janeiro

A vida vai dar certo para mim quando eu tomar consciência... de que é impossível fracassar nesta vida!

O Espírito da vida não pode fracassar! Talvez ele nem sempre tire a nota máxima, mas não pode fracassar! Você é o Espírito da vida, o que significa que *você não pode fracassar!* Você pode passar com uma nota B, um C, ou mesmo um D. Pode ter de repetir uma matéria ou ficar em recuperação, mas em nenhuma circunstância realmente importante você poderá fracassar. Talvez você tropece. Pode até cair. Pode bater de cara na parede ou chegar a lugares escuros e assustadores! Não se preocupe com isso!

Você pode quebrar um braço, uma perna ou um pé. Pode perder o emprego. Pode ter problemas com sua família. Não se preocupe! Você está construindo a sua força. O Espírito está sempre querendo ver quanto você agüenta, quanto você consegue fazer, no maior número de circunstâncias possíveis. O Espírito sabe que você não pode fracassar e tentará, de todas as maneiras, convencer você disso. Convença-se! Você simplesmente não pode fracassar!

Talvez você se perca. Talvez perca coisas que lhe parecem indispensáveis. Mas, independente do que possa acontecer, de quando acontecer ou de como acontecer, lembre-se de que a única coisa que você não pode fazer, de modo algum, é fracassar! No momento em que você se der conta disso e parar de tentar tirar a nota máxima da vida, você irá para o primeiro lugar.

Até hoje, você pode ter se paralisado, com medo de fracassar. Hoje, dedique-se a se ver e a ver a sua vida como uma manifestação do Espírito. Lembre-se de que você não pode fracassar! Lembre-se de que não precisa tirar um A! Procure mover-se através de cada experiência e situação com graça e leveza, sabendo que conta com o apoio do Espírito da vida. Ele sabe que o seu sucesso é garantido.

Hoje, eu me dedico a lembrar e a aceitar que não posso fracassar. Eu não posso fracassar. Simplesmente não posso fracassar nesta vida.

14 de Janeiro

A vida vai dar certo para mim quando eu tomar consciência... de que meu único problema é a crença de que não estou fazendo a coisa certa.

Tenho uma pergunta para lhe fazer. Como é que você pode avaliar um processo quando não sabe ao certo qual é esse processo ou como ele funciona? Muitos acreditam que as coisas estão dando errado em suas vidas, apesar de não terem a menor idéia de qual é o processo da vida ou de como ele funciona. É verdade que todos nós temos alguma idéia básica do que fazer e do que não fazer. Muitos sabem o que querem. Alguns chegam a acreditar que sabem conseguir o que querem. O que poucos sabem com absoluta certeza é se aquilo em que acreditam com relação ao processo da vida é a verdade sobre este processo.

O processo da vida desdobra-se eternamente, guiando você, empurrando você, preparando você para a próxima etapa. A vida muitas vezes dá uma guinada, uma reviravolta assustadora e confusa. Desafios difíceis, dias ruins, frustrações, momentos de confusão fazem parte do processo da vida. Talvez essas coisas existam para nos manter atentos, para nos tornar mais fortes, ou para testar a nossa decisão de prosseguir em frente. Talvez não sejam sinal de que estamos errados, de que estamos fracassando ou de que nossa vida esteja prestes a desmoronar. A única forma de saber, com certeza, *é aceitando viver plenamente cada parte do processo.* A viver o bom e o menos bom. As partes fáceis e as difíceis. É bem provável que, se você parar e tentar entender o processo da sua vida, vai constatar que ele ocorreu exatamente como devia.

Até hoje, você pode ter acreditado que havia algo de errado no processo da sua vida. Hoje, dedique-se a acolher o processo da vida, sabendo que você realmente não o conhece, mas terá recursos para enfrentar o que quer que apareça.

Hoje, estou passando pelo processo de aprender mais a respeito do processo de viver.

15 DE JANEIRO

A vida vai dar certo para mim quando eu tomar consciência... de que, quando não tenho medo da verdade, posso confiar em mim!

Se a sua vida está uma bagunça, eis algumas coisas que você pode pensar em arrumar:

1 – Você vem respeitando os seus acordos? Vem fazendo o que diz que vai fazer? Ou vem contando mentiras para se safar das coisas que concordou em fazer?

Quando você não consegue honrar os seus compromissos e se esconde por trás de mentiras, desorganiza todas as áreas da sua vida. Além disso, quando você não honra os seus acordos, descobre que não pode confiar em si. E, se não pode confiar em si, começa logo a desconfiar dos outros.

2 – Você se compromete com coisas demais? Concorda em fazer mais do que consegue para que os outros gostem de você? Anda se comprometendo com certas coisas para que os outros não se zanguem com você?

Quando você se compromete com coisas demais, é sinal de que sua auto-estima está baixa, o que faz você se sentir muito mal. E, quando se sente mal, causa uma grande bagunça na sua vida.

3 – Você tem dito a verdade com relação ao que sente e ao que sabe? Ou será que você está dourando a pílula, na tentativa de não magoar os outros e de colocar-se em evidência?

Quando você não diz a verdade, passa a escravizar-se à mentira. *A mentira passa a controlar a sua vida.*

Até hoje, você pode não ter se dado conta de que a bagunça que reina em sua vida começou por causa do seu medo de enfrentar a verdade. Hoje, use a verdade para examinar, reconhecer e organizar as coisas que fazem uma bagunça tão grande na sua mente e na sua vida.

Hoje, eu me dedico a arrumar a bagunça em minha vida dizendo a verdade.

16 de Janeiro

A vida vai dar certo para mim quando eu tomar consciência... de que preciso me abrir para receber e aceitar a bondade da vida!

Todo mundo conhece alguém que tem "alergia ao que é bom". Quando as coisas começam a dar certo demais em suas vidas, essas pessoas encontram algum problema, algum motivo para rejeitar o que é bom. Aquelas que têm alergia à bondade se concentrarão nos problemas da véspera para desconhecerem o bem que estão experimentando hoje. Quando uma pessoa tem alergia ao que é bom, ela não consegue esperar o melhor. Em vez disso, ela cria todas as dificuldades possíveis. E se tudo dá certo ela se espanta.

Quando você tem alergia ao que é bom, você apela para o passado. Continua com raiva das coisas que aconteceram naquele tempo. Desencava ressentimentos e dá continuidade a discussões. Quando a sua alergia ao que é bom realmente aflora, você desconfia da bondade que chega até você, ou da pessoa que fez o ato de bondade. Você logo se pergunta quanto essa bondade vai lhe custar.

A alergia ao que é bom tem origem no medo. No medo de sofrer agressão, de ser vítima de traição. No medo de perder o que tem. No medo de não merecer o que é bom. Até no medo de não ter algo para lamentar ou reclamar. De não saber o que fazer, se estiver bem.

Até hoje, você pode ter sofrido de uma alergia ao que é bom. Você pode ter vivido com medo de não merecer o que é bom. Hoje, passe algum tempo identificando todas as coisas boas que já aconteceram com você, para você e através de você. Anote-as e pergunte-se como você realmente se sente a respeito das coisas boas que recebeu na vida e naquilo que você fez de bom.

Hoje, estou me abrindo para ver e receber mais bondade em minha vida.

17 de Janeiro

A vida vai dar certo para mim quando eu tomar consciência... de que não posso avançar sem antes desmoronar!

Todos nós precisamos enfrentar um momento na vida chamado “o momento do desmoronamento”. Trata-se do momento em que você precisa ficar frente a frente, olho no olho com aquela coisa que você tentou, desesperadamente, evitar. Nesse momento, você vai procurar uma forma de contornar, de pular por cima, de passar por baixo ou de fugir, para não ter de enfrentar aquilo que se encontra à sua frente. Você vai querer se esconder. Vai sentir fraqueza, achar que vai desmaiar, adoecer. Mas nada disso vai acontecer! *Você estará a caminho de sua grandeza.*

No momento do desmoronamento, aquilo que você temeu e negou se colocará diante de você para mostrar as coisas a seu próprio respeito que você se recusou a ver ou admitir. Ele vai insistir, até que você entregue os pontos. No momento do desmoronamento, as suas defesas ruem. As suas fantasias se estilhaçam. As suas desculpas não funcionam. A sua resistência se desgasta. Nesse momento, você não terá alternativa a não ser assumir a sua grandeza, porque é isso que a vida pede a você.

Até hoje, você pode não ter se dado conta de que é capaz de fazer aquilo que você se convenceu de que não conseguia fazer. Hoje, dedique-se a enfrentar uma única dificuldade, para começar a vencer a resistência.

Hoje, eu me dedico a assumir a minha grandeza.

18 DE JANEIRO

A vida vai dar certo para mim quando eu tomar consciência... de que sou a luz do mundo!

Fique sabendo que, inevitavelmente, haverá situações em que você fará e dará o melhor de si, tudo de si, com a mais pura das intenções, e não receberá nada em troca! Nada mesmo! Primeiro, você fica com raiva. Com raiva de si mesmo e, depois, dos outros. Você fica se perguntando: "O que foi que eu fiz de errado?" A raiva corrói o seu coração, a sua mente, e faz você se sentir idiota e sem valor. Você começa a achar que não vale a pena ser uma pessoa decente! A essa altura, você é bem capaz de jurar que nunca mais vai sofrer mágoa ou decepção. Mas, sabe de uma coisa? Você não estará falando sério. Você não pode estar falando sério, porque *você é a luz do mundo!*

Se você é a luz, não pode se queixar da escuridão. A única coisa que você pode fazer é brilhar. Você precisa brilhar muito, em tudo o que fizer, em todo lugar aonde for. Esta é a sua função. Quando você é a luz, precisa se dar conta de que, sem a escuridão, a sua existência não teria sentido. Também precisa compreender que o fato de haver escuridão não significa que você não esteja fazendo o que deve fazer.

Até hoje, você pode ter acreditado que a luz devia vir até você. Você pode ter se queixado da escuridão em sua volta, com a sensação de que você é a única pessoa que está tentando transformar a escuridão em luz. Hoje, não se preocupe com isso. Dedique-se a ser a luz. Entregue-se sem a expectativa de receber luz, reconhecimento ou recompensas em troca da sua luz.

Hoje, eu me dedico a fazer brilhar a minha luz sem me queixar da escuridão.

19 de Janeiro

A vida vai dar certo para mim quando eu tomar consciência... de que a vida é muito mais do que aquilo que eu posso ver!

Nunca deixe que a aparência das coisas determine o que você pode ou não pode fazer. Jamais permita que aquilo que você consegue ver com os olhos determine as suas crenças e faça você acreditar que não existe nada mais além. Permita sempre que seus olhos espirituais levem você abaixo da superfície. É lá que você verá e conhecerá a verdade. Enquanto não olhar a sua vida e a de todos à sua volta com a sua visão espiritual, vai continuar se confundindo com as aparências de falta e desordem.

Tudo aquilo que você vê no mundo exterior possui um significado interno. No meio de cada fato há uma causa oculta. No cerne de cada experiência, de cada situação, de cada circunstância, existe uma verdade invisível. Para cada coisa, por mais feia, desagradável ou desconcertante que possa ser, existe um significado verdadeiro que representa a atividade do espírito. *Porque o espírito é a nossa verdadeira identidade.* Isso também se aplica a você. Há uma verdade com relação a você que talvez tenha passado despercebida. Existe uma causa pela qual você está vivendo. Há um significado por baixo do seu exterior físico que representa sua atividade espiritual. Para ver essa atividade é preciso desenvolver uma visão espiritual. Até conseguirmos isso, podemos ser enganados pelas aparências! Ver a presença espiritual em todas as coisas é conhecer a verdadeira natureza de Deus. Conhecer a natureza de Deus é se conhecer.

Até hoje, talvez a aparência das coisas e das pessoas possa ter enganado e confundido você. Hoje, dedique-se a pedir e a receber uma visão espiritual sua e de todas as coisas.

Hoje, eu me dedico a desenvolver a minha visão espiritual.

20 DE JANEIRO

A vida vai dar certo para mim quando eu tomar consciência... de que posso aceitar os meus próprios conselhos!

Se eu tivesse uma filha pequena, diria a ela tudo aquilo que acho que ela deveria saber para se preparar para a vida. Eu lhe diria que existem dias bons e dias ruins, e que ela precisa ser grata por todos eles. Diria que ela está sempre protegida e que, independente do que fizer, sempre será amada.

Eu diria à minha filha que a vida é cheia de maravilhas e emoções, e que todas essas coisas estão à sua disposição. Eu lhe diria que se concentre em uma coisa de cada vez. Que usufrua o mais possível cada alegria que todos os dias trazem. Diria para ela ser gentil com as pessoas, mesmo quando estas não lhe retribuírem a gentileza. Eu diria à minha filha que encontre algo para apreciar em tudo e em todo mundo.

Eu diria à minha filha que sempre conte a verdade da forma que gostaria de ouvi-la. Que sempre dê o melhor de si e aprenda com as experiências, sobretudo as dolorosas. Que lembre sempre das pessoas que a ajudaram pelo caminho e seja grata a elas.

Eu diria à minha filha que as melhores coisas da vida não são coisas. São pessoas. Diria que respeite o que sente. Diria que, para manter a paz em sua vida, ela precisa ver Deus em todas as coisas e pessoas, e contar com Ele para tudo. Mas eu gostaria mesmo que minha filha soubesse que nunca precisará ter medo de cometer um erro, porque erros, quando bem avaliados, produzem mestres.

Até hoje, você pode não ter se dado conta da preciosa sabedoria que possui. Hoje, ouça e obedeça os seus próprios conselhos. Qualquer coisa que você disser a outra pessoa se aplica a você!

Hoje, eu conversarei comigo, ouvirei o que tenho a dizer e seguirei os meus próprios conselhos.

21 de Janeiro

A vida vai dar certo para mim quando eu tomar consciência... de que sempre posso aplicar a mim aquilo em que acredito!

Se eu tivesse um filho pequeno, diria a ele tudo aquilo que ele precisaria saber para ser um homem da paz. Eu faria com que ele soubesse que um homem que não sabe trabalhar em equipe jamais saberá liderar. Diria que o compromisso, a determinação, a resistência, a paciência e a fé são muito mais poderosos do que a pressa, o poder e a força física. Diria que talvez as pessoas não se lembrem das coisas que fizemos, mas se lembrarão do modo como as fizemos. Eu lhe diria que sempre se esforce para fazer as pessoas se sentirem dignas e valorizadas por qualquer contribuição que trouxerem.

Eu diria a meu filho que omitir uma verdade é o mesmo que mentir. Mas diria que evitasse as verdades que só servem para ferir. Diria que, mesmo que tenhamos certeza dos nossos pontos de vista, temos que ouvir os dos outros e, se for o caso, mudar. Eu diria a ele que cada dia é uma bênção, e que quando respondemos às bênçãos com nossos atos mais bênçãos virão.

Eu diria a meu filho para ser aberto, em vez de voluntarioso; que ouça, em vez de ser o primeiro a falar; que se disponha a ser corrigido, se quiser crescer, e que o acúmulo de posses não é a medida do sucesso. Eu diria a meu filho que um homem que não consegue rir dele mesmo é um perigo para ele e para os outros. Um homem que não confia em si mesmo não é digno de confiança, e um homem que não merece confiança não sabe amar.

Eu gostaria sobretudo que meu filho soubesse que não há nada de mau em ser vulnerável porque quando somos vulneráveis somos inocentes. Eu diria a meu filho que a inocência é uma dádiva de Deus.

Até hoje, você pode não ter se dado conta de que todo homem começa a vida como um menininho que precisa de orientação. Hoje, diga a si mesmo o que você gostaria de dizer ao seu filho. Seja seu próprio pai.

Hoje, eu conversarei comigo, cuidarei de mim e direi o que gostaria de dizer a um filho querido.

22 de Janeiro

A vida vai dar certo para mim quando eu tomar consciência... de que a vida me ama!

Ouça com atenção como se alguém estivesse cochichando para dentro de sua alma. Há algo que você precisa saber. É fundamental que você receba essas palavras na essência mais profunda de seu ser, porque elas são fundamentais para a sua existência. Elas alimentarão, acalentarão e nutrirão você. Elas apoiarão, assistirão e guiarão você. Quando nada mais der certo, essas palavras proporcionarão a você a força e a coragem necessárias para enfrentar a tempestade e atravessar o fogo. São palavras simples e, no entanto, muito poderosas. Se conseguir aceitá-las, você estará recebendo uma bênção especial. Receba estas palavras: *a vida ama você!*

A vida tem tanto amor por você, que ela vive como você, respira através de você, se expressa como você. A vida tem um tal amor por você, que faz qualquer coisa que estiver ao seu alcance para permanecer dentro de você, para estar com você e para permitir que você dependa dela. A vida está, neste exato momento, total e completamente apaixonada por você! A vida quer se parecer com você, ser como você, viver como você, porque ela respeita e honra tudo o que você é.

Quando a vida vê você chegar, ela se alegra imensamente! A vida está pronta para encher totalmente o seu ser, para transbordar através de você e experimentar o melhor como você. Se você perguntasse à vida por que merece tanto amor, a resposta seria simples. É porque você vive! Isso basta para que você tenha direito a tanto amor. Existe coisa melhor do que saber que somos amados?

Até hoje, você pode não ter se dado conta do quanto a vida ama você. Pode ter acreditado que a vida não estava a seu favor. Hoje, dedique-se a honrar, tratar com carinho e curtir o amor que a vida tem por você. Fique em silêncio e peça à vida para encher você com o seu amor.

Hoje, eu me dedico a sentir que a vida me ama.

23 DE JANEIRO

A vida vai dar certo para mim quando eu tomar consciência... de que apenas estou numa parte diferente do mesmo barco onde todo mundo se encontra.

A vida nem sempre caminha na direção que queremos ou planejamos. Ela raramente tem a aparência que você imaginou. Poucas vezes é confortável ou nos dá a sensação de estar sob o nosso controle. Com freqüência, acontecem coisas que fogem ao nosso controle! Assim é a vida! A vida costuma ser aquilo que acontece enquanto estamos planejando alguma outra coisa.

Ela caminha com seu próprio ritmo, que costuma ser mais rápido ou mais lento do que você gostaria que fosse. Ela caminha com uma direção própria, que não costuma ser a direção em que você está caminhando. Ela se abre quando você menos espera e se tranca nos momentos mais inoportunos. Ela dá sem motivo, e tira da mesma forma. Começa de forma abrupta e pára muito próxima do objetivo. Ela muda. Ou recusa-se a mudar. Transcorre com tranqüilidade para, então, chocar-se de encontro a alguma saliência na pista. Transcorre suavemente durante dias, semanas ou meses seguidos. Então, subitamente, deixa você doente. Um dia ela o ama. No dia seguinte, deixa você na pior. Ela ajudará quando você mais precisar, para então despencar por cima de você. Ela é boa durante algum tempo. Então suga tudo o que existe de bom dentro de você. *Assim é a vida!* Para você e para todo ser humano.

Até hoje, você concentrou muito tempo procurando controlar a vida. Hoje, dedique-se a permitir que a vida que existe dentro de você flua em sua própria direção, com seu próprio ritmo.

Hoje, estou seguindo o fluxo da vida.
Estou vivendo a vida que flui.

24 de Janeiro

A vida vai dar certo para mim quando eu tomar consciência... de que a vida sempre me dá o que peço!

A vida proporcionará o que você pedir, da forma que você escolher. A vida está sempre ouvindo os pedidos silenciosos de seu coração e de sua mente. A vida sabe que sua mente, seu coração e sua boca produzirão os pedidos de seu inconsciente, mesmo que você não se dê conta disso. Por isso *é bom ficarmos atentos para o que pedimos à vida.*

A vida pode ser um livro aberto onde você aprenderá grandes mistérios e maravilhas. Ou a vida pode ser um poço misterioso e assustador no qual você tem medo de entrar. A vida pode ser um cesto aberto onde você coloca os seus tesouros, um cesto em que você poderá carregar uma profusão de bênçãos. Ou a vida pode ser um baú trancado de onde você nada consegue tirar. A vida pode ser uma jornada ou uma luta. Um paraíso ou uma prisão. Um mar tranqüilo ou um oceano turbulento. Tudo depende de você. A vida acomodará o que você escolher, exatamente da forma que escolher. E quer acredite ou não, o que você tem em sua vida, neste instante, é decorrente de seus próprios desejos! Alguns desses desejos você os sentiu abertamente. Outros, você sentiu em silêncio, muitas vezes inconscientemente. Não importa! A vida é muito generosa e, no instante em que os seus desejos mudam, ela os acompanha.

Até hoje, você pode não ter se dado conta de que a vida está satisfazendo os seus desejos. Você pode não ter acreditado que tem o poder e o direito de pedir à vida mais do que já tem neste momento. Hoje, dedique-se a criar uma lista de desejos positivos e cheios de alegria. Primeiro, crie-os em sua mente. Depois, crie-os em seu coração. Mas lembre-se do que você criou. Se eles não acontecerem, verifique se não foi você quem pediu o contrário.

Hoje, eu me dedico a criar e pedir o que realmente desejo experimentar nesta vida.

25 de Janeiro

A vida vai dar certo para mim quando eu tomar consciência... de que preciso aprender a esperar!

Esperar pelo Senhor é uma boa coisa. No entanto, há momentos em que precisamos saber como esperar. Às vezes, esperamos com medo, torcendo as mãos e olhando por cima do ombro. Às vezes, aguardamos com arrogância, batendo o pé no chão, olhar impaciente. Podemos aguardar com indiferença, palitando os dentes e dando de ombros. Às vezes, aguardamos com raiva, bufando, ofegando e dando socos na mesa. Depois, há momentos em que aguardamos indefesos, desesperançados, com a cabeça baixa e os braços caídos. A maneira como esperamos é tão importante quanto aquilo que estamos esperando.

Esperar não significa ficar sentado numa terra da fantasia esperando que algo de bom caia do céu sobre nossas cabeças. Esperar não é isso. Isso é se enganar para não se responsabilizar por seus sonhos e desejos. Esperar é se dar conta de que Deus sabe o que fez, fará e pode fazer. Enquanto você espera, o seu dever é ter fé nessa crença.

Esperar requer alegria acompanhada pela crença de que tudo aquilo de que você precisar e tudo aquilo que pedir lhe serão proporcionados por Deus. Esperar é saber e aceitar que, *se alguma coisa for boa para você, se aquilo puder abençoar você e os outros, o seu desejo acontecerá!* Esperar é ter entusiasmo e animação com relação a quem você é e o que você tem neste momento. Sim, esperar é uma boa coisa! No entanto, se você não conseguir esperar de maneira pacífica, com fé, confiança, alegria, paciência, gratidão e amor, vai estar esperando em vão!

Até hoje, você pode ter acreditado que bastava ficar esperando para receber as bênçãos e orientações que desejava. Talvez você não tenha se dado conta da forma como estava esperando e o que estava esperando de fato. Hoje, dedique-se a examinar como você está esperando e disponha-se a fazer qualquer mudança necessária na sua atitude.

Hoje, eu me dedico a esperar com fé, confiança, alegria, paciência, gratidão e amor.

26 DE JANEIRO

A vida vai dar certo para mim quando eu tomar consciência... de que o desapego é o maior instrumento de libertação.

Enrole um elástico em torno do dedo. Note como o seu dedo fica escuro. Se você deixar o elástico ali durante muito tempo, verá que o dedo vizinho também começará a escurecer. Por fim, toda a sua mão será afetada. A dor que você sente no dedo que foi enrolado com elástico demonstra o que acontece na sua vida quando alguma coisa ou alguém provoca tensão e nervosismo em você. Mais cedo ou mais tarde, a sua vida inteira será afetada.

Se você guarda raiva de uma pessoa, essa raiva passará para todos os outros relacionamentos de sua vida. Quando ficamos tensos, ansiosos, preocupados com uma coisa, tudo em nossa vida fica escuro, retesado e doloroso. A preocupação, o medo e o desespero com relação àquilo que nos deixa tensos não vai melhorar nada. Nesse estado de espírito, criamos em torno de nós uma energia carregada que só atrai coisas negativas.

Haverá um momento em que *você simplesmente terá de desapegar-se de algumas coisas* para tocar a sua vida adiante. Desapegar-se significa tomar a decisão de alimentar a raiva, de não guardar ressentimentos, de não se prender a desejos de vingança. Desapegar-se significa abrir o coração, sabendo que para tudo há uma explicação que você não conhece no momento, que talvez nunca conheça, mas com a qual terá que conviver, aceitando o que acontece. Você perceberá que há um elástico apertando alguma parte de sua vida no momento em que sentir uma opressão ou dor. É nesse momento que você deve escolher simplesmente desapegar-se.

Até hoje, você pode ter se apegado a algo que separava você da vida. Hoje, dedique-se a se soltar, a se libertar e a se deixar fluir. Quando sentir o corpo tenso, deixe os braços caírem paralelos ao corpo, respire fundo e relaxe. Se isso não funcionar da primeira vez, tente de novo, e de novo, até funcionar.

Hoje, eu me dedico a relaxar, a me soltar e a desapegar-me.

27 DE JANEIRO

A vida vai dar certo para mim quando eu tomar consciência... de que sou total, completa e inteiramente responsável pelo que acontece em minha vida!

Um dos maiores desafios para criarmos uma vida alegre, pacífica e abundante está em assumir a responsabilidade pelo que fazemos e pela maneira como o fazemos! Enquanto você culpar outra pessoa, tiver raiva de outra pessoa, apontar o dedo para outra pessoa ou outra coisa, não estará assumindo responsabilidade por sua vida. É claro que as coisas acontecem! Não há dúvida de que há situações, circunstâncias e imposições da sociedade que nos afetam. No entanto, cabe a você decidir *como* e *por quanto tempo* elas haverão de afetar você.

É fácil encontrar motivos para não ser responsável. Na verdade, muitos não se dão conta de que estão fazendo isso, nem da maneira como estão fazendo. Não assumir a responsabilidade pela própria vida significa culpar os outros e encontrar causas, desculpas e motivos para o que está acontecendo em nossas vidas, como se nada tivesse a ver conosco. Não assumir responsabilidade significa chorar ou se queixar porque as coisas boas não estão acontecendo, mas empenhar-se muito pouco para fazer com que aconteçam. Não assumir a responsabilidade significa pedir que alguém faça por você as coisas que você precisa fazer, e se zangar quando essa pessoa não o fizer. Vou repetir muitas vezes: *você é responsável por sua vida!* Pense nisso da seguinte forma: se você não pode ser responsável pela própria vida, como espera ser responsável pelas coisas boas que deseja receber?

Até hoje, você pode ter responsabilizado ou culpado os outros pelo estado em que se encontra a sua vida. Hoje, dedique-se a analisar a sua vida. Identifique as áreas de desajuste ou as áreas que simplesmente não estão como você gostaria que estivessem. Faça uma lista de todas as coisas que você pode fazer para criar a mudança necessária. Elabore um plano para executar aquilo que você colocou na lista.

Hoje, eu me dedico a assumir plena responsabilidade por tudo o que está acontecendo em minha vida.

28 DE JANEIRO

A vida vai dar certo para mim quando eu tomar consciência... de que Deus está sempre presente em mim!

No centro de cada problema existe uma resposta. No meio de cada desafio existe conforto, orientação e alívio. No meio da doença existe a cura. À beira do desastre está a salvação. *Deus é a resposta! Deus é o conforto* que você busca, a orientação de que necessita, a cura pela qual rezou e a salvação final em todas as situações. Mas se você não consegue acreditar em Deus, caberá *só a você* encontrar a resposta, buscar o conforto, receber a cura ou salvar-se do desastre.

Deus é a essência da vida. Sempre presente. Sempre atento. Sempre nos proporcionando exatamente aquilo de que precisamos, no momento em que precisamos. Infelizmente, alguns acreditam que Deus só proporciona as coisas para as pessoas boas. Os que pensam assim são capazes de acreditar que Deus não os abençoa. Nada pode estar mais longe da verdade!

Deus é a graça pela qual todos nós vivemos. Deus nos responsabiliza, sim, por tudo o que fazemos, mas ele não vê em nossos atos motivos para nos castigar ou nos abandonar. Deus espera que aprendamos com os erros e que cresçamos a partir deles. Deus espera que contemos com Ele e que O procuremos quando a nossa forma de fazer as coisas não surtir efeito. Enquanto acharmos que Deus exige que uma determinada coisa seja feita de uma maneira específica, num momento específico, e sentirmos que não fizemos da forma certa, teremos dificuldade em sentir a presença de Deus quando mais precisarmos dela.

Até hoje, você pode ter achado que não merece a presença de Deus. Hoje, dedique-se a acreditar em Deus e a reconhecer a presença de Deus em seu coração, em sua mente e em sua vida. Entregue a doença. Apresente o desafio. Peça o conforto. Expresse a sua profunda gratidão por Deus estar ao seu lado neste momento exato.

Hoje, eu me dedico a acreditar que Deus está sempre presente em mim.

29 de Janeiro

A vida vai dar certo para mim quando eu tomar consciência... de que tenho um Pai que sempre me amou e que sempre me amará!

Às vezes, ouve-se as pessoas dizerem: "Eu não conheci meu pai", "Ele partiu quando eu era pequena", "Ele morreu", "Minha mãe fala muito pouco dele". De alguma forma costumamos confundir a semente da qual fomos concebidos com a nossa origem. Sim, todos nós temos um pai humano cuja semente contribuiu para o nosso ser. Mas todos temos um Pai divino cuja vida nos dá vida.

Há pessoas que conheceram o pai, mas não o ama, porque não se sentiram amadas, aceitas ou respeitadas por esse pai. Talvez ele bebesse demais, as ouvisse muito pouco ou as punisse com severidade. Talvez ele as tenha criticado ou ridicularizado de maneiras que as machucaram. Talvez tenha havido algum abuso físico ou verbal que deixou marcas. Muitos se queixam de seu relacionamento com o pai e atribuem toda culpa a ele!

A verdade é que o seu Pai nunca maltratou, abandonou, prejudicou, nem lhe negou o que quer que fosse. Ele sabe exatamente do que você precisa e lhe proporciona isso da única forma que consegue: com um amor absoluto. Seu Pai sempre esteve ao seu lado, guiando, protegendo, atendendo as suas necessidades. Seu Pai encontra-se vivo e saudável hoje como no dia da sua concepção. Pode ser que o seu *pai* não tenha estado por perto quando você precisou dele, ou que tenha sido difícil lidar com ele. Mas se você sente isso, é porque *não sabe ao certo quem é seu verdadeiro Pai!*

Até hoje, você pode ter considerado o homem que *contribuiu* para a sua vida como sendo o responsável por ela. Hoje, dedique-se a conhecer o seu verdadeiro Pai. Peça a Sua ajuda para se compreender, compreender a sua vida e o papel que Ele desempenha nela. Depois, peça a Deus que ensine você a perdoar o homem que Ele usou para trazer você a esta vida.

Hoje, eu me dedico a conhecer melhor meu verdadeiro Pai.

30 de Janeiro

A vida vai dar certo para mim quando eu tomar consciência... de que, se desejo obter sucesso, preciso conhecer os caminhos que levam a ele!

Como é que se escreve a palavra sucesso? L-O-U-V-O-R! Agradeça por tudo o que você é e por tudo que tem. O louvor e a gratidão são o caminho de quem deseja experimentar a vitória em todas as coisas. Como é que se escreve a palavra paz? O-R-A-Ç-Ã-O! Tudo aquilo de que você precisa encontra-se à sua disposição através da oração. Não estamos falando de uma fórmula mágica. Nada disso! Estamos pedindo para você abrir o coração e a boca e dizer o que deseja, sabendo que, quando fizer isso, a resposta será revelada.

Como é que se escreve alegria? E-N-T-R-E-G-A! Quando você consegue libertar as suas amarras mentais e emocionais e deixar de querer determinar o que tem de ser, como tem de ser e quando tem de ser, está abrindo a porta para o Espírito Santo. Quando essa energia, a energia da vida, da luz e do amor, penetra o seu mundo, a sua vida se transforma de uma forma que vai além do que você pediu.

Como é que se escreve a palavra vida? C-O-N-F-I-A-N-Ç-A! Em algum momento, durante o louvor, a oração e a entrega, você aprenderá a confiar. Você se dará conta das muitas vezes em que se esqueceu de *louvar*, de *orar* e de *se entregar!* Você esqueceu que pode confiar no Espírito da vida para abrir portas, para mostrar o caminho e para proporcionar toda a ajuda de que você precisa.

Até hoje, ao tentar encontrar o sucesso, a paz e a alegria, você pode ter fracassado e se desapontado com os resultados de seus planos. Hoje, dedique-se a louvar – a agradecer por tudo e todos que habitam a sua vida –, a rezar – pedindo o que você precisa e acreditando que você pode receber – e a se entregar – desapegando-se de um resultado específico. Acredite profundamente que o louvor, a oração e a entrega colocarão a sua vida e a sua mente em seu curso divino.

Hoje, eu me dedico a louvar, rezar e me entregar para me colocar no caminho do sucesso.

31 DE JANEIRO

A vida vai dar certo para mim quando eu tomar consciência... de que os problemas são passageiros, não permanecem.

De alguma forma, em meio à pior coisa que poderia acontecer, você precisa encontrar a força de que necessita para perseverar. Você precisa desenvolver a força necessária para dar o próximo passo. Precisa enfrentar o desafio de frente para se dar conta de que o desafio existe para construir, e não para destruir você.

Perder um emprego, um lar, uma pessoa amada pode ser uma experiência devastadora. O seu desafio talvez seja um filho problemático ou um membro da família que perdeu o rumo. Qualquer que seja o desafio, ele tem a capacidade de nos desestruturar. Nesses momentos, de alguma forma, você precisa se lembrar de que está à altura da tarefa. Que é suficientemente forte. Que pode confiar na vida para que ela lhe dê a coragem necessária para fazer ou superar o que quer que seja. Por mais doloroso ou assustador que possa ser o problema, você fará o que for necessário, porque não tem outra escolha. *Desistir não é uma opção!*

Pare um momento e respire fundo. Tome consciência de tudo o que está sentindo e pensando. No momento em que você sentir que não vai agüentar ou não vai conseguir, busque força lá dentro, na essência de seu ser. E lance mão de seu poder, de sua força e da divindade da vida que habitam dentro de você. Repita: "*Isto vai me tornar mais forte! Isto vai me dar mais sabedoria!*" Esse desafio, seja ele qual for, veio para lhe ensinar, fortalecer, para fazer de você uma pessoa mais amorosa e capaz de compaixão. Ele não esmagará você! Acredite em si. Acredite na vida. Você vai sair dessa!

Até hoje, você pode ter tido a sensação de que estava prestes a desmoronar. Hoje, invoque a força, a coragem, a sabedoria, o poder e o amor do Espírito da Vida. Peça orientação para o próximo minuto, a próxima hora, o próximo dia, até chegar a um local de paz.

Hoje, eu me dedico a invocar a força que me habita para conseguir triunfar sobre experiências difíceis e desafiadoras.

F E V E R E I R O

AMOR

O amor é a maior e a mais duradoura
das forças existentes no universo.
Não existe poder igual. Deus é amor e vida.
Deus é você e eu.

1 DE FEVEREIRO

Eu conhecerei o amor quando me der conta... de que o amor não é o que eu digo. O amor é quem eu sou e o que faço.

Como fazermos para ver e sentir a presença do amor bem concreta aqui na Terra? Eis aqui algumas coisas para você pensar:

O amor é quem você é. A forma como você se vê, como você se trata e como você se expressa é um reflexo direto do que você acredita a respeito do amor. Quando conseguir tratar-se com gentileza e compaixão, sentirá amor. Quando conseguir não se julgar, sentirá amor. Quando conseguir confiar e dizer a verdade para si, expressará amor. Quando conseguir ver e celebrar o seu valor e a sua beleza como uma expressão divina da vida, você será amor.

Você veio à vida para dar amor. Trate a todos – independente de quem forem, do que fizerem ou de como o fizerem – da mesma forma com que gostaria que os outros tratassem você. Veja o bem em todo mundo, mesmo quando cometerem o que você acha errado. Fale com as pessoas de uma forma que abra seus corações, fazendo com que se sintam acolhidas e valorizadas. Dê aos outros o mesmo voto de confiança que dá a si. Não são essas as coisas de que todos nós necessitamos para nos sentirmos amados?

O amor é a essência de sua alma – solidária, harmoniosa, acolhedora, cheia de compaixão. O amor não desiste. O amor não exige aquilo que não tem. O amor não controla nem se impõe sobre os outros para se afirmar. O amor não ataca para se vingar. O amor não se fecha. Quando aprendemos a nos ver como amor e a nos fazer presentes junto aos outros de forma amorosa, o amor criará raízes em nossa consciência e no planeta.

Até hoje, você pode ter tentado descobrir o que é o amor e como encontrá-lo em sua vida. Hoje, tome consciência de si como expressão e exemplo do amor que você busca.

Hoje, eu me dedico a me conhecer, a me expressar e a me sentir como o amor.

2 DE FEVEREIRO

Eu conhecerei o amor quando me der conta... de que tenho o poder de invocar uma coisa que não é, como se fosse, de forma que passe a ser!

Hoje é um dia muito especial para você! Hoje você vai assumir a sua verdadeira identidade! Sabe por quê? Porque vou chamar você por um nome que lembrará ao seu espírito aquilo que você veio fazer nesta vida. De hoje em diante o seu nome será *Bem-amada* ou *Bem-amado!* O mundo inteiro precisa saber que vocês são os filhos Bem-amados de Deus! É de vocês que Ele depende para expressar a sua bondade e a qualidade do que existe nesta Terra! É isso o que Deus espera de nós.

Seja o amor! Seja o amor em tudo aquilo que pensar, porque os seus pensamentos expressam a essência de quem você é. Seja o amor todas as vezes que abrir a boca, para que suas palavras expressem e construam o amor! Seja o amor em tudo aquilo que fizer, porque assim estará manifestando o que há de melhor em sua natureza. Seja o amor para aqueles que se sentem rejeitados e abandonados. Seja o amor em meio à raiva e ao ódio. Seja o amor quando tudo o que você tentou parecer falhar. Seja o amor porque, em qualquer circunstância, o amor é a única coisa da qual todos os seres viventes precisam. Em outras palavras, *eles precisam de você!*

Seja o amor! Seja o amor quando achar que cometeu um erro que não irá ser perdoado. Seja o amor quando aqueles em quem confiou parecerem estar abandonando você. Seja o amor quando o mundo não lhe der o crédito que você acredita merecer. Seja o amor porque, quando tudo o mais falhar, o poder do amor erguerá você.

Até hoje, as pessoas conheciam você por um nome que não expressa a sua verdadeira identidade. Hoje, experimente um novo nome. Seja o amor que Deus criou você para ser, conhecer, experimentar e expressar.

Hoje, eu me dedico a ser o amor que é a minha verdadeira natureza e identidade.

3 DE FEVEREIRO

Eu conhecerei o amor quando me der conta... de que Deus quer me amar!

Deus quer amar você. Deus sente um imenso amor por você e quer lhe dar um amor maior do que você jamais ousou pedir. Deus deseja guiar você, proteger você, cuidar de você e inundar você com todas as bênçãos do amor. Deus deseja também que você seja feliz, saudável e totalmente capaz de dar e receber amor. Deus quer que você viva em paz e tenha experiências cheias de alegria. Como *Deus ama imensamente você*, Ele quer que você viva na abundância, num bem-estar completo. Acredite nesse amor, acolha-o, sinta que tem direito a ele pelo simples fato de existir como uma criatura de Deus.

As experiências que vivemos deixam em nós marcas que podem nos fazer acreditar que somos indignos e não merecemos amor. Muitas vezes sentimos como se estivéssemos sendo castigados ou esquecidos por Deus. Mas, tenha certeza de que Deus aceita você exatamente como é, por saber exatamente quem você é, as condições que tem e o contexto em que vive. Você pode preocupar-se com o que irá fazer ou com o que fez no passado. Deus sabe que, não importa o que você tenha feito, as coisas sempre funcionaram melhor quando você deixou que Ele estivesse a seu lado.

Deus quer você! Ele quer que você se dê conta de todo o seu potencial de bondade. Porque esta bondade é o amor de Deus.

Até hoje, você pode ter acreditado que era preciso fazer coisas melhores para tornar-se mais agradável aos olhos de Deus. Hoje, passe algum tempo permitindo que Deus conheça você exatamente como é. Deus, que é a paz, a alegria, o poder e a abundância que você deseja em sua vida, só quer que você peça. Faça do dia de hoje um momento de pedir e receber.

Hoje, eu me dedico a conhecer, experimentar e receber o amor de Deus por mim.

4 DE FEVEREIRO

Eu conhecerei o amor quando me der conta... de que há momentos em que permito que o medo se interponha entre mim e aqueles que amo.

Como é que você nega o seu amor? Todos nós fazemos isso em algum momento. Nós nos fechamos, fazemos as pessoas se calarem, teimosamente nos apegamos às nossas opiniões e exigências. Intimidamos aqueles que gostam de nós com a nossa raiva e contrariedade. Às vezes ficamos extremamente ocupados. Tão ocupados, na verdade, que não temos tempo para refletir sobre as questões, os sentimentos ou incidentes que nos levam a negar o nosso amor.

Quando você se recusa a compartilhar o que está sentindo, e não diz para a outra pessoa como ela contribuiu para esses sentimentos, está negando o seu amor. Quando você não dá ao outro as valiosas informações que poderiam melhorar o seu relacionamento com ele, está negando o seu amor. Quando você permite que o medo de sofrer agressão, rejeição, humilhação faça você agir como se não se importasse com o outro, está negando o seu amor. Quando você não oferece a verdade de sua experiência para aqueles que a compartilham com você, está negando o seu amor.

Tudo aquilo que não é expressão de amor é expressão de medo. Negar amor, seja qual for o motivo, é sinal de que estamos expressando o nosso medo. Medo de sermos machucados. Medo de que nosso amor não seja correspondido. Quando você se pegar dando um passo atrás, afastando-se de uma pessoa, pergunte-se: "Por que estou negando o meu amor?" Talvez descubra que um medo oculto está forçando você a fazer uma coisa que não gostaria que fizessem com você.

Até hoje, você pode não ter se dado conta das maneiras e do motivo pelo qual nega o seu amor. Hoje, fale e aja de uma forma verdadeira! Faça o que mandar o amor! Quando sentir medo, reconheça-o e admita. Então, ame-se por ter tido essa coragem.

Hoje, eu me dedico a dar e receber amor sem ter medo.

5 DE FEVEREIRO

Eu conhecerei o amor quando me der conta... de que posso amar as pessoas mesmo quando não as acho amáveis!

Seria tão bom se todo mundo fosse simpático e amável! Infelizmente, não é assim. Seria maravilhoso se, enquanto você está trilhando o caminho da iluminação espiritual, todos aqueles que encontrasse lhe desejassem boa sorte ou se juntassem a você. Infelizmente, este não é o caso. Há muita gente sofrendo, e, em certos dias, consciente ou inconscientemente, essas pessoas transferem para você a dor que sentem.

Pessoas falarão mal de você sem motivo. Pessoas retribuirão as suas boas ações com palavras e atos indelicados e desagradáveis. Pessoas mentirão para você, trairão a sua confiança, se apoderarão dos seus pertences e, se estiverem realmente sofrendo, podem até mesmo atacar você fisicamente. A tendência humana é retribuir insulto com insulto, mágoa com mágoa, maldade com maldade. A ordem espiritual é retribuir insultos com amor, dor com amor, e oferecer amor para todos, independente do mal que possam ter-nos feito. A perspectiva humana é odiar aqueles que nos odeiam, tirar de quem tirou de nós, prejudicar aqueles que nos prejudicaram. A perspectiva espiritual é reconhecer que, quanto menos amável for o comportamento de uma pessoa, maior é a sua necessidade de receber amor e cura.

Se hoje alguém lhe disser palavras ásperas ou fizer alguma indelicadeza, respire fundo, mergulhe fundo em sua essência e enfrente o desamor com amor.

Até hoje, você pode ter reagido à agressão humana com agressão. Hoje, dedique-se a se dirigir a tudo e a todos com a generosa delicadeza do amor.

Hoje, eu me dedico a dar amor a tudo e a todos, independente do que puderem ter dito ou feito.

6 DE FEVEREIRO

Eu conhecerei o amor quando me der conta... de que só poderei amar plenamente quando eu me amar.

Eis uma receita para viver e amar que produzirá satisfação e sucesso:

Uma mente repleta de visões positivas
Um momento de abertura
Um segundo de boa vontade
Duas gotas de disposição
Uma pitada de amor

Misture os ingredientes acima com confiança e fé. Faça com a massa uma bola de intenções claras. Amasse a bola até transformá-la numa fina camada de crença. Alise qualquer carocinho da massa e cubra todos os buracos com oração. Cuidadosamente, coloque uma camada de intenção numa forma de grandes expectativas.

Pré-aqueça a sua mente com pensamentos calorosos e amorosos *a seu próprio respeito.* Permita que a camada de crença cresça em palavras de elogio e gratidão. Aguarde, pacientemente, que a intenção e a expectativa sejam satisfeitas pela vontade divina.

Até hoje, você pode ter tido muitos sonhos fracassados. Hoje, tente uma nova receita para se amar, formando uma nova visão para si e para a sua vida. Dedique-se a concentrar a sua energia e o seu amor em uma única coisa.

Hoje, eu me dedico a usar todos os ingredientes certos para ter uma vida cheia de amor.

7 de Fevereiro

Eu conhecerei o amor quando me der conta... de que o mundo, como eu o conheço, começa e termina com amor!

Milhares de livros foram escritos a respeito dele. Muitos sonhos foram acalentados. Alguns o perseguem. Outros o encontram. Em algum momento da vida de qualquer um de nós passamos por aquilo que acreditamos ser a perda dele. Quando ele parte, ficamos querendo mais. Temos algumas idéias e crenças básicas sobre o que ele é ou deveria ser. Entretanto, quando aquilo em que acreditamos não funciona, mudamos de idéia, encontramos uma abordagem nova, escrevemos mais livros e enveredamos por novos caminhos. Nós mudamos, mas ele não muda. *O amor nunca muda*. Permanece constante e disponível, em reservas ilimitadas.

Feche os olhos por um momento apenas. Pense no rosto de um bebê recém-nascido: puro, inocente, indefeso, calmo. Isso é amor. Imagine o toque, o cheiro, o abraço, a visão de um rosto ou um local que aqueceu o seu coração, que levou um sorriso aos seus lábios e fez com que todos os seus medos e preocupações desaparecessem. Isso é amor. Que cor tem ele? Que som ele faz? Imagine o amor cercando, abraçando e protegendo, livrando você de todos os males, apenas por um momento. Quando caem as suas defesas e o seu coração se abre, você o sente. O amor está exatamente onde você se encontra neste exato momento. O amor está disponível para você neste instante. Você está disponível para o amor? Você consegue abrir-se para recebê-lo?

Até hoje, você pode ter acreditado que precisava encontrar o amor. Hoje, mantenha pensamentos e imagens de amor em sua mente. Quando você pode ser o amor, e ver o amor em todas as coisas, está vivendo a verdade de sua alma. O que pode dar mais alegria?

Hoje, eu me dedico a ter pensamentos amorosos, a ver o amor em todas as coisas e a dar amor a todos.

8 DE FEVEREIRO

Eu conhecerei o amor quando me der conta... de que minha vida é o território sagrado do amor!

Não é uma atitude amorosa permanecer num lugar ou numa experiência que deixa você feliz em alguns momentos e triste na maior parte do tempo. Não é uma atitude amorosa convencer-se de que não há problema em ficar num local onde não recebe o amor e o respeito que acha que merece. Aceitar abusos mentais, emocionais ou físicos, na esperança de que as coisas possam melhorar, não é nem amor próprio nem amor pelo agressor. Quando você concorda com atos que não são amorosos, está sendo conivente com a agressão que sofre. E essa não é uma atitude amorosa.

É fácil convencer-se que você não pode sair da situação porque não tem para onde ir. É fácil querer ignorar coisas que atentam contra a sua dignidade, seu valor, sua felicidade. Tentar ignorar o que você sente, achar que está se sacrificando pelo amor, não é uma atitude sábia nem amorosa.

O amor não pede que nos prejudiquemos ou sacrifiquemos por ele. O amor nos dá em retorno o que oferecemos a ele. Se você acha que está dando amor, e recebe de volta desrespeito ou agressão, é o caso de se perguntar: "Será que estou mesmo dando amor, ou apenas tenho medo de me afastar e partir?"

Até hoje, você pode ter contribuído para a falta de amor dos outros por você. Hoje, permita-se viver à luz da verdade, do respeito e da paz do amor. Pergunte-se: "Será que estou recebendo o que estou dando?" Se não estiver, pergunte-se: "Por quê?"

Hoje, eu me dedico a me amar, a me respeitar e a me afastar de qualquer experiência de desamor.

9 DE FEVEREIRO

Eu conhecerei o amor quando me der conta... de que a verdade é indispensável para fazer o amor fluir!

Quando você não se coloca bem no centro da verdade do que sabe, do que sente e de quem é, está negando o seu amor. Colocar-se significa se expressar, compartilhar e respeitar. Ao nos colocarmos, demonstramos apoio, amor-próprio e respeito por nós mesmos. Ao fazer isso por nós, estamos fazendo o mesmo pelos outros. Com freqüência, negamos nossa verdade, porque não queremos magoar ou irritar as pessoas. Às vezes, simplesmente não nos damos conta do que estamos fazendo. Entretanto, quando escolhemos conscientemente não expressar o que sentimos, não compartilhar o que sabemos, não ser sinceros sobre quem somos, estamos, na verdade, negando o nosso amor.

Na essência de seu ser há o amor. *O amor é a sua identidade espiritual.* Cada experiência, cada encontro, cada lição aprendida é a forma que a vida tem de treinar você para tornar-se uma expressão maior do amor. *O amor é uma força.* Muitas vezes é a força que nos acorda para a vida, que nos desperta para a realidade, que elimina o nosso medo ou que nos ajuda a fazer aquilo que achávamos que não éramos capazes de fazer. Talvez você seja a única expressão de amor a cruzar o caminho de alguém num determinado dia. Quando você nega alguma coisa, porque acha que vai magoar a pessoa, pode estar negando exatamente aquilo que poderia salvá-la, ajudá-la ou curá-la.

Até hoje, você pode ter acreditado que as pessoas presentes em sua vida talvez não conseguissem lidar com a verdade que você conhece e sente. Hoje, dedique-se a amar e confiar nas pessoas o bastante para compartilhar com elas a verdade a seu respeito. Expresse o que você sabe e sente de forma amorosa. Compartilhe o que você sabe e sente com amor e cuidado. Seja quem você é, sinceramente, mostrando que você sabe que o amor harmoniza tudo e todos.

Hoje, eu me dedico a dizer a verdade para as pessoas que eu amo, confiando que elas saberão lidar com isso.

10 DE FEVEREIRO

Eu conhecerei o amor quando me der conta... de que sou um ser sexual e estou bem assim!

Amor e sexo não são a mesma coisa! A maioria das pessoas concorda com isso, mas, na prática, muitas vezes confundem um com o outro.

O amor é um instinto natural. O amor nos faz reconfortados, protegidos, seguros e acolhidos pela vida. Quando amamos e somos amados, uma imensa sensação de bem-estar permeia toda a nossa existência. O amor nos faz sentir totalmente aceitos, totalmente preenchidos. O amor permite que um sinta o outro no nível mais profundo de sua identidade. Quando experimentamos o amor em sua forma mais verdadeira e plena, queremos senti-lo repetidamente. Na verdade, é isso o que procuramos e esperamos em nossas relações sexuais.

A atividade sexual é uma expressão perfeitamente natural e normal de quem somos enquanto seres humanos. Não precisamos inventar desculpas sobre o nosso desejo de troca sexual. Nossas experiências sexuais são oportunidades de nos abandonarmos, de nos entregarmos, deixando de lado máscaras e defesas. Uma relação sexual é uma experiência poderosa, na qual nossos corpos podem compartilhar prazeres, com ou sem intimidade. Quando o sexo é muito prazeroso, corremos o risco de confundir nossas experiências sexuais com a verdadeira troca, com o dar-e-receber pleno do amor. Dizemos a nós mesmos que estamos apaixonados e que foi por isso que "fizemos amor" com alguém!

No amor, existe uma completa aceitação e disposição de dar de si sem a expectativa de receber o que quer que seja em troca. Quando você ama, não tem medo de compartilhar a verdade de quem é e aceita a verdade do outro. O amor provoca uma sensação boa porque ele é bom e responde ao que há de mais profundo em nós.

Até hoje, você pode ter acreditado que todas as suas experiências sexuais eram expressões de amor. Hoje, dedique-se a dar e receber a intimidade do amor, sem contato físico, para perceber a diferença.

Hoje, eu me dedico a expressar o amor do meu ser de formas sexuais e não-sexuais.

11 DE FEVEREIRO

Eu conhecerei o amor quando me der conta... de que as pessoas entrarão em minha vida por uma razão, durante algum tempo ou pelo resto da vida!

Partir não é fácil! É triste, mas acontece. Quando acontece, a gente resiste, porque deixar alguém que amamos e com quem vivemos é muito difícil. Em todo relacionamento, independente de como começou e de como está acabando, há tantas coisas boas, que você se convence de que elas poderiam ou deveriam mantê-los juntos. E elas os mantêm até o dia em que você acorda e se dá conta de que aquilo que funcionou um dia não funciona mais.

Você sabe que mudou. Você cresceu. As pequenas coisas que um dia fizeram você sorrir, hoje são um peso em seu coração. Você sabe o que tem de fazer. Mas você simplesmente não sabe como fazê-lo. Você não quer que ninguém, especialmente você, se machuque. Você sabe que, se pudesse dizer o que sente, se pudesse dar um passo além do medo, da culpa, da expectativa, da raiva, seria capaz de fechar essa porta. Não seria fácil, mas você poderia seguir em frente. Você sabe que fez o melhor que podia ter feito. Sabe que deu tudo o que poderia ter dado. E, no entanto, por algum motivo, você continua tentando fazer essa relação funcionar. Bem, eis aqui algo que você talvez não saiba...

Quando você tiver aprendido tudo o que pode aprender em um relacionamento, o tempo dele chegou ao fim. Quando você tiver curado tudo o que era possível curar nesse relacionamento, seu objetivo terá sido cumprido. Quando um relacionamento termina, termina! Forçar-se a ficar só servirá para tornar os dias que virão mais tristes e sombrios!

Até hoje, você pode ter achado que terminar um relacionamento era uma experiência difícil, desafiadora ou desnecessária. Hoje, dedique-se a reconhecer e a aceitar tudo o que aprendeu e foi curado durante essa relação. Quando conseguimos sentir gratidão por essas coisas, fica mais fácil desapegar-se.

Hoje, eu me dedico a reconhecer as lições aprendidas, as bênçãos recebidas e as feridas que se curaram.

12 de Fevereiro

Eu conhecerei o amor quando me der conta... de que não consigo esconder o que penso, o que sinto ou quem sou!

Você não pode estar completamente presente em seu amor se está feliz algumas vezes e triste a maior parte do tempo e se tem medo de partir enquanto se pergunta se o outro está prestes a deixar você. Você não pode se fazer totalmente presente em seu amor se estiver se perguntando por que deve ficar ou como pode partir sem magoar e sem sentir mágoa. Você não está presente em seu amor se tem medo de contar a verdade absoluta de quem é, do que precisa e do que quer. Nessas circunstâncias, você não está presente no amor. Está se escondendo!

O amor não esconde ninguém! *O amor se expõe na verdade do que é*, para que todos o vejam e o recebam. O amor não conta metade da história, parte do tempo, nem evita contar a história inteira para poupar tempo e sentimentos. O amor é respeitoso, digno, nobre e sincero. O amor é dócil e cheio de compaixão; dispõe-se a compartilhar e é capaz de consolar. O amor se exprime com audácia, mas com suavidade.

Você não está completamente presente em seu amor se estiver culpando o outro e não aceitando a sua parcela de responsabilidade pelo que estiver acontecendo ou pela dor que isto estiver lhe causando. Você não está completamente presente em seu amor se não estiver expressando gratidão por tudo o que recebeu, se não estiver compartilhando seus sonhos de futuro. Você não está completamente presente em seu amor por outra pessoa se estiver se desculpando por não estar presente porque, provavelmente, nesse momento estará sentindo uma dor imensa!

Até hoje, você pode ter criado desculpas para não estar completamente presente em seus relacionamentos amorosos. Hoje, dedique-se a se fazer totalmente presente em todos os seus relacionamentos. Compartilhe a verdade de seus pensamentos e de seus sentimentos. Compartilhe a verdade a seu respeito.

Hoje, eu me dedico a encontrar coragem para estar completamente presente em meus relacionamentos.

13 de Fevereiro

Eu conhecerei o amor quando me der conta... de que os relacionamentos nunca morrem. Eles mudam!

Algumas pessoas permanecem em relacionamentos pouco satisfatórios apenas para poderem dizer que ficaram. Há momentos em que ficamos simplesmente por estarmos cansados de partir. Ou então para ter o direito de nos gabarmos, dizendo: "Eu dei o melhor de mim! Dei um duro danado! Dei o máximo que podia dar!" Ou podemos estar esperando, contra todas as probabilidades, que as coisas melhorem e que um dia receberemos em retorno o que acreditamos ter dado. Algumas vezes permanecemos simplesmente para provar que podemos ficar. Mas a questão é: *o que é que você está querendo provar de fato?*

Na infância, aprendemos como agüentar umas boas palmadas. Aprendemos a nos esconder. Aprendemos a nos abaixar, rapidamente e a desviar o corpo para evitar a dor da surra e diminuir o impacto dos golpes. A pergunta é: o que você está querendo provar a seu respeito quando demonstra que sabe apanhar?

Nos relacionamentos, corre-se o risco de ficar muito mais tempo do que seria saudável ou sábio. Mas só dá para a gente se abaixar ou desviar o corpo por algum tempo. Só conseguimos apanhar até certo ponto. Daí por diante, vamos controlando o que conseguimos prever, mas ficamos absolutamente vulneráveis às agressões inesperadas. Ficar por ficar pode machucar você e dar chance para que o outro agrida ou machuque. Além da dor física, mental e emocional, há os danos ao seu espírito. Quando esses danos ocorrem, não há como se abaixar, correr ou se esconder da dor.

Até hoje, você pode ter considerado que era coragem permanecer em um relacionamento ou em qualquer outra situação, porque sabia *como* fazer para ficar. Hoje, dedique-se a avaliar por que você fica, o que você deve fazer para ficar ou partir, e se o fato de ir ficando contribui para o seu crescimento espiritual.

Hoje, eu me dedico a examinar os motivos e métodos que uso para ficar numa situação em que posso me machucar.

14 de Fevereiro

Eu conhecerei o amor quando me der conta... de que, se estou sofrendo, não estou amando!

O amor é simples. Nós o tornamos difícil com as nossas complicações, expectativas e exigências. Transformamos o ato de amar numa coisa complicada, dolorosa e lamentável, porque insistimos em tentar descobrir como fazer para amar, dar amor e receber amor *da forma correta.* Colocamos limites, restrições e condições para o nosso amor e para as pessoas que amamos. Às vezes, funciona. Normalmente, não funciona. Então, quando não recebemos o tipo *certo* de amor ficamos magoados. Culpamos o amor.

Mas o amor não dói! Cair nas arapucas que armamos para conseguir e manter o amor é o que nos leva a sofrer. O amor é a sensação de alegria que nos invade quando temos coragem de dizer a verdade, quando temos coragem de ser exatamente quem somos e quando permitimos que aqueles que amamos façam o mesmo. O amor não é o que nos disseram que ele é quando a pessoa que disse se machucou no amor. O amor não é o que vemos em filmes. O amor não é uma ferramenta nem uma arma. *O amor é a chave.* A chave que nos permite ver mais claro e melhor dentro de nós.

Até hoje, você pode ter acreditado que havia coisas que precisava fazer para ter amor. Pode ter exigido que os outros fizessem certas coisas para provarem o seu amor por você. Hoje, dedique-se a avaliar as crenças que você tem com relação ao amor. Aproveite esta oportunidade para se perguntar se você acredita que está recebendo amor e se tem direito ao amor!

Hoje, eu me dedico a identificar as maneiras que tenho de colocar exigências e expectativas em relação ao amor.

15 de Fevereiro

Eu conhecerei o amor quando me der conta... de que o amor está dentro de mim!

A voz do amor está sempre chamando por você. Ela está sussurrando gentilmente para dentro de seu coração: "Eu estou aqui para você! Amo você exatamente como é!" O amor lhe oferece tudo o que você precisa e deseja, porque o amor reconhece a jóia que você é. Você reconhece a jóia que o amor lhe oferece?

O amor quer acalentar, consolar e erguer você às alturas. O amor conhece você! Ele sabe o que você tem para oferecer à vida. O mais importante é que você não precisa se empenhar para conseguir o amor! *O trabalho que o amor exige de você é um trabalho no seu próprio ser*. Trabalhe para fortalecer e dar mais sabedoria ao seu coração, à sua mente, para transformar as falsas noções sobre o amor que lhe causaram a dor, a confusão e o desespero que você acreditou que tinham algo a ver com o amor. Mas mantenha os olhos bem abertos, porque há muitas coisas fingindo que são amor e não têm nada de amável.

O amor não deixará você nem desrespeitará você nunca. O amor não apressará você. O amor não virá para tirar o que quer que seja de você. O amor dá! O amor protege! O amor é a voz de Deus sussurrando para você, dentro de você. A voz do amor lhe diz que Deus ama você agora e sempre! Não importa onde você se encontre ou o que tiver feito. A voz do amor está pedindo a você que diga ao amor onde sente dor, por que sente dor, como se machucou. O amor quer que você saiba que basta um pouquinho só de Deus para você se curar!

Até hoje, você talvez não tenha se dado conta de que a voz do amor é a voz de Deus chamando por você. Talvez você tenha se ocupado tanto tentando encontrar o amor, que não estava disponível para ouvir o seu chamado. Hoje, preste muita atenção na voz do amor. Aplique-se em lembrar que o amor está sempre disponível para cuidar e curar qualquer dor que você sinta.

Hoje, eu me dedico a identificar a voz do amor quando ela falar comigo.

16 de Fevereiro

Eu conhecerei o amor quando me der conta... de que a verdade é uma expressão poderosa e significativa do amor!

Você precisa amar muito uma pessoa para lhe dizer a verdade. Como você a ama, quer que ela tenha toda a informação disponível para ajudá-la da melhor forma possível. Você lhe diz a verdade porque quer que ela faça as melhores escolhas e tome decisões corretas. E o mais importante: quando você realmente ama alguém, quer lhe *dizer a verdade como sinal de respeito.*

Não é sinal de amor por alguém negar-lhe uma informação que talvez o perturbe. É compreensível que você deseje poupar essa pessoa. Entretanto, isso não é amar! Não é sinal de amor fazer coisas que você sabe que causarão pesar a alguém, e depois mentir para ela com relação ao que fez. Quando você ama alguém, se comporta de forma a respeitar tanto essa pessoa como, também, você. Quando você se ama, você se respeita e respeita também os outros, dizendo e manifestando a verdade.

Não é sinal de amor deixar de alertar uma pessoa que está se conduzindo de forma potencialmente perigosa. Talvez você não saiba o que dizer ou como dizer, mas, se ama alguém, vai encontrar uma forma. Vai encontrar uma forma de fazer com que ela saiba que você lhe tem carinho e respeito, embora não concorde com o seu comportamento. Quando você ama uma pessoa, não há nada de errado em não gostar de seu comportamento. Também não há nada de errado em deixar que ela saiba disso. Quando você ama alguém o suficiente para lhe dizer a verdade, é bem possível que esteja lhe dando exatamente aquilo de que ela precisa para se dar conta do quanto você a ama.

Até hoje, você pode ter escondido a verdade, censurado a verdade ou contado a verdade pela metade, achando que o ser amado não iria agüentar. Hoje, dedique-se a encontrar formas amorosas de fazer com que o outro conheça a sua verdade a respeito dele. O que quer que você tenha a dizer, comece com "Eu amo tanto você!".

Hoje, eu me dedico a expressar a verdade como sinal de amor.

17 DE FEVEREIRO

Eu conhecerei o amor quando me der conta... de que o amor dado em igualdade e recebido em igualdade é um amor compartilhado em igualdade.

O amor só pode existir entre iguais. Se uma pessoa estiver tentando conseguir alguma coisa da outra, se uma pessoa acredita que tem algo que falta à outra, se uma pessoa acredita que a outra faz dela algo que ela não é, esta união não é baseada no amor. Trata-se de um convite ao desastre!

Quando um relacionamento não ocorre entre iguais, ele rapidamente degringola para o roteiro do "Eu-Você". *Eu dou. Você recebe. Eu preciso. Você dá. Eu sei. Você aceita.* Nestas condições, um parceiro fatalmente acabará por se sentir mais poderoso do que o outro. Quando um relacionamento não ocorre entre iguais, ele rapidamente se torna um bazar de pechinchas! *Eu tenho isto. O que você vai me dar em troca? Eu fiz isso. O que você vai fazer em troca? Eu preciso disso. O que preciso fazer para conseguir que você me dê? Eu quero isso. O que você pode fazer para me ajudar a consegui-lo?*

Você saberá que está num relacionamento de amor com um igual quando se dispuser a ver a pessoa exatamente como ela é e não guardar suas queixas em relação a ela. Você se disporá a aceitar que existem diferenças entre vocês e a não ter medo de permitir que as diferenças existam. Você se disporá a fazer escolhas, tomar decisões e a permitir que seu parceiro faça o mesmo. Você será capaz de pedir e de aceitar apoio e críticas construtivas. Se você não estiver amando um igual, é bem possível que um comece a competir ou resolva controlar o outro.

Até hoje, você talvez não tenha acreditado que era responsável por dar ao seu parceiro aquilo que ele ou ela não tem, ou de ser para o seu parceiro aquilo que você acha que ele ou ela não é. Hoje, dedique-se a ver o seu parceiro e os seus amigos como pares, como iguais. Disponha-se a apoiá-los, mas preste muita atenção na forma com que você tenta fazer as coisas para eles.

Hoje, eu me dedico a me ver e a ver as pessoas que amo como iguais.

18 de Fevereiro

Eu conhecerei o amor quando me der conta... de que preciso usufruir o amor que está presente neste instante!

Você acha que amar alguém é o mesmo que querer envolver-se num relacionamento amoroso com essa pessoa? Você acha que gostar de alguém significa querer estar ao lado dessa pessoa o tempo todo? Você confunde ter necessidades e desejos com a necessidade de tê-los satisfeitos? É bem provável que você confunda essas coisas, embora não saiba.

É perfeitamente natural e normal para um ser humano querer a companhia de outro ser humano. Desejamos ser acalentados e ouvidos, cuidados e respeitados, tratados com carinho e valorizados por alguém. Você pode ter essas coisas em sua vida, de uma maneira ou de outra, mas, se elas não se traduzem num relacionamento íntimo e amoroso, talvez você se pergunte por que ninguém quer ter esse tipo de relacionamento com você.

Confundimos nossa necessidade de sermos tratados com cuidado e zelo amoroso com nosso desejo de ter uma união íntima. Também achamos que um relacionamento bom, carinhoso, mas platônico, significa algum tipo de rejeição. *Ter um relacionamento é uma escolha!* Os seres humanos têm direito de escolher o tipo de relacionamento que desejam. E o que eles escolhem pode não ter coisa alguma a ver com você.

As pessoas podem amar, ter carinho, respeito e cuidado por você sem desejarem estabelecer um relacionamento íntimo e amoroso.

Eu sei que isso pode ser um pouco difícil de engolir. Então, eu lhe peço: Abra mão dessa exigência de um relacionamento íntimo e amoroso! *Descubra e usufrua o amor que existe nos relacionamentos que você tem hoje!*

Até hoje, você pode ter se confundido e deixado de usufruir o amor das pessoas que gostam de você, mas escolheram não ter um relacionamento íntimo com você. Hoje, dedique-se a acolher o amor, o carinho e o cuidado que você recebe nos relacionamentos que possui com a sua família, seus amigos e colegas.

Hoje, eu me dedico a acolher o amor que recebo em todos os meus relacionamentos.

19 de Fevereiro

Eu conhecerei o amor quando me der conta... de que preciso abrir o meu coração se quiser senti-lo!

Não há palavras que possam trazer de volta o que você acredita ter sido tirado de você ou consertar o que você acredita ter-se quebrado em seu coração. De fato, palavras não conseguem curar ou abrir um coração que se fechou por causa da dor. Quando o seu coração se fecha devido à raiva ou ao medo, só o poder do amor poderá abri-lo.

Não há absolutamente *nada* que uma pessoa possa dizer ou fazer para você confiar nela quando houve uma traição. Por mais que tente, ela não conseguirá encontrar palavras para fazer com que você a perdoe quando você decidir não perdoá-la. Não adianta, porque o seu coração não está aberto para o amor. Você se prende a queixas, julgamentos, expectativas ou exigências. Você busca castigo ou vingança. E por mais que a pessoa faça, nada satisfará você. Num estado como esse, o seu coração não está aberto para o amor. *Você se escravizou à necessidade de se castigar e de castigar o outro.*

Muitos de nós já passamos por experiências em que trancamos nossos corações. Fazemos isso de forma inconsciente para nos protegermos. Fazemos isso como reação à dor de perder o amor. Fazemos isso para espantar o desespero de um amor não correspondido. É importante saber que, quando um coração se fecha, o amor necessário para abri-lo não pode vir de outra pessoa. Este é um amor que você precisa trazer de dentro de você. É o amor necessário para a cura, e ele não conseguirá entrar ou sair enquanto você estiver se apegando a queixas, julgamentos, expectativas ou exigências.

Até hoje, você pode ter fechado o seu coração para se proteger. Hoje, abra as portas do seu coração. Libere todas as queixas que você estiver guardando. Permita que alguém faça um gesto ou diga uma palavra gentil a você. Se o seu coração não se abrir só um pouquinho hoje, tente outra vez amanhã.

Hoje, eu me dedico a abrir o meu coração para expressar e sentir o amor.

20 DE FEVEREIRO

Eu conhecerei o amor quando me der conta... de que não posso fazer coisas pouco amorosas em nome do amor.

Esta minha mensagem tem por objetivo tentar evitar sua dor. A mensagem é: *não vá para a cama com o parceiro ou a parceira de outra pessoa!* Não é bom! Na verdade, é perigoso! Deixa as pessoas loucas de raiva e, se você não tomar cuidado, essa raiva pode vir para cima de você! Eu sei que você acha que é amor. Eu sei que *você sente* que essa é a *pessoa certa*. Engano seu. Essa pessoa que está com o parceiro ou a parceira de outra não pode ser a pessoa certa. Esqueça o que ele ou ela diz! Esqueça todas as coisas que você vive se dizendo! *Nunca* é um ato de amor ir para a cama com o parceiro ou a parceira de outra pessoa em qualquer circunstância. Então, por favor, não faça isso!

Você acha que é fácil dizer o que acabei de falar? A maioria das pessoas que dizem gostar de você simplesmente não falam a respeito. Algumas podem até estar ajudando você a fazer o que sabem que você não deveria fazer. Mas eu realmente amo você! Quero o melhor para você e sei que ir para cama com o parceiro de outra pessoa não é a melhor coisa que você pode fazer! Não é a melhor coisa para o ser espiritual que você é! E não estou falando de pecado! Estou falando de lealdade, integridade, respeito! Não importa o que os outros lhe digam; se você e a pessoa que você pensa amar têm de ficar juntos, vão ficar juntos – *depois da separação ou do divórcio*!

Você jamais poderá esperar realizar o amor que merece ter enquanto estiver fazendo algo tão pouco amoroso quanto ir para a cama com o parceiro de outra pessoa!

Até hoje, você pode ter se convencido de que o amor era o motivo pelo qual estava vivendo um relacionamento com o parceiro de outra pessoa. Hoje, livre-se de todos os seus motivos e desculpas. Prometa-se empacotar os seus pertences, e caia fora!

Hoje, eu me dedico a sair do beco sem saída que existe em minha vida.

21 de Fevereiro

Eu conhecerei o amor quando me der conta... de que há partes minhas que só o amor pode curar!

O que atrai uma pessoa para outra numa relação íntima e amorosa? Há um esquema divino em funcionamento que garante que sejam atraídas as pessoas que nos farão olhar mais profundamente para dentro de nós. As pessoas pelas quais nos sentimos atraídos e que se sentem atraídas por nós são aquelas que se oferecem para nos ajudar a curar feridas que não vemos.

Dentro de cada um de nós existem marcas de cada experiência que já tivemos na vida. As marcas mais suaves e mais rasas indicam experiências mais gentis, mais pacíficas. Marcas mais ásperas e profundas revelam experiências mais dolorosas, menos amorosas. À medida que vamos passando por outras experiências semelhantes, as marcas são reavivadas, fortalecendo reações mentais e emocionais dentro de nós.

Nos relacionamentos, atraímos pessoas cujas marcas são parecidas com as nossas. A relação com a outra pessoa provoca dentro de nós reações que requerem cura. Ao mesmo tempo, nosso comportamento provoca reações que reforçam marcas no outro. A cura ocorre quando escolhemos ter uma reação nova e diferente.

Da próxima vez que a sua relação com a outra pessoa provocar raiva, medo, tristeza ou qualquer outra reação dolorosa, saiba que você está passando por um processo de cura. No momento preciso em que sentir vontade de reagir, em vez de usar a violência de costume, evoque o amor e agradeça à outra pessoa por lhe mostrar coisas a seu próprio respeito que você precisava saber.

Até hoje, você pode não ter compreendido por que tem certas reações a certas pessoas em certas situações. Hoje, quando alguém provocar uma reação negativa em você, lembre-se que essa pessoa está ajudando você a se curar.

Hoje, eu me dedico a curar os espaços machucados dentro de mim.

22 de Fevereiro

Eu conhecerei o amor quando me der conta... de que não há nada em meu coração que Deus não conheça, não ame e não compreenda.

Quando ficar com a sensação de que está num beco sem saída, de que não há ninguém em quem confiar, lembre-se que *sempre há Deus*. Não existe local onde você possa ir, estado de espírito em que possa mergulhar que esteja fora do alcance de Deus. Deus conhece o seu coração. Foi Deus quem o deu a você, lembra? Deus conhece todas as coisas que estão enterradas tão lá no fundo que você pode ter esquecido que existem. Deus nunca se esquece.

Deus sabe da sua vergonha. Deus sabe das coisas que enraiveceram, assustaram e levaram você a duvidar do poder e da pureza do amor. Deus sabe tudo sobre todas as coisas que lhe dão tanta vergonha, as coisas que você não ousa falar em voz alta. Deus sabe e, ainda assim, está ao seu lado, porque vergonha não consta do vocabulário de Deus. Mas perdão consta!

Deus conhece o seu medo. Deus sabe de todas as coisas que você já fez quando teve medo de perder algo ou alguém, de sofrer abandono. Deus sabe o que você já fez para obter aceitação. Deus sabe de todas as coisas que você não quis fazer, com medo de fazê-las errado. Deus sabe, até mesmo, das coisas que você quer fazer, mas tem medo de fazer, por medo de não merecê-las de verdade. Deus sabe o que você merece. Deus também sabe das coisas que você não fez por causa da raiva, da dor, do medo e da vergonha. Você, tal como Deus, sabe que essas coisas levaram você a sentir culpa e fechar o coração. Deus conhece cada cantinho do seu coração. O que talvez você não saiba é que, se tiver disposição para abrir o coração para Deus, Ele retirará todas as coisas velhas, doloridas, vergonhosas e carregadas de culpa para substituí-las por coisas novas e boas.

Até hoje, você pode ter permitido que a vergonha, a culpa, o medo ou a raiva tenham fechado o seu coração. Hoje, encontre uma coisa que você dispõe a limpar dentro do seu coração. Ofereça-a a Deus em voz alta, em pensamento ou por escrito.

Hoje, eu me dedico a abrir o meu coração para Deus.

23 DE FEVEREIRO

Eu conhecerei o amor quando me der conta... de que não há nada que eu tenha feito que Deus não possa perdoar ou compreender.

Vamos colocar as cartas na mesa. Nem sempre você deu o melhor de si. Você nem sempre viveu de acordo com as suas responsabilidades. Houve momentos em que você não se preparou para fazer o que precisava fazer. Embora seja duro admitir, houve também momentos em que você não ouviu o apelo do outro e não deu a solidariedade que estava sendo pedida. Não é verdade que, para disfarçar sua culpa, você se esconde por trás de uma fachada dura, de quem está pouco se incomodando? Se você for capaz de admitir qualquer uma dessas coisas a seu respeito, estamos no caminho certo! Porque Deus sabe todas essas coisas a seu respeito e ama você do mesmo jeito.

Vamos avançar um pouco mais. Vamos falar das vezes em que você, de certa forma, mentiu para conseguir o que queria. Essas coisas ainda ficam remoendo na sua cabeça? Houve ocasiões em que você fez promessas, mesmo sabendo que não as poderia cumprir? Você não odeia quando percebem suas faltas? O que você faz para acobertar suas faltas dos outros? Como é que você expressa a sua raiva? Como é que você esconde o seu medo? Antes de tentar responder a essas ou outras indagações, há algo de que eu gostaria que você se lembrasse: *Deus sabe tudo a seu respeito*! Deus compreende. E *Deus ama você de qualquer jeito.*

Até hoje, você pode ter escondido coisas a seu respeito. Hoje, permita-se lembrar, aceitar e saber que Deus conhece e ama você.

Hoje, eu me dedico a colocar todas as minhas cartas na mesa de Deus.

24 DE FEVEREIRO

Eu conhecerei o amor quando me der conta...
de que as fibras de um relacionamento
são construídas com as fibras de meu coração.

Você é uma pessoa pronta para um relacionamento? A pergunta não é se você está à procura de um relacionamento, nem se você quer ter um relacionamento. A pergunta diz respeito à sua preparação para ter um relacionamento.

Para preparar-se, você precisa ir se tornando capaz de abrir o coração para alguém e aprendendo o que fazer quando alguém abrir o coração para você. Você precisa se esforçar para ficar bem com relação a cada uma das verdades que sabe a seu próprio respeito. Há um detalhe importante: quando conseguir se ver, precisa se dispor a deixar que os outros vejam você exatamente como é! Você precisa aprender a se colocar diante de outra pessoa sem medo, sem desculpas e com as suas defesas abaixadas.

Para preparar-se para ter um relacionamento, você precisa tornar-se confiante e confiável. Quando o seu parceiro ou parceira estiver enfrentando dificuldades, poderá contar com você. Aprenda a não desmoronar porque ele ou ela está desmoronando.

Para preparar-se, você precisa aprender a se arriscar, a contar a verdade, a acreditar que alguém vai escutar você. Precisa aprender a abrir mão das defesas, expectativas e julgamentos. Precisa aprender a dar sem receber, crescer sem dominar, ceder sem achar que isso é fraqueza. Acima de tudo, você precisa procurar saber o que quer e se dispor a pedi-lo, sabendo o que pretende fazer caso não consiga.

Até hoje, você pode não ter-se dado conta do que é preciso para uma pessoa estar pronta para um relacionamento. Hoje, examine-se para descobrir se você está se preparando para ter o relacionamento que procura.

Hoje, eu me dedico a me preparar para ter um relacionamento.

25 DE FEVEREIRO

Eu conhecerei o amor quando me der conta... de que as coisas não precisam ser fáceis para serem boas!

Relacionamentos não são fáceis! Não são fáceis de achar, não são fáceis de começar ou se manter. E algumas vezes você precisa se perguntar: por quê? *Relacionamentos são maravilhosas ferramentas de cura.* Um relacionamento pode nos curar do medo de ter um relacionamento. Um relacionamento pode curar você do medo de revelar-se tal como é. O amor que um relacionamento requer é capaz de iluminar qualquer escuridão, inclusive a da sua mente e a do seu coração.

Relacionamentos são excelentes instrumentos de aprendizagem. Relacionamentos tornam bastante claras para você e para os outros as coisas a que você tem tendência de se apegar com egoísmo – pensamentos, sensações, lembranças e, algumas vezes, posses. Um relacionamento lhe ensinará o quanto você acha, de fato, que vale. Denunciará sua auto-suficiência, à medida que revelar sua resistência a compartilhar, consultar, negociar. Quando você se vê frente a frente com a decisão de manter ou romper um relacionamento, tudo o que o relacionamento lhe ensinou a seu respeito precisa ser examinado. E, pode acreditar, isso não é um exame fácil de ser feito!

Relacionamentos são dádivas de Deus. Isso significa que são uma bênção! Um relacionamento abençoa você com a oportunidade de compartilhar quem você é com outra pessoa que está disposta a ver a verdade de quem você é. Um relacionamento é o lar do amor, ou seja, é um palácio construído por Deus. Infelizmente, não é tarefa fácil manter um castelo em ordem!

Até hoje, você pode não ter se dado conta do efeito curativo de seus relacionamentos ou do que estava aprendendo a seu respeito. Hoje, examine cuidadosamente os seus relacionamentos. Acolha as suas necessidades de cura. Reconheça que ainda há algumas coisas que você está aprendendo sobre quem você é.

Hoje, eu me dedico às oportunidades de aprendizagem e de cura que todos os meus relacionamentos podem me proporcionar.

26 de Fevereiro

Eu conhecerei o amor quando me der conta... de que as pessoas não mudam simplesmente porque eu quero que mudem!

Se você estiver procurando mudanças em seu parceiro e não vir o menor sinal de que elas estão acontecendo, pare de olhar! Você está ao lado dessa pessoa porque *escolheu* estar com ela. Pare de procurar outra coisa e veja o amor na pessoa com quem você está.

Se você está esperando seu parceiro dizer algo que você ainda não ouviu, pare de esperar! Você escolheu essa pessoa! Você a escolheu porque ela abriu o seu coração. Você a escolheu precisamente por ela ser quem é. Pare de esperar que ela mude, porque talvez você é que tenha mudado. Pare de esperar que ela se transforme naquilo que você sabia que *ela não era*. Veja quem é essa pessoa. Ouça o que ela tem a dizer. Aceite o que ela faz como a verdade de quem ela é e procure o amor dentro dela.

Não é uma atitude amorosa esperar que uma pessoa mude apenas porque você quer que ela mude ou porque acha que ela deveria mudar. O amor permite que vejamos e ouçamos o que há de melhor em nós. O amor dentro de nós cresce à medida que crescemos. Ele muda quando mudamos. Quando a nossa forma de amor cresce e muda, o amor nos dá a oportunidade de escolher outra vez, quer nosso parceiro mude ou não.

Em geral, quando nós mudamos e as nossas necessidades mudam, podemos nos tornar muito exigentes com nossos parceiros. Ao pedir que seu parceiro mude de acordo com a sua realidade, você está pedindo que ele ou ela ignore a própria realidade. Exigir uma mudança não é uma atitude amorosa. É controle! A cura para esse tipo de controle nada amoroso é muito simples. Se a pessoa que você tem não satisfaz mais as suas necessidades, escolha outra vez.

Até hoje, você pode ter se concentrado nas mudanças. Hoje, procure e acolha as coisas que você ama no seu parceiro neste momento.

Hoje, eu me dedico a colocar as minhas exigências de lado e ver a verdade e o amor na pessoa com quem divido a minha vida.

27 DE FEVEREIRO

Eu conhecerei o amor quando me der conta... de que amar a pessoa que sou ajuda a resolver as coisas que fazem me sentir mal.

Quando nos sentimos mal com nós mesmos, tudo o que se encontra fora de nós parece ser melhor. Você talvez seja capaz de se convencer de que é melhor fugir dos seus sentimentos. Você provavelmente achará que a sensação desagradável desapareceu – *por algum tempo!*

Quando você está se sentindo mal, este sentimento está dentro de você. Não há como fugir! Talvez você encontre quem culpar. Mas isso só funcionará durante algum tempo. Mais cedo ou mais tarde, você terá que aceitar que essa sensação incômoda é só sua e não tem nada a ver com mais ninguém.

A maioria das sensações desagradáveis são resultado de conflito. O conflito pode ser resultado de você não conseguir o que quer ou acredita poder ter. O conflito talvez venha da sensação de estar perdendo o controle sobre si e sobre a sua vida. Talvez você tenha um parceiro, um pai ou uma mãe que esteja lhe impondo alguma coisa, e você não sabe ao certo como reagir. De qualquer maneira, na essência de todas as sensações desagradáveis há a falta de uma coisa fundamental: o amor.

Quando você está se sentindo mal com você ou com a sua vida, faça algo que você realmente ama e que lhe faça bem, sem prejudicar ninguém. Enquanto você faz o que escolheu, pense em todas as formas de dar mais amor, mais apoio e estímulo para si. O amor realmente é a única coisa que ajudará você a ir resolvendo os seus conflitos internos e a se sentir melhor.

Até hoje, você talvez venha culpando outra pessoa quando se sente mal. Ou pode ter tomado uma providência que aliviou temporariamente seu mal-estar. Hoje, reserve algum tempo para resolver os conflitos internos, para viver de forma mais amorosa com você e com os outros.

Hoje, eu me dedico a identificar a essência do conflito que faz com que eu me sinta mal.

28 DE FEVEREIRO

Eu conhecerei o amor quando me der conta... de que o amor pode acolher algumas coisas que eu não quero ver!

Se você é uma mulher em busca de um homem a quem amar, levante-se! Vamos, levante-se! Não há ninguém olhando. Levante-se. Se você é um homem em busca de uma mulher a quem amar, levante-se! Não deixe que o seu ego se coloque no seu caminho. Levante-se. Agora, olhe em volta. Abra o seu coração, abra a sua mente e olhe. O que você vê? Vê gente baixa demais? Alta demais? Vê pouca instrução? Vê orgulho demais? Você vê gente gorda? Gente magra? Você vê preto? Vê branco? Vê outra pessoa exatamente igual à anterior? Vê aquela com quem já tentou uma vez? Vê dinheiro demais? Vê dinheiro de menos?

Se você estiver à procura de um parceiro ou de uma parceira, pode ter certeza de que há alguém, em algum lugar, de pé, neste instante, à sua procura! Talvez vocês não consigam se ver por causa de todas as coisas que estão procurando. Ou, talvez, você não consiga encontrar ninguém por causa de todas as coisas para as quais você se recusa a olhar!

Até hoje, você pode ter procurado um parceiro ou uma parceira perfeitos. Hoje, amplie a sua busca. Abra o seu coração e a sua alma para todas as coisas que estão disponíveis, inclusive algumas para as quais você se recusou a olhar até aqui.

Hoje, eu me dedico a abrir o meu coração e a minha mente para coisas novas.

29 DE FEVEREIRO

Eu conhecerei o amor quando me der conta... de que o amor me oferece muitas coisas que eu nem sempre vejo.

A prendizagem, vida, luz, lealdade.
M udança, abertura, entrega, persistência.
O portunidade, unidade, sinceridade.
R esistência, esclarecimento, tolerância, empenho.

Até hoje, você talvez não tenha parado para refletir sobre os dons preciosos que o amor nos traz. Hoje, reserve um tempo para caminhar em meio à natureza, pensando nas dádivas, bênçãos e belezas em se amar e amar os outros.

Hoje, eu me dedico a acolher
as bênçãos e belezas do amor.

MARÇO

CONSCIÊNCIA

Abra a sua mente.

Abra os seus olhos.

Abra o seu coração.

Se os olhos de sua mente e de seu coração
não estiverem completamente abertos,
você pode deixar de ver algum
amor que está presente.

1 DE MARÇO

Eu abro o coração e a mente para tomar consciência... de que o que importa sou eu!

A única coisa que se interpõe entre você e aquilo que você deseja é o espaço. A pergunta que lhe faço é: *você quer ocupar esse espaço?* Você pode escolher preencher o espaço com várias coisas diferentes: pode preenchê-lo com aquilo de que precisa, com o que lhe falta, com o que você teme. Mas você também pode escolher preencher o espaço com esta audácia sagrada: "Eu posso e vou preencher esse espaço simplesmente porque existo!"

No espaço que se interpõe entre você e aquilo que você deseja há a plenitude de Deus. A pergunta é: como você vê esse espaço? Você coloca as coisas dos outros nesse espaço? Consegue ver o seu lugar nesse espaço? Enxerga a sua alegria nesse espaço? Consegue ver a graça, a misericórdia, a luz e o amor de Deus nesse espaço? Por acaso você vê um perigo que lhe dá medo? Ou vê o sonho impossível se tornando possível através de Deus?

No espaço da plenitude de Deus que se interpõe entre você e o que você deseja existe a oportunidade. A pergunta é: como é que você vai aproveitar essa oportunidade? Há duas formas. Você pode aproveitá-la repetindo o que sempre acreditou ao explicar por que não pode ou não deve ocupar esse espaço. Talvez você ache que o espaço é grande demais, largo demais ou simplesmente demais para você. Ou, então, pode simplesmente se dar conta de que foi dada a você a oportunidade divina de mudar a sua forma de ver esse espaço e preencher o espaço que separa você de Deus.

Até hoje, você talvez não tenha se dado conta de que a única coisa que se interpõe entre você e o que você deseja é a oportunidade de conviver mais tempo com Deus. Hoje, dedique-se a preencher os espaços entre você e aquilo que deseja.

Hoje, eu me dedico a aproveitar
cada oportunidade de conviver com Deus.

2 DE MARÇO

Eu abro o coração e a mente para tomar consciência... de que preciso decidir como será o meu dia.

Quando *você decide* que vai encher-se de fé, de alegria, de paz e de plenitude, terá um bom dia. No momento em que você decide que não vai se deixar desgastar ou sobrecarregar, que não vai se deixar reprimir ou dobrar, sofrer rejeição ou maus-tratos, tristeza ou desânimo, você terá um bom dia. Quando *decidir* que vai respirar fundo algumas vezes, relaxar, se concentrar, examinar seu desejo, dar passos para atingir uma meta, completar uma missão, perseguir um sonho, viver de acordo com um objetivo, você terá um bom dia. Assim que *você decidir* se aceitar, se celebrar, se corrigir, se autorizar, se valorizar, ser quem você é e se amar exatamente como é, você terá um bom dia.

Se *você decidir* reservar um momento, um único momento, para ficar em silêncio, clarear a mente, abrir o coração, ouvir a voz sagrada que é seu guia, sua proteção, que conhece e ama você, seu dia será bom. E se no decorrer do dia você descobrir que ele não está sendo bom, é tempo de parar, reler este texto e refletir, para descobrir o que está acontecendo e o que precisa ser feito para que seu dia transcorra da forma que decidiu que ele há de transcorrer.

Até hoje, você talvez não tenha se dado conta de que as decisões servem de combustível para o espírito. Talvez não tenha se dado conta de que *você* tem o poder de decidir a direção que o seu dia e a sua vida irão tomar. Hoje, decida como você deseja passar o seu dia. Alimente essa decisão comprometendo-se a fazer o que for necessário para garantir que isso aconteça.

Hoje, eu me dedico a tomar decisões claras sobre as experiências que escolho viver.

3 de Março

Eu abro o coração e a mente para a consciência... de que não posso saber das coisas com base na reação de outra pessoa.

Um dia a luz vai se acender em sua mente. Você vai passar a ter consciência do que veio fazer na vida. Nesse dia, tudo aquilo que você acha que sabe vai se esvaziar. Talvez você leve um susto, mas, ao mesmo tempo, *vai se sentir perfeitamente bem com o que não sabe.* Porque aquilo que sabia era fruto, não das suas próprias descobertas, mas do que os outros lhe disseram e da reação dos outros. Ao se esvaziar deste saber, você abre espaço para descobrir e seguir o seu destino. Tenha certeza de que, quando as pessoas perceberem isso, muita gente vai aborrecê-lo.

Quando as pessoas conhecem seus pontos fracos, elas sabem manipular você, e isso as deixa bastante satisfeitas. Por isso elas ficam incomodadas quando você tem clareza sobre quem é e o que quer. *Elas ficam confusas!* Quando as pessoas se sentem confusas, podem tentar dar a impressão de que a confusão é sua. Aceite um conselho: não se preocupe com a reação dos outros! Tome posse da sua clareza e alegre-se com ela!

Quando aquela luz se acender, agradeça fervorosamente por cada descoberta dessa sua nova consciência. Quando sentir um movimento interior para agir, aja! Se sentir alguma insegurança ou incerteza, pare um pouco. Invoque a presença do Espírito. Mas, por favor, não peça, e eu repito, *não peça* conselho algum a qualquer outro ser humano. Lembre-se, ele pode estar confuso. Se você receber uma inspiração do Espírito para pedir ajuda a alguém, pergunte-Lhe a quem pedir.

Até hoje, você pode ter achado necessário que aqueles à sua volta aprovassem as suas idéias e percepções. Hoje, entregue todas as suas novas idéias, percepções e descobertas ao Espírito Santo. Ele está no seu coração e na sua mente.

Hoje, eu me dedico a tomar consciência dessa luz de sabedoria que brilha dentro de mim.

4 de Março

Eu abro o coração e a mente para a consciência... de que não posso depender do julgamento de qualquer outra pessoa.

Você pode observar os atos de algumas pessoas, se esforçar para compreender os seus motivos, sem ter a menor idéia da razão pela qual elas fazem o que fazem. Você pode até achar que certas pessoas deveriam ter mais consciência de seus atos, ser melhores, menos egoístas, mais solidárias. A verdade é que cada vez que você acha que alguém *deve fazer ou ser* alguma coisa, você está julgando aquela pessoa.

Quando você faz um julgamento, está decidindo que a maneira como as coisas *são* não é a maneira como *deveriam ser.* O seu julgamento reflete o que você acredita ser certo e errado e revela uma atitude de superioridade, demonstrando que você se acha no direito de decidir *o que* deve ser feito, *como* deve ser feito e *quem* deve fazê-lo. *O julgamento é uma forma de controle.* É uma tentativa de obrigar as pessoas a fazerem do jeito que você quer, para obter sua aprovação. O julgamento é um sinal de medo e insegurança. E é uma armadilha porque, se você julga, vai permitir que os outros também julguem você.

As pessoas são quem são e fazem o que fazem, quer você goste e concorde, quer não. Cada um de nós tem lições diferentes para aprender. Cada um de nós percorre caminhos diferentes até aprender essas lições. Há momentos em que o caminho de alguém se cruza com o seu, fazendo com que você tropece ou caia. Isso não torna as pessoas erradas nem faz com que o certo esteja com você. Pare de julgar e concentre-se no que você quer mudar em si.

Até hoje, você talvez tenha achado que sabia o que os outros deveriam estar fazendo e como deveriam estar fazendo. Hoje, suspenda todos os seus julgamentos. Aprenda a ver as coisas e as pessoas como são. Encontre uma forma de ficar bem com você e com os outros.

Hoje, eu me dedico a viver sem julgar. Eu me dedico a deixar que as coisas sejam como são.

5 de Março

Eu abro o coração e a mente para a consciência... de que nem todo mundo que cresce se torna adulto.

Há pessoas que andam por aí com corpos de adultos mas *não são* adultos. Muitas vezes podem ter idade avançada e grandes realizações em seu currículo. Podem ser pessoas a quem você confiaria sua vida e suas posses. Você deixaria até os seus filhos aos cuidados delas. Na realidade, você pode estar dormindo ao lado de uma delas. Então, num momento de grande necessidade, quando você menos espera, descobre que essa pessoa grande não tem a menor idéia do que significa ser adulto.

Um adulto é uma pessoa capaz de assumir o mais completamente possível responsabilidade sobre si e sobre os seus atos. Um adulto não culpa ninguém pelo que não pôde realizar. Não lança mão de desculpas para acobertar o que fez ou deixou de fazer. Um adulto é uma pessoa que consegue dizer o que pensa, e o diz sem agredir você. Adultos possuem uma clareza capaz de mantê-los tranqüilos. Adultos não têm medo da dúvida porque sabem que são seres humanos, assim como sabem que os outros também são seres humanos sujeitos a falhas. Vêem as coisas como são e se esforçam para aceitá-las. Adultos não desmoronam diante de dificuldades. Reagem à frustração com paciência. Adultos sabem cuidar de suas necessidades físicas, mentais e emocionais e são capazes de colocá-las de lado para lidar com emergências. Adultos sabem, sobretudo, que a perfeição não existe, mas procuram crescer sempre.

Até hoje, você pode ter confundido *gente grande* com *adulto*. Hoje, passe algum tempo se examinando para verificar se está desenvolvendo qualidades e comportamentos de adulto.

Hoje, eu me dedico ao meu crescimento como adulto.

6 de Março

Eu abro o coração e a mente para a consciência... de que a dor é sinal de que algo não vai bem!

Um filósofo disse, certa vez: "Quando um homem começa a ter problemas com o próprio coração, é bem capaz de estar tendo problemas com Deus!" Ou seja, *a dor não é natural!* Ela é sinal de um estado *sem Deus*. É um aviso de que algo está perturbando a sua conexão divina. A dor é a forma que a vida encontra de chamar a sua atenção. Também é a forma que Deus tem de avisar que está havendo algum desequilíbrio, algum problema, ou as duas coisas!

É muito raro uma dor desabar de uma vez sobre a gente. Ela começa pequena. Se procuramos ignorá-la, ela cresce e nos domina. Isso não é natural. É natural sentir algumas dores no início de uma nova experiência. O problema é que nós nos acostumamos a aceitar uma dor insistente e até debilitante como forma natural de vida. Acreditamos, às vezes, que a dor pode ser uma coisa boa. Nada poderia estar mais longe da verdade!

Algumas pessoas lhe dirão que é nobre tolerar a dor. "Agüente firme!", "Seja forte!". A dor, acreditam, faz bem. Se você acredita nelas, talvez tente encontrar formas de lidar com a dor. Mas, acredite: a dor não é uma experiência natural, não é coisa de Deus. Quando ela explode em sua vida, você precisa parar de fazer aquilo que causa a dor e começar a fazer qualquer coisa para eliminá-la.

Até hoje, você pode ter criado justificativas para a dor existente em sua vida. Pode ter tido medo de reconhecer o que causa a sua dor. Hoje, dedique-se a identificar e eliminar as situações e as pessoas que lhe causam dor. Ah, claro! Tomar consciência dói, mas é o primeiro passo em direção à cura! Quando você tomar consciência e reconhecer a causa, estará a caminho de uma existência livre da dor!

Hoje, eu me dedico a eliminar a dor da minha vida.

7 de Março

Eu abro o coração e a mente para a consciência... de que Deus só pode fazer por mim aquilo que pode fazer através de mim!

Deus não pode ajudar você, a não ser que você permita que Ele ajude! Muitos de nós poderíamos ser acusados de tentar passar a perna em Deus, acreditando que sabemos mais do que Deus. Chegamos a acreditar que o que queremos e como queremos é melhor do que a forma que Deus tem de nos dar o que quer que seja. Na verdade, ficamos tão ocupados em fazer as coisas do nosso jeito, que não existe a menor oportunidade de Deus entrar em nossas vidas!

Deus é muito misericordioso! Ele não lutará contra você. Em vez disso, Deus espera ser convidado a entrar na sua vida. Permitirá que você faça o que quiser até se dar conta de que Ele sabe fazer melhor. Se você quiser dar as cartas, Deus deixará. Se desejar manipular todas as situações, fica a seu critério. Se insistir em achar que está fazendo as coisas como têm de ser feitas, até mesmo quando não está chegando a lugar algum, vá em frente. Deus deixará você se esfalfar, se você escolher assim. Infelizmente, não é sempre que você se dá conta de que está atrapalhando Deus. Você acha que está demonstrando a sua independência. Acha que tudo depende de você e, se não fizer tudo, nada será feito.

Como saber quando você está atrapalhando Deus e não deixando o plano divino de Deus se desdobrar? É muito simples! Se as coisas pelas quais você vem batalhando não estiverem acontecendo, é sinal de que é você, e não Deus, quem vem dando as cartas.

Até hoje, você pode ter dirigido a sua própria vida e tentado produzir as suas próprias bênçãos. Hoje, peça a Deus orientação. Abra-se para Ele. Desista de ter tudo *exatamente do jeito que você quer.* Abra-se para o jeito de Deus.

Hoje, eu me dedico a permitir que Deus trabalhe através de mim e por mim.

8 de Março

Eu abro o coração e a mente para a consciência... de que, da forma como eu me trato e me vejo, os outros vão me ver e me tratar.

Durante o dia, preste atenção para perceber como você se trata. Quando estiver tomando banho, preste atenção para ver como você cuida do seu *corpo*. Você se trata com gentileza? Ou é rude? Cada vez que comer hoje, preste atenção para verificar o tempo, a energia e a atenção que você dedica à sua nutrição. Você se alimenta saudavelmente, come devagar, com concentração, ou engole qualquer sanduíche, pensando em assuntos de trabalho? Você vive correndo? Preste atenção, porque *a maneira como você se vê e se trata vai determinar a forma como os outros vão ver e tratar você.*

Preste atenção para descobrir como age com sua *mente* e sua emoção. Quando comete alguma falha, você se xinga e se acusa, ou é tolerante e procura aprender com o erro? Você se permite o prazer de ter tempo para refletir, ou age impulsivamente e interrompe os próprios pensamentos para fazer julgamentos? Preste atenção para ver como você pensa o que pensa. Não precisa fazer nada a respeito neste momento.

Preste atenção para ver como você cuida de sua *alma*. Você tem a simplicidade de perguntar o que precisa saber? De dizer que não sabe, mas quer aprender? De dizer serenamente sua verdade e escutar a dos outros? Como lida com uma crise? Você se desespera, ou vê na crise uma oportunidade de crescimento? Preste atenção. Não é preciso fazer coisa alguma a respeito neste momento. Entretanto, à medida que for aumentando a consciência de como se trata, é provável que você descubra os modelos de comportamento que criou para os outros. Talvez se dê conta de que chegou a hora de criar novos modelos.

Até hoje, você pode não ter se dado conta da dureza, impaciência, descaso, desleixo, irritação com que se trata. Hoje, preste atenção para descobrir como você se trata. Lembre-se, a consciência é o primeiro passo para a mudança.

Hoje, eu me dedico a me tornar mais consciente da forma como me trato.

9 DE MARÇO

Eu abro o coração e a mente para a consciência... de que há coisas minhas que nada pode mudar.

Nos seus momentos mais sombrios e difíceis, quando tiver a sensação de que tudo que sempre quis na vida está prestes a escapar de suas mãos para sempre, apegue-se às seguintes palavras:

> Como seres divinos, é impossível errarmos.
> Nós fazemos escolhas.
> Escolhas têm conseqüências.
> O erro só toma conta quando julgamos a nós mesmos e aos outros.
> A vida é misericordiosa!
> A vida sempre nos oferece uma infinita provisão de novas oportunidades.
> A vida sempre nos oferecerá a oportunidade de repetir as experiências até termos os resultados desejados por nosso coração.
> Esta é a chave da sua dignidade.
>
> *Ron Hulnick*

Até hoje, você pode ter se arrependido de seus erros. Pode ter tido a sensação de que as coisas que não fez não podiam mesmo ser feitas. Hoje, agarre a oportunidade de refazer algumas das coisas que já fez.

Hoje, eu me dedico a olhar para os meus erros e infortúnios como oportunidade de refazer as coisas.

10 DE MARÇO

Eu abro o coração e a mente para a consciência... de que se eu seguir os passos do Mestre serei mestre de meu Eu verdadeiro.

Jesus Cristo possuía um objetivo e um propósito: ensinar o amor. Neste propósito ele se manteve concentrado. Tinha uma missão: demonstrar para as pessoas que a melhor e única maneira de servir a Deus é servindo os outros. A essa missão Cristo dedicou toda a sua energia. Ele revelou como é fundamental possuir um propósito quando disse: "*Por este motivo eu nasci.*" No fundo, o que Jesus queria dizer era que quando a nossa vida possui um objetivo, somos capazes de superar todas as dificuldades.

Concentre-se num objetivo. Concentre-se num propósito. Concentre-se em perseguir seu objetivo. A cada dia, centenas de milhares de pessoas se levantam da cama sem um objetivo. Ir para o trabalho não é um objetivo! É uma atividade! Pagar as contas não é um objetivo! É uma atividade! Prover a subsistência de uma família não é uma missão, é uma atividade!

O seu objetivo não são os meios que você usa. *É o lugar a que você quer chegar!* Este objetivo vai estar presente em todos os seus atos, palavras e escolhas, vai dar sentido à sua vida. Quando tiver clareza sobre o *seu objetivo* e *a forma de atingi-lo*, você terá um motivo pelo qual viver. Este motivo envolve todas as atividades de sua vida, mas está além delas.

Até hoje você talvez não tenha se dado conta de que o Mestre lhe deixou instruções. Você pode não ter se dado conta de que Ele pediu que fizéssemos como Ele fez. Concentre-se no seu propósito! Hoje, comece a procurar descobrir o seu objetivo e o que você faz para atingi-lo. *O que você realmente quer da vida.*

Hoje, eu me dedico a seguir os passos do Mestre.

11 DE MARÇO

Eu abro o coração e a mente para a consciência... de que a energia que dedico àquilo que faço determina se os meus atos são saudáveis ou não.

Existe uma diferença entre um objetivo e uma obsessão. Há também uma diferença entre ser responsável e ser compulsivo. Muitas pessoas são "fazedoras" compulsivas. Têm tanto o que fazer, que as mesmas qualidades que as levam ao sucesso criam tensão e frustração em suas vidas.

É verdade que você precisa trabalhar por qualquer coisa que deseja ter na vida. Mas a questão é: *será que precisa dar sempre tão duro? Será que sempre precisa ter o que fazer? É possível você relaxar só um pouquinho?* A maioria das pessoas responderia que não. Pouquíssimos de nós compreendem que, para cada passo que damos em direção aos nossos desejos, o universo dá dois. Se precisássemos fazer tudo sozinhos, não sobraria nada para Deus fazer por nós.

Um dos motivos pelos quais damos um duro tão grande é termos medo. Poucas pessoas admitem, mas a maioria de nós vive com medo de jamais atingir seus objetivos ou de satisfazer seus desejos mais profundos. É esse medo que faz com que travemos uma guerra de poder com Deus. Se você realmente acredita que precisa fazer tudo, *o que acha que Deus está fazendo ou pode fazer por você?*

Esforço excessivo, luta, frustração, tensão, ansiedade, compulsão, obsessão e medo são os resultados que colhemos quando nos empenhamos excessivamente. Deus, a força criativa do universo, o poder que reina sobre todas as formas de vida, não precisa que você faça isso para lhe dar o que você quer. Na realidade, se você relaxasse só um pouquinho, se surpreenderia com o que Deus pode fazer por você.

Até hoje, você talvez não tenha se dado conta de que está fazendo demais. Na verdade, você pode estar sendo uma pedra em seu próprio caminho. Hoje, relaxe! Descanse! Respire fundo algumas vezes e planeje algum lazer agradável! Dê a Deus a chance de fazer alguma coisa por você.

Hoje, eu me dedico a não fazer o que Deus pode fazer por mim.

12 de Março

Eu abro o coração e a mente para a consciência... de que posso ter acreditado em coisas que não são verdadeiras!

Existe uma força que lança mão dos nossos medos e inseguranças para nos manter longe do caminho certo. É o que eu chamo de "inteligência enganosa", que é cheia de manhas! A inteligência enganosa levará você a acreditar que as suas preces não foram ouvidas. Que a sua fé se mostrará infrutífera. Ao menor sinal de fraqueza de sua parte, a inteligência enganosa encherá você de medos, fará você entrar em depressão, procurar sombras na escuridão, desistir de seus sonhos.

A inteligência enganosa usará a sua boca para dizer coisas que gostaria de não ter dito. Ela usará o seu corpo para fazer coisas que não podem ser desfeitas. A inteligência enganosa não deixará você dormir! A inteligência enganosa fará você ver o que não existe e ouvir coisas que não foram ditas. Preste atenção à inteligência enganosa! E, mais importante de tudo, dê-se conta de que a inteligência enganosa não está *espreitando você!* Não, nada disso! Ela está *dentro* de você!

Só há uma forma de você se salvar da influência da inteligência enganosa. É conhecendo a verdade! A verdade é: "Nenhuma arma criada contra mim poderá prosperar!" A inteligência enganosa pode estar dentro de você, mas saiba que os seus inimigos internos ou externos só prosperarão ou assumirão o comando *se você permitir*.

Até hoje, a inteligência enganosa assustou, confundiu ou tirou você do caminho certo. Hoje, recuse-se a dar poder às vozes internas que levam você a acreditar em algo além da verdade.

Hoje, eu me dedico a lembrar que "Nenhuma arma criada contra mim poderá prosperar!".

13 DE MARÇO

Eu abro o coração e a mente para a consciência... de que tenho que prestar sempre atenção nas armadilhas da inteligência enganosa!

A mensagem de hoje dá prosseguimento ao tema de ontem. Quando você toma uma decisão em relação à sua vida, a inteligência enganosa usa os verbos *poderia, deveria, teria* para fazer com que você duvide de si. Quando esses pensamentos surgem na sua mente, cabe a você derrubá-los outra vez! *Não permita* que a inteligência enganosa faça você crer que não existe bênção ou lição neste lugar exato onde você se encontra neste exato momento.

Se você estiver numa situação da qual não consegue sair, ou diante de uma situação em que não consegue entrar, a inteligência enganosa começará a cantar para você mais ou menos isso: "*Eu poderia se...*", ou "*Eu deveria ter enxergado que...*" , ou "*Se ao menos ele fizesse tal coisa, aí eu poderia...*". No instante em que você ouvir a primeira nota, comece a cantarolar a sua própria melodia! Algo como "*Eu não vou deixar que ninguém me faça mudar de rumo!*", ou "*Eu tenho esta minha luz para me iluminar!*", ou "*Ninguém vai conseguir me deter!*". Comece a cantar algo que fale do seu poder, e abafe a voz enganosa que leva você a acreditar que não pode chegar ao local para onde quer se dirigir.

Preste atenção! A inteligência enganosa é muito esperta! Apresenta evidências. Usa pessoas que você ama. Não se deixe enganar! Você pode conseguir o que quer! Pode ser o que quer ser! Pode fazer o que quer! Não se deixe envolver pela teia da inteligência enganosa, que nos leva a abandonar nossos objetivos de hoje mostrando os erros que cometemos no passado.

Até hoje, você pode não ter reconhecido as canções, os jogos ou as ferramentas usados pela inteligência enganosa. Hoje, cante uma canção de afirmação e concentre-se nos seus objetivos.

Hoje, eu me dedico a afirmar, apoiar e me concentrar em meus objetivos.

14 de Março

Eu abro o coração e a mente para a consciência... de que tenho a capacidade de tomar posse de uma coisa que parece negativa e moldá-la até ficar melhor!

Se o que você está pensando não lhe traz alegria, mude esse pensamento. Se o que está sentindo não faz você se sentir melhor, mude esse sentimento. Se o que está fazendo não lhe satisfaz, faça outra coisa.

A tristeza tem meios de nos levar a uma acomodação resignada. Começamos a crer que as coisas sempre serão assim e que não é possível controlar ou mudar o que está acontecendo. Até certo ponto isso é verdade. Talvez seja mesmo difícil mudar os acontecimentos externos, mas você sempre pode mudar a sua forma de reagir.

Toda experiência deixa marcas em nossos corações e mentes. Essas marcas produzem certos sentimentos e pensamentos. Quando, mais tarde, vivemos uma experiência semelhante à que nos marcou, ela faz disparar esses pensamentos e sentimentos. Só que, no momento em que isso acontece, *temos o direito de dizer não!* Sim, é isso mesmo, você precisa conversar com sua mente, com o seu coração. Conversar com essa nuvem de baixo astral que está pairando sobre sua cabeça, pronta para engolir você.

"Não! Você não vai fazer eu me sentir mal! Não! Você não vai me convencer de que preciso ter raiva! Quero ter pensamentos bons, aconteça o que acontecer! Leve embora essa sua energia perversa!" Tente reagir a uma sensação negativa desta forma uma ou duas vezes e observe como ela rapidamente deixará você em paz.

Até hoje, você pode ter deixado a energia de maus pensamentos, más sensações e experiências dolorosas sugar você. Hoje, lembre-se de que a dor ou a tristeza só incomodarão se você deixar.

Hoje, eu me dedico a conversar com os pensamentos e sentimentos que me afligem para transformá-los.

15 de Março

Eu abro o coração e a mente para a consciência... de que o poder de transformar leva a uma poderosa transformação!

Caso você não tenha lido a mensagem de ontem, eis aqui um outro ângulo da mesma questão. Não importa o que estiver acontecendo em sua vida em qualquer época, só existe uma coisa que você pode fazer. Não importa como você se sente com relação a uma experiência, circunstância, situação ou lembrança, *sempre* há uma coisa que você pode fazer. *Em toda ou qualquer situação, você sempre pode mudar de idéia!*

Se o que você tem dito, pensado ou feito ao reagir a qualquer pessoa ou experiência não lhe vem trazendo paz, *mude de idéia!* Se a sua mente estiver torturada por lembranças ou pensamentos relacionados a um passado repleto de dor ou a um futuro assustador, *mude de idéia!* Você pode fazer isso facilmente! Quando você muda de idéia, as coisas em que tem pensado, com as quais tem se preocupado, pelas quais tem chorado, das quais tem fugido, assumirão uma aparência completamente diferente. Pode ser que nada mude na situação atual, mas, ao mudar de idéia, você irá alterar o seu modo de perceber as coisas.

Se quiser mesmo mudar de idéia, eis algumas dicas. Não insista para que as pessoas sejam quem você quer que sejam. Não insista em ser quem você não é. Não insista em fazer o que você não pode fazer. Não insista em achar que sabe coisas que não sabe. Não insista em achar que fará coisas que não fará. Não insista afirmando que todos estão enganados a seu respeito. Não insista que você está com a razão. Quando você insiste em alguma coisa, cria apego. Romper esse apego liberta a mente.

Até hoje, talvez você não tenha se dado conta de que sempre pode mudar de idéia. Hoje, dedique-se a mudar a sua forma de pensar, a sua forma de ver e o que diz para si em relação a qualquer coisa. Mudar de idéia em relação ao que quer que seja ou a quem quer que seja transforma o impacto que essas coisas e pessoas têm em sua vida.

Hoje, eu me dedico a mudar de idéia
sobre muitas coisas, a começar por mim.

16 DE MARÇO

Eu abro o coração e a mente para a consciência... de que existe uma diferença entre crítica construtiva e crítica destrutiva.

Ninguém está livre de críticas. A crítica não é necessariamente um ataque, mas uma contribuição construtiva, vinda de outras pessoas, que nos dá consciência daquilo que precisamos melhorar em nós. A crítica, quando oferecida com amor, abre os nossos olhos para coisas que ignorávamos, para reações inconscientes ou adquiridas por hábito. *A crítica*, mesmo quando não a pedimos ou não gostamos da pessoa que a faz, *é uma contribuição de grande importância.*

A crítica não é uma permissão para dizermos aos outros o que não gostamos a respeito deles. Não é uma oportunidade de dizermos aos outros o que, na nossa opinião, eles estão fazendo de errado. A crítica não nos torna mais espertos ou melhores do que a pessoa que estamos criticando. Na realidade, as coisas que criticamos nos outros são as mesmíssimas coisas que criticamos em nós. Quando vemos as nossas inseguranças e inadequações – aquilo que negamos ou censuramos em nós mesmos – em outra pessoa, o nosso primeiro instinto é nos afastarmos o máximo possível.

Quando você oferecer uma crítica, ela deve vir de uma parte sua que vê o melhor no outro e deseja o melhor para aquela pessoa. Quando é oferecida dessa forma, aquilo que costumamos chamar de crítica se transforma em *cuidado* e não em confronto. Mas quando você usa a crítica só para mostrar o erro do outro, para demonstrar que tem razão ou é superior, quem está sem razão é você!

Até hoje, você pode não ter se dado conta de que as críticas que faz são um reflexo daquilo que você não aceita em si. Hoje, demonstre carinho e vontade de cuidar, em vez de confrontar aqueles que se encontram à sua volta.

Hoje, eu me dedico a expressar observações de forma carinhosa e cuidadosa – da forma que eu gostaria de recebê-las.

17 de Março

Eu abro o coração e a mente para a consciência... de que só a minha autoridade interna poderá me conceder autoridade externa.

Se você parar e pensar, verá que as palavras *credenciamento, certificação, autorização e validação* possuem uma definição comum. São processos nos quais outra pessoa diz se você serve ou não, se sua qualidade é positiva ou negativa, se seus atos são errados ou corretos. Não há dúvida de que existem áreas em que as pessoas precisam ser bem treinadas e equipadas para lidar com as exigências de seu ofício. No entanto, há julgamentos inerentes às palavras "credencial", "certificado", "autoridade" e "validação" que têm um impacto sutil sobre a psique humana. Elas transmitem a noção de que sua aprovação depende de algo que existe fora de você.

Talvez você ache que o fato de não possuir uma credencial ou um certificado não lhe concede a autoridade de *ser*. Talvez o seu medo de não possuir uma qualidade suficiente ou de não receber uma avaliação positiva de outra pessoa convençam você de que sua qualidade não é suficiente. No entanto, *só você pode se conceder autoridade necessária para fazer tudo aquilo que escolher.*

Nada pode lhe dar mais poder do que acreditar em si e em suas habilidades. Não se trata de onipotência, trata-se de conhecer suas possibilidades e seus limites – conhecer sua verdade. Se você acreditar que possui este poder, ele será seu. Não há credencial, certificado ou autoridade maiores do que você. Quando você acreditar em si, a autoridade externa fica extremamente relativizada. Ela pode ser uma ajuda, mas quem decide mesmo é você!

Até hoje, você tem dependido da autoridade de alguém para sentir seu valor. Hoje, aceite o fato de que essa autoridade está dentro de você. Procure entrar em contato com ela e usufrua o poder que isso vai lhe dar.

Hoje, eu me dedico a tomar consciência de que estou bem como sou.

18 de Março

Eu abro o coração e a mente para a consciência... de que venho permitindo que o que os outros pensam a meu respeito seja aquilo que acredito sobre mim.

Se você repetir uma coisa para si durante bastante tempo, vai acabar acreditando nela. Se você não parar e se perguntar por que faz o que faz, pode acabar se convencendo de que não é capaz de fazer nada além disso. Outras pessoas contribuirão para manter essa convicção. As pessoas têm o hábito de dizer aos outros quem eles são. Dizem quem esperam que você seja, quem precisam que você seja e quem desejam que você seja. Se aceitar o que os outros dizem a seu respeito, talvez se dê conta de que não consegue ser quem é porque *vem sendo outra pessoa há muito tempo!*

Como é que você pode ser quem é, se só se preocupa em satisfazer seus pais? Ou em satisfazer as exigências do mundo à sua volta? Você faz o que esperam de você, ou você faz o que quer? Como descobrir a diferença entre uma coisa e outra? Não é fácil! Mas existe, sim, um caminho.

Quando você tiver satisfação com quem é e com o que faz, sem sentir culpa em relação a isso, os seus pais ficarão contentes. Quando você negociar o salário que acredita merecer, irá com ânimo para o trabalho. Quando conseguir resistir à tentação de controlar os seus filhos, será a mãe ou o pai que toda criança precisa ter. Quando se dispuser a se aceitar, sem acreditar que precisa estar sempre com a razão, todo mundo vai querer casar com você. Quando abrir o coração e permitir que as pessoas vejam você exatamente como é, vai atrair mais amigos do que jamais imaginou ter. Por outro lado, se ficar defendendo motivos, agarrando-se a desculpas, explicando por que você é como é, talvez nunca saiba *na verdade quem é.*

Até hoje, você pode não ter conhecido a sua verdadeira identidade. Pode ter aceitado as expectativas e julgamentos alheios para saber quem é. Hoje, assuma a sua verdadeira identidade sem culpa, sem defesas e sem desculpas.

Hoje, eu me dedico a descobrir exatamente quem sou.

19 DE MARÇO

Eu abro o coração e a mente para a consciência...
de que sem a morte não pode haver mudança.

O escritor John Roger escreveu: "Só nascemos para a vida uma vez, mas, em seu decorrer, renascemos muitas vezes." Ele falava das muitas "minimortes" que experimentamos em nossa jornada através da vida. *Morremos* para velhas formas de vida e *renascemos* mais fortalecidos. Morremos para velhas crenças e renascemos iluminados pela verdade. Morremos para hábitos de necessidade, dependência e controle e renascemos com confiança no Espírito. Morremos para o medo do Espírito e *renascemos na entrega sem medo ao Espírito.*

Fomos ensinados de que a morte é o fim de tudo. Passamos a acreditar que ela é a escuridão na qual mergulhamos para nunca mais voltar, e sobre a qual ninguém gosta de falar. Precisamos mudar essa forma de pensar porque, enquanto estivermos vivos, o nome da morte é *mudança.*

Até hoje, você pode não ter se dado conta das muitas vezes que enfrentou a morte, ou das maneiras que renasceu. Hoje, livre-se de suas idéias e de seus medos com relação à morte e disponha-se a mudar.

Hoje, eu me dedico a aceitar que preciso aceitar a morte para poder mudar e renascer.

20 DE MARÇO

Eu abro o coração e a mente para a consciência... de que quando estou me escutando não posso ouvir os outros.

Na comunicação, há uma diferença entre escutar e ouvir. Quando conversamos com outra pessoa, muitas vezes estamos tão desejosos de falar, que o que o outro diz perde importância e fica reduzido a palavras que escutamos. Ouvir tem o sentido de *acolher a essência do que o outro nos transmite.* Isso não é fácil porque, assim como o que dizemos transmite nossas percepções e juízos, o que ouvimos passa pelo filtro de nossa subjetividade, tornando às vezes difícil captar a mensagem do outro. Ouvir é um grande desafio para a grande maioria.

Se você realmente quer *ouvir* uma pessoa que confia em você o bastante para se abrir, não ouça apenas as palavras, preste atenção na forma *como* elas são ditas, no sentimento que se revela. Procure abrir mão de preconceitos, ouça como se estivesse conhecendo a pessoa naquele momento. Isso é especialmente importante para parceiros que estão juntos há muito tempo e têm a impressão de já conhecer tudo um do outro. Para que uma comunicação eficaz e valiosa ocorra, você precisa confiar no outro e dar-lhe a certeza de que pode confiar em você.

Ouça o medo do outro sem desprezá-lo. Ouça a dor, solidarize-se com o sofrimento, alivie a culpa, aceite a raiva sem condená-la. As pessoas têm uma imensa necessidade de serem ouvidas. Escute o corpo do outro. Escute seus olhos. Escute as cores que ele ou ela está usando, escute seus gestos. Escute o volume de sua fala, o ritmo. Se você realmente quer escutar alguém, abra o seu coração e escute a sua alma.

Até hoje, você talvez não tenha sido capaz de ouvir realmente o que as pessoas estão lhe dizendo. Hoje, feche os olhos quando estiver tendo uma conversa. Ouça cada palavra pronunciada com o centro do coração.

Hoje, eu me dedico a estabelecer uma comunicação amorosa e acolhedora com as pessoas.

21 de Março

Eu abro o coração e a mente para a consciência... de que a confiança é o alicerce sobre o qual eu preciso construir a minha vida.

Não existe verdadeiro compromisso quando não há confiança. A confiança é a crença de que você fará aquilo que se comprometeu a fazer, independentemente do que a outra pessoa estiver fazendo. Isso não significa que você não deva esperar que os outros cumpram com a sua palavra. *A base da confiança é a crença em si*, pois quem não acredita ser capaz de cumprir seu compromisso com os outros, não confia em mais ninguém.

Quando for pedir o que deseja, é fundamental que você explicite muito claramente o que quer, para que o outro saiba exatamente com o que está se comprometendo. Quando você faz um acordo com alguém sem pedir o que realmente quer, fatalmente duvidará da pessoa, por saber – mesmo inconscientemente – que ela não possui as mesmas informações que você. Quando você faz um acordo construído sobre esse tipo de alicerce, acabará se ressentindo com o outro. Mas o problema não é *ele*, é *você!*

Muitos acordos se desfazem porque as pessoas envolvidas não estão prontas para compartilhar a verdade sobre quem são. Como estão se escondendo, acreditam que algo também lhes esteja sendo escondido. Como não estão sendo sinceras, acham que não podem esperar sinceridade. Quando você confiar suficientemente em si e se achar capaz de enfrentar qualquer situação, irá atrair pessoas que caminharão ao seu lado sem qualquer dificuldade.

Até hoje, você pode não ter se dado conta dos acordos que fez quando a confiança e a autoconfiança não estavam presentes. Hoje, empenhe-se em confiar em si. E não se culpe pelos acordos que não funcionaram. Agora você compreende por quê.

Hoje, eu me dedico a construir um relacionamento de confiança comigo e com as outras pessoas.

22 DE MARÇO

Eu abro o coração e a mente para a consciência... de que não há motivo para sentir culpa em relação ao que não posso ou não pude fazer.

Quando o dedo da culpa é apontado para nós, pode ser bastante difícil livrar-se dele. E *não há culpa mais devastadora do que a que sentimos quando apontamos o dedo acusador para nós mesmos.*

Culpa com relação ao que você fez. Culpa com relação ao que não fez. Uma mente ou um coração culpados são incrivelmente destrutivos. A culpa danifica a sua auto-estima e o seu auto-respeito, depois contamina os seus relacionamentos, tornando difícil dar a quem quer que seja um voto de confiança. Quando acreditamos que temos culpa, criamos situações para sermos acusados e punidos.

Pessoas culpadas vivem na defensiva. É freqüente compensarem este sentimento dando coisas demais e falando demais. Quando uma pessoa se sente culpada, é difícil para ela ver o que há de bom em si mesma, e por isso ela se sente obrigada a fazer mais para provar a sua inocência. Infelizmente, quanto mais faz, mais culpada se sente.

Você não tem culpa! Talvez pudesse ter feito as coisas de modo melhor. Mas, naquele momento, você fez o que pôde, com as condições que tinha. E você evoluiu a ponto de perceber agora que poderia ou gostaria de ter feito melhor. Por isso, não pode condenar-se a passar a vida inteira provando ser uma boa pessoa. Para se livrar da culpa, reconheça primeiro o que fez. Pense no que gostaria de ter feito e no que aprendeu com seu erro. Acolha-se com carinho e tolerância. E se o seu ato feriu ou prejudicou alguém, peça desculpa e repare o dano. Só assim você terá a oportunidade de fazer escolhas melhores da próxima vez.

Até hoje, você pode ter sido incapaz de se ver livre da culpa. Hoje, dedique-se a livrar-se dela e a crescer com o que aprendeu.

Hoje, eu me dedico a viver uma vida sem culpa.

23 de Março

Eu abro o coração e a mente para a consciência... de que as coisas que eu enxergo nos outros talvez sejam as mesmíssimas coisas que eles vêem em mim.

Ninguém gosta de ver suas fraquezas identificadas. Quando, mesmo na melhor das intenções, apontamos o ponto fraco de alguém, essa pessoa provavelmente nos ataca de volta. E quando isso acontece, todas as *nossas* fraquezas vêm à tona. Cada uma daquelas coisas de que nos acusamos emergem com maior força e começamos a duvidar do que valemos.

É extremamente difícil manter a auto-estima quando acreditamos que há algo de errado conosco. Quando isso acontece, sentimos desânimo diante dos desafios, nos deixamos abater por qualquer crítica e, sobretudo, temos dificuldade em nos posicionar frente a algo de que discordamos. O que não é nada bom!

Todos nós temos consciência de que poderíamos fazer melhor aquilo que fazemos. Mas o fato de algo precisar ser melhorado não significa que esteja errado. Somos seres em evolução e constante aprendizado! Não se deixe abater pelo ataque de outra pessoa, nem deixe de dizer o que pensa. *O fato de ter defeitos – e todos nós temos – não significa que você não consiga enxergar os defeitos à sua volta!* Você sempre tem o direito de se manifestar sobre o que vê e sente.

Até hoje, você pode ter deixado que a consciência de suas próprias falhas impedisse você de protestar contra atitudes, situações e pessoas que fazem ou dizem coisas que lhe parecem negativas e prejudiciais. Hoje, decida não permitir que sua insegurança force você ao silêncio.

Hoje, eu me dedico a superar minha insegurança para fazer e dizer o que acredito ser o melhor para mim.

24 DE MARÇO

Eu abro o coração e a mente para a consciência... de que os outros podem ver coisas a meu próprio respeito que eu não consigo enxergar.

Quando alguém chamar a sua atenção para aquelas fraquezas que você vem ignorando ou negando, não se zangue! Sabe, a vida usa as pessoas para nos alertar e permitir nosso crescimento. A pessoa é, simplesmente, uma ferramenta da vida. Ela está sendo usada pela vida quando você resiste em trabalhar as suas próprias fraquezas!

Dá para saber quando alguém diz uma coisa que nos causa resistência porque sentimos aquilo nos bater na boca do estômago, as orelhas esquentarem e as faces ficarem vermelhas. A sua primeira reação, talvez, seja querer interromper o outro. Ou, no instante em que ele acaba de falar, partir para o ataque! Quando você se pegar fazendo assim, pare! Pergunte-se: *Por que é tão difícil ouvir isso? A que estou resistindo?*

Você sente necessidade de se defender quando o outro percebe a sua fraqueza. Não estamos falando de situações em que a acusação é falsa ou superficial. Nem das situações em que o outro despeja a fraqueza *dele* sobre você. Estamos falando das situações em que alguém lhe revela coisas que você se recusa a enfrentar. Aquelas coisas que você procura esconder. Portanto, quando isso acontecer, esforce-se para não se zangar! Veja isso como um sinal de que a vida quer lhe ajudar. Aproveite a oportunidade para se curar.

Até hoje, você pode não ter se dado conta, ou talvez tenha relutado em reconhecer, que há muitas coisas a seu respeito que requerem um pouco mais de atenção. Na realidade, você pode ter reagido de maneira excessiva e irritada quando alguém as apontou. Hoje, permita-se tomar consciência das suas fraquezas quando estas lhe forem mostradas. Preste atenção especial nas coisas que causaram raiva quando foram ditas. Não é fácil, mas considere uma bênção do Espírito elas lhe terem sido apontadas.

Hoje, eu me dedico a permitir que a vida me revele coisas que preciso saber a meu respeito.

25 de Março

Eu abro o coração e a mente para a consciência... de que eu não posso sofrer mais por outra pessoa do que ela sofre por si.

Como fazer para ajudar uma pessoa ferida, quando ela não se dá conta ou talvez não esteja disposta a admitir que está ferida? Estamos falando de feridas mentais, emocionais e espirituais. Estamos falando de feridas internas que nos sugam a força vital. Estamos falando de ferimentos que conseguimos reconhecer por serem muito parecidos com *os nossos próprios ferimentos.* Os ferimentos que cicatrizaram ou estão cicatrizando. O tipo de ferimento que, em algum momento, não nos dispusemos a reconhecer. Os ferimentos que guardamos na memória e por isso reconhecemos quando os vemos na alma dos outros. Percebemos a dor no outro, podemos até senti-la. Sabemos que ele está sofrendo, mas, infelizmente, não admite isso para nós.

Quando você vê uma pessoa ferida, sente vontade de aliviar a dor. Faz tudo o que pode e se oferece para fazer ainda mais. Sabe que a pessoa vai se sentir melhor ao se abrir. Se ao menos ela dividisse os seus fardos! Mas quando você lhe fala da dor, ela nega. Quando você lhe pergunta sobre a dor, ela se afasta. Você então sofre, porque percebe a dor, quer aliviar o sofrimento, mas, simplesmente, não sabe o que fazer. Vou lhe dar uma sugestão.

Não force uma pessoa ferida a ir mais longe do que ela agüenta ir. Respeite os seus limites. Respeite as suas escolhas. Confie que, talvez como tenha acontecido com você, quando a pessoa estiver pronta para ser curada, ela irá sarar.

Até hoje, você pode ter acreditado que era seu dever acabar com o sofrimento alheio. Hoje, percebe que todo ser vivo tem a capacidade de fazer o que precisa ser feito quando estiver pronto para fazê-lo.

Hoje, eu me dedico a ver que todo mundo tem a capacidade de acabar com seu próprio sofrimento.

26 DE MARÇO

Eu abro o coração e a mente para a consciência... de que tenho de estabelecer uma cooperação interna para obter resultados externos.

É importante não transmitir duplas mensagens para as outras pessoas. Uma dupla mensagem é uma mensagem truncada em que você diz uma coisa e faz outra. Uma mensagem truncada é sinal certo de que há uma parte sua que não acredita que você possa ter o que deseja. Também é sinal certo de que existe uma grande probabilidade de você não conseguir o que quer.

Mensagens truncadas *confundem o universo,* fazendo com que seja quase impossível para as forças do bem trabalharem a seu favor. Se você se queixa dos atos de seu parceiro, mas não investe para haver mudanças, provavelmente não verá mudança alguma acontecer. Se você diz que deseja crescer, mas não se dispõe a dar passos para isso, é bem capaz de não crescer mesmo. Se você diz que realmente quer mudanças ou deseja ter uma determinada experiência, é preciso acreditar profundamente que tem direito a tê-la. Quando a gente diz que quer, mas não acredita que tem direito, transmite uma mensagem truncada.

Uma mensagem truncada é sinal claro de que existe um conflito entre os aspectos *eu tenho direito* e *eu não tenho direito* existentes dentro de você. Examine-se bem para perceber se é isso que acontece. Antes de conseguir provocar mudanças efetivas em sua vida, você precisa *acreditar* e sentir que tem direito a uma experiência melhor. Sobretudo, você precisa saber que o que acontece do lado de fora em sua vida não passa de um reflexo da crença que existe dentro de você.

Até hoje, você talvez não tenha se dado conta de seu conflito interno ou da mensagem truncada que transmite para o mundo. Hoje, preste bastante atenção no que diz querer e na crença em sua capacidade de consegui-lo.

Hoje, eu me dedico a eliminar o conflito interno que transmite mensagens truncadas.

27 de Março

Eu abro o coração e a mente para a consciência... de que não existem pontos no jogo da vida. É a forma como eu jogo que determina se vou ganhar.

O objetivo de um jogador de futebol é fazer a bola passar da linha do gol. O objetivo de um jogador de beisebol é correr as quatro bases de forma a aumentar o placar do time. O objetivo de um jogador de basquete é passar a bola através da cesta e fazer pontos para o time. Cada um desses jogadores mantém-se concentrado em seu objetivo, conhece as regras do jogo claramente e está preparado para vencer a partida. Isso nem sempre acontece com quem está jogando no campo da vida. Nossos objetivos nem sempre são claros para nós. Nosso time nem sempre nos dá apoio. Os pontos que fazemos nem sempre são contados. *Como vencer no jogo da vida?*

O objetivo da vida não é vencer. É jogar o jogo com amor. As regras do jogo são: ter um grande desejo de vencer, acreditar que se tem o direito de vencer, acreditar que se vai vencer e, enquanto se está vivo, jamais acreditar que o jogo acabou. Vá em busca do amor em todos os seus aspectos e divirta-se enquanto joga! Não importa quantos pontos faça. O fato de estar jogando significa que já venceu a corrida mais importante. Jogue o jogo acreditando que não pode perder. Jogue-o por amor ao jogo.

O jogo da vida foi planejado a seu favor. Há anjos jogando no seu time. Aprenda a cooperar com eles. Pouco importa o time em que você nasceu, porque só existe um técnico para todos os times da vida. O nome dele é Deus e Ele é famoso pelo seu imenso número de vitórias.

Até hoje, você pode ter se empenhado tanto para chegar à linha do gol e fazer pontos, que perdeu de vista o verdadeiro objetivo do jogo. Hoje, esqueça os pontos. Lembre-se das regras e ame o que está fazendo. Ouça sempre o seu técnico porque, com ele, a sua vitória é garantida.

Hoje, eu me dedico a renovar o compromisso de jogar com alegria e amor o jogo da vida.

28 de Março

Eu abro o coração e a mente para a consciência... de que preciso acreditar que, aconteça o que acontecer, eu sou capaz de superar.

Você conquistou o direito de estar onde está. Quaisquer que sejam a situação, as circunstâncias, os apuros ou os desafios que você tiver de enfrentar, *você sempre tem o direito divino de estar onde está*. Você passa pelo que está passando para aprender e crescer, como já aprendeu, atravessou, superou, deu a volta por cima ou lidou com uma situação semelhante em outro momento. Naquele momento, você aprendeu alguma coisa que, certamente, pode usar agora. Pense nisso! Você já demonstrou que tem capacidade de se levantar. Demonstrou, claramente, o seu desejo de superar. Deixou perfeitamente claro que é capaz de administrar os momentos difíceis e as situações sofridas. Agora, você tem a oportunidade de demonstrar o quanto as suas habilidades se aprimoraram.

Por tudo aquilo que já viveu, por todos os desafios que enfrentou e superou, você conquistou o direito de passar pelo que está passando, de superar e de se beneficiar com a oportunidade divina que se apresenta. Pense bem! Você já demonstrou muitas vezes que é capaz. Soube se virar nos altos e baixos, nos bons e nos maus momentos. Você já conseguiu isso antes. Vai conseguir outra vez! Vamos lá, mãos à massa!

Até hoje, você pode não ter se dado conta do quanto é competente. Hoje, veja tudo o que se estende à sua frente como uma oportunidade divina de se lembrar de que é capaz.

Hoje, eu me dedico a me lembrar dos obstáculos que superei, do bem que já fiz e da bondade que sou.

29 DE MARÇO

Eu abro o coração e a mente para a consciência... de que, quando não me abro, me preparo para explodir.

Guardar as coisas dentro de si não faz com que elas melhorem. Na verdade, apegar-se a medos e sensações que nos envergonham faz com que eles pareçam muito piores do que na verdade são. Quando você guarda as coisas dentro de si, o peso delas pode até empurrar você para situações que não lhe farão bem. Apegar-se às coisas pode causar doenças, desequilíbrios químicos e emocionais, completa confusão e o mais puro desespero.

Quando temos coisas demais guardadas dentro de nós, precisamos encontrar uma forma de liberar tudo. Podemos desabafar. Podemos chorar. Se estivermos sozinhos, podemos gritar. Podemos telefonar para uma amiga, para um grupo de apoio, mas precisamos deixar que alguém saiba o que está acontecendo em nosso interior. Quando estamos mal, ficamos tentados a comer demais, beber demais ou fumar demais. Mas ainda é preferível escrever sobre o que estamos sentindo do que recorrer à comida, à bebida ou ao fumo.

É fundamental ter alguém em quem confiamos o bastante para nos abrir e rever nossas ações. Nem sempre é fácil admitir ou reconhecer nossas próprias falhas. É difícil aceitar que cometemos alguns erros que nos custaram caro e fizemos as escolhas erradas. *Por algum motivo, parece que não queremos que as pessoas saibam que somos humanos.* Mas é o que somos. É essencial para o nosso bem-estar acharmos uma forma de nos abrir e deixar que alguém saiba o que está acontecendo lá no fundo.

Até hoje, você pode ter se agarrado a pensamentos e sentimentos que você considerava inconfessáveis. Pode ter tido medo de se abrir para o auto-exame ou para a avaliação dos outros. Hoje, disponha-se a liberar essas coisas que se encontram armazenadas no seu coração e na sua mente e que estão lhe fazendo tanto mal.

Hoje, eu me dedico a me abrir e a abrir o meu coração para encontrar alívio.

30 de Março

Eu abro o coração e a mente para a consciência... de que enquanto me apegar ao que tenho, o que desejo não se aproximará de mim.

Se alguém ofendeu, insultou, desapontou ou aborreceu você, desapegue-se! Se alguém tentou manipular você, ou cutucar aquela sua ferida, desapegue-se! Se você vive se lembrando de todas as maneiras com que machucaram, esqueceram, traíram ou não compreenderam você, desapegue-se! Se vive pensando em tudo aquilo que perdeu, tudo o que lhe roubaram ou tudo o que você deu sem retorno, desapegue-se! Pergunte-se: *que bem me faz ficar me apegando a essas coisas?*

Se alguém feriu ou abandonou você, se sente que os outros excluem você, se está com a sensação de ter perdido o rumo, desapegue-se! Se alguém mentiu para você ou a seu respeito, se as pessoas agem como se tivessem esquecido de você, desapegue-se! Se alguém acusou ou usou você injustamente, desapegue-se! Se alguém lhe armou uma arapuca, desapegue-se! Pergunte-se: *que bem eu me faço ao me apegar a essas coisas?*

Escolha desapegar-se das coisas ou das pessoas que lhe causam sofrimento ou dor. Escolha ser uma pessoa mais carinhosa do que aquelas que fizeram você sofrer. Escolha abrir-se para receber o que a vida tem de bom. Escolha sempre o melhor para você. Quando você escolhe desapegar-se, está abrindo espaço para uma nova visão *de si* – de quem é e do que merece –, que tem muito mais poder do que qualquer coisa que qualquer pessoa possa fazer ou dizer para ou sobre você. Dessa forma, você escolhe o que há de mais verdadeiro a seu respeito. E o universo responde com as coisas que contribuem para o seu bem.

Até hoje, você pode ter se apegado ao que lhe causou dor. Hoje, faça uma nova escolha! Escolha desapegar-se das coisas e pessoas que não honraram a verdade de quem você é. Quando fizer essa escolha, o universo lhe dará algo muito melhor.

Hoje, eu me dedico a fazer novas escolhas que contribuirão para a minha paz e felicidade.

31 de Março

Eu abro o coração e a mente para a consciência... de tudo o que pode levantar meu espírito.

Ao criador do universo;
Bem amado Pai, Mãe, Deus;
Crie em mim um coração límpido neste dia.
Deixe-me livre das limitações do ego.
Exalte a Sua presença em minha mente.
Faça com que eu mereça o Seu perdão.
Garanta-me a paz neste dia.
Honre-me com os limites de Sua verdade.
Inspire o meu coração para conhecê-Lo, os meus ouvidos para ouvi-Lo e os meus olhos para reconhecê-Lo.
Justifique-me na presença de meus inimigos.
Liberte-me, e aos que amo, de todo o mal.
Dê-me a chance de servir à Sua glória durante todo este dia.
Nutra-me com a Sua sabedoria.
Olhe por mim para que eu enxergue a Sua verdade.
Purifique o meu coração de tudo que for ofensivo à Sua lei.
Que a minha alma encontre paz em meio à confusão.
Renove o meu elo com Você.
Salve-me de todos os meus medos.
Toque a minha fé para que eu confie em Você em todos os momentos.
Use tudo o que me deu para eu Lhe servir.
Examine o meu coração continuamente.
Zelosamente eu me entrego à Sua vontade, por toda a minha vida.

Até hoje, você pode não ter se dado conta do poder do seu pedido. Hoje, faça essa oração, acrescentando tudo o que deseja para o seu bem.

Hoje, eu me dedico a pedir o que preciso para crescer e ser mais eu.

ABRIL

RECONHECIMENTO

Quando você conseguir olhar uma coisa
bem de frente, reconhecer que ela existe,
chamá-la pelo nome e decidir que papel
ela exercerá na sua vida, você terá dado
o primeiro passo em direção à sua liberdade.

1 DE ABRIL

Eu me disponho a reconhecer... que há muitas coisas na minha vida que deixei inacabadas!

Uma das minhas histórias bíblicas favoritas é sobre o homem da piscina de Betsaida. O homem era inválido há trinta e oito anos. Uma vez por ano, a energia do Espírito invadia a piscina. Nesse momento, aquele que nela entrasse ficava curado. Quando Jesus viu que o inválido não tinha entrado, perguntou-lhe por quê. O homem respondeu: "Não tenho ninguém para me ajudar." Mas Jesus não aceitou a resposta! Disse ao homem: "Você quer ser curado?"

Vivemos situações antigas que não conseguimos enfrentar. Criamos desculpas para não termos feito certas coisas e feito outras. Procuramos desculpas para negócios inacabados, para tarefas incompletas, para dramas pessoais que se estendem no tempo e para a ausência de bem-estar em nossas vidas. Passamos de uma situação a outra deixando uma série de situações pela metade e nos perguntando por que não avançamos.

A verdade é que, quando temos medo, reagimos movidos por esse medo. Quando estamos com raiva, reagimos às coisas que nos causam raiva. Quando estamos com preguiça, simplesmente não tentamos. Quando nos auto-sabotamos, quando nos sentimos derrotados ou conspiramos contra nós mesmos, culpamos os outros por não progredirmos. Para nós é conveniente esquecer que *tudo o que nos chega é resposta às nossas ações*. Usamos a razão e mil desculpas para explicar por que continuamos sem conseguir caminhar. Embora detestemos admitir, o único motivo pelo qual ainda não fomos abençoados pela onipresente energia do Espírito Santo é o fato de não termos entrado no tanque!

Até hoje, você pode ter arranjado desculpas para as áreas desordenadas e incompletas de sua vida. Hoje, dedique-se a reconhecer aquilo que deixou de fazer, de dizer e de completar. O reconhecimento é o primeiro passo em direção à cura!

Hoje, eu me dedico a reconhecer, honestamente, aquilo que deixei de fazer em minha vida.

2 DE ABRIL

Eu me disponho a reconhecer... que tenho de prestar mais atenção nas mensagens que recebo da vida.

Você está prestando atenção na sua vida? Está ouvindo as mensagens sutis contidas em cada acontecimento, situação e relacionamento existentes na sua vida neste instante? Em que área da vida você está encontrando mais dificuldades? É capaz de compreender o que as dificuldades estão comunicando *a* você e *sobre* você? Quando toma consciência das dificuldades existentes em sua vida, costuma agir ou fica na defensiva?

O que é que a vida tem lhe dito? Em que áreas da sua vida você sente que está gastando uma energia inútil? O que é que você anda fazendo sem gosto, com a sensação de que aquilo não tem nada a ver com você? Quais são as pessoas com quem você insiste em conviver, apesar de saber que elas atentam contra o seu crescimento? Será que a sua vida não está lhe dizendo que é momento de deixar certas coisas ou pessoas de lado e seguir em frente? Quais são os comportamentos que você repete e que sempre lhe causam sofrimento e frustração? Talvez a sua vida esteja mostrando que você está lutando por coisas erradas, por motivos errados. A sua vida é pacífica? Satisfatória? Compensadora? Ou é tensa? Exaustiva? Vazia?

A vida está sempre conversando conosco. Algumas vezes nós a ouvimos e prestamos grande atenção no que ela tem a dizer. O mais freqüente, no entanto, é termos medo de ouvir o que ela quer nos mostrar sobre nós mesmos. Também há aqueles momentos em que ouvimos mas não acolhemos o que nos está sendo dito. Sabemos que é necessário mudar, mas não sabemos como.

Até hoje, você pode não ter tomado consciência de que precisa ouvir sua vida sobre as mudanças e melhorias que precisa fazer para ser mais feliz. Hoje, pare, ouça o que a vida tem a dizer. Escute e disponha-se a agir em seu próprio benefício.

Hoje, eu me dedico a escutar o que a minha vida está dizendo. Eu me dedico a fazer as mudanças necessárias.

3 DE ABRIL

Eu me disponho a reconhecer... que a informação de que preciso está à minha disposição.

O Espírito Santo é a atividade de Deus. Ele é uma presença poderosa, o saber divino, a gestão misericordiosa do amor e da graça de Deus. O Espírito Santo é a ordem e o cumprimento da vontade divina de Deus trabalhando *por* você e *através* de você. A presença do Espírito Santo se revela em pensamentos, idéias, inspirações e compreensões súbitas que você tem sem saber direito como. O Espírito Santo se faz presente em situações, pessoas e circunstâncias que você tem dificuldade em enfrentar ou aceitar. Na presença do Espírito Santo, você sabe, crê e compreende com muita clareza o que está acontecendo. Algumas pessoas não se dão conta da presença do Espírito. Outras não acreditam em sua presença. Outras ainda se dão conta, acreditam, mas escolhem desobedecer a essa presença. A pergunta que você precisa se fazer é: *Estou disponível para aceitar as informações que me são apresentadas pelo Espírito Santo de Deus?*

Até hoje, você talvez tenha se perguntado como haverá de saber o que precisa saber. Ou pode ter se surpreendido com a freqüência com a qual soube exatamente o que precisava saber. Hoje, dê-se conta de que o Espírito Santo, que se encontra dentro de você e à sua volta, sabe tudo o que você precisa saber e permitirá que você saiba quando for preciso saber.

Hoje, eu me dedico a receber e a aceitar as informações que me são dadas pelo Espírito Santo.

4 de Abril

Eu me disponho a reconhecer... que todo mundo é perfeitamente capaz e equipado para se cuidar e lidar com seus próprios problemas!

Hoje, queira ser a *boa-nova!* Recuse-se a ter pensamentos negativos, a pronunciar palavras negativas ou a se comportar de forma negativa. Nada de fazer cara feia, de emburrar ou de xingar alguém! Nada disso! Hoje, você vai ter algo positivo para dizer *para* você, *sobre* você e para cada pessoa que encontrar. Nada de preocupações hoje! Nada de dúvidas hoje! Nada de fofocas, críticas ou julgamentos hoje! Nada disso! Hoje, você é a *boa notícia*!

Você vai ser o elogio que alguém precisa ouvir. Vai ser o estímulo pelo qual alguém tem esperado. Vai ser o sorriso que alguém precisa ver. Vai ser a gorjeta generosa que alguém precisa receber. Hoje, você vai ser uma prece. Vai ser uma bênção. Vai criar algo de bom.

Você *não* vai se concentrar no que não vai bem na sua vida. Você *não* vai se queixar. Hoje não haverá crises, dramas, nem você se fará de vítima. Não haverá tristeza, desânimo ou condenação. Neste dia, você vai ser a *boa-nova!* Vai encontrar algo de bom para dizer, algo de bom para oferecer, algo de bom para fazer por alguém. Hoje, você vai se dar conta de que, ao ser a boa-nova do dia, só pode receber de volta o reflexo da boa-nova que você é.

Até hoje, você pode ter esperado para *ouvir* uma boa notícia. Pode ter pensado e espalhado notícias tristes, palavras amargas, previsões melancólicas . Hoje, dedique-se a ser a boa notícia da sua vida.

Hoje, a boa-nova sou eu.

5 de Abril

Eu me disponho a reconhecer... que uma palavra de bondade é capaz de apoiar e encorajar um bom trabalho!

Você está indo muito bem! Continue a colocar um pé na frente do outro, dando um passo de cada vez, movendo-se num ritmo que pode até parecer lento, mas que é constante e segue na direção que você deseja. Continue a fazer o que está fazendo para melhorar a sua vida, para melhorar a sua situação, para ser mais feliz. Reveja os seus objetivos e o seu sonho. Eles são muito importantes. Você sabe disso, não sabe? Alegre-se com os seus sonhos. Não duvide de si nem questione a sua capacidade de fazer o que precisa ser feito para alcançar os seus objetivos. Não se censure pelo que pode parecer um erro ou uma perda de tempo. Continue a acreditar que eles foram necessários para você seguir esse caminho e aprender essas lições.

Repita para si que vai conseguir o que deseja e que está se aprimorando, melhorando, fazendo melhores escolhas do que já fez um dia. Consulte-se sempre para saber quem você é e o que deseja expressar e experimentar. Você está indo muito bem! Lembre-se de que está no caminho certo. Lembre-se, neste instante, que todos nós temos limites e que o que importa é dar o melhor de si. Você está fazendo isso e se aprimorando a cada dia.

Até hoje, você pode ter duvidado de seu progresso, se arrependido de suas escolhas, se criticado ou ignorado o seu crescimento, por menor que este tenha sido. Hoje, dedique-se a se encorajar, a se apoiar e a comemorar as suas menores conquistas.

Hoje, eu sou o meu próprio estímulo. Eu sou o meu próprio apoio. Hoje, eu me celebro.

6 DE ABRIL

Eu me disponho a reconhecer... que é possível que até hoje eu tenha me baseado em velhos padrões sem repensá-los.

Muita gente pergunta: "Como faço para afastar os pensamentos negativos da cabeça?" Ou: "O que faço para afastar os sentimentos negativos do coração?"

Poucos se dão conta de que somos seres inteiros e que *tudo o que fazemos na vida é experimentado por todo o nosso ser* – mente, corpo e espírito. Por isso, tudo o que sabemos, tudo o que desejamos tem que incluir esses três níveis. Quando você estiver tentando desempenhar uma tarefa, todos os três níveis de seu ser precisam se encontrar em harmonia. Se não estiverem, um ou mais aspectos do seu eu interior estarão trabalhando contra você. Quando isso acontece, fica difícil desempenhar qualquer tarefa.

Não basta *pensar* nas coisas boas que você quer. Você tem que se *sentir* bem em relação a elas. Não basta tentar esquecer as experiências desagradáveis. Você também precisa trabalhar para mudar a forma como se *sente* em relação a elas. Para eliminar pensamentos e sentimentos negativos, precisa mudar o que até hoje aceitou como verdade. Quando você muda a visão que tem das coisas, você muda seu sentimento e sua crença em relação a elas. Este processo de mudança se chama *aprendizagem*. Quando você começa a harmonizar os três níveis do seu eu, *você aprendeu a lição*. E, à medida que for aprendendo, seu comportamento mudará.

Se você estiver se empenhando em eliminar pensamentos e sentimentos negativos, pense antes de agir! Examine primeiro o que acredita ser verdade a seu próprio respeito e a respeito de suas experiências e liberte-se daquilo que entrar em conflito com o seu objetivo. Só assim você irá romper com as reações habituais que até hoje produziram experiências indesejáveis.

Até hoje, você pode ter tentado trabalhar a mente e o coração em duas etapas distintas. Hoje, trate a sua mente e o seu coração como parceiros.

Hoje, eu me dedico a repensar meus velhos pensamentos e sentimentos.

7 DE ABRIL

Eu me disponho a reconhecer... que é seguro tomar consciência dos meus sentimentos e respeitá-los!

A maioria dos seres humanos age como se tudo estivesse bem o tempo todo. Mesmo que estejam tristes, contrariados, assustados ou confusos, sempre que alguém pergunta "*Como vai?*", a resposta-padrão é: "*Tudo bem!*" Nada destrói mais a auto-estima e o amor-próprio do que negar o que se sente. Nós, seres humanos, precisamos nos dar conta de que temos direito a todos os nossos sentimentos.

Se não tivéssemos sentimentos, não saberíamos como nos orientar na vida. Quando sentimos que alguma coisa não está certa, nos sentimos motivados a mudar. Os sentimentos nos mantêm vivos, nos revigoram e nos educam. *Quando você nega o que sente, fica extremamente vulnerável* porque perde contato com o que há de mais íntimo e, assim, perde a rédea do seu desejo.

É verdade que às vezes os sentimentos nos enganam. Podemos nos sentir bem numa situação negativa, ou mal, numa positiva. É isso que acontece quando sufocamos os sentimentos. No entanto, eles existem independentemente do nosso conhecimento e podem nos levar por caminhos indesejados. Quando você aprende a manter os canais abertos e a expressar plenamente seus sentimentos, você toma posse deles e comanda as ações que eles determinam. Ninguém quer ser escravo dos próprios sentimentos. A chave para o desenvolvimento saudável é reconhecer o que você sente e decidir o que vai fazer com o que sente.

Até hoje, você pode não ter reconhecido e respeitado os seus sentimentos. Pode ter sentido medo, falta de clareza ou insegurança com relação ao que fazer com o que sente. Hoje, dedique-se a respeitar o que sente. Se você realmente quer crescer e se curar, tome contato com seu sentimento.

Hoje, eu me dedico a respeitar o que sinto e decidir o que vou fazer com meu sentimento.

8 DE ABRIL

Eu me disponho a reconhecer... o que sei quando sei!

Se você realmente quiser ter problemas, finja que não sabe uma coisa que sabe! Isso costuma acontecer quando você fica dependendo dos outros para saber as coisas. Quando você se convence de que o que vê, sente e pensa não é verdadeiro, você *sabe*, mas age como se não soubesse. Quando você precisa que os outros lhe digam se o que você sabe está certo, age como se não soubesse, e isso pode lhe causar sérios problemas!

Você percebe que está agindo como se não soubesse o que sabe quando sua ação entra em conflito com o que você sabe. Nesse momento, a sua boca fica seca. O estômago dói. O coração dispara e a mente grita: "Pare!" Quando a sua mente reage, é sempre um sinal claro de que você sabe mas está tentando agir como se não soubesse. Também é sinal de que o Espírito da Vida está alertando você e não vai desistir!

É um insulto à vida, ao poder que você possui e às bênçãos que Deus lhe deu agir como se não soubesse o que sabe. *Você sabe* o que as pessoas estão fazendo. *Você sabe* por que estão fazendo. *Você sabe,* porque vê como elas estão se comportando. *Você sabe* o que precisa fazer. *Você sabe* o que precisa parar de fazer. Se insistir em agir como se não soubesse, aí, sim, você vai ter problemas!

Até hoje, você pode ter precisado recorrer às outras pessoas para confirmar o que sabe. Hoje, dedique-se a tomar posse do que você sabe. Disponha-se a agir como quem sabe! Fale como quem sabe! Ouça os outros, mas confie profundamente no que você sabe que sabe.

Hoje, eu me dedico a reconhecer, admitir
e aceitar que sei o que sei.

9 de Abril

Eu me disponho a reconhecer... que há coisas em minha vida que cheiram mal.

Que cheiro tem a sua vida? Esta pode parecer uma pergunta esquisita. Mas, pensando bem, é provável que ela lhe revele algumas coisas que você deixou passar. Se você fosse cheirar a sua vida, qual seria sua reação? Enjôo? Vontade de rir? Um suspiro de alívio? Alegria incontrolável? Se você estivesse passando perto de sua vida, que cheiro sentiria? O de um roseiral? Ou o de um armário de vestiário, cheio de roupas suadas? A sua vida tem cheiro de bolo de chocolate assando no forno? Ou de comida requentada?

Os cheiros são muito sintomáticos. Nossos ouvidos, olhos e mãos muitas vezes não percebem coisas que nosso nariz pode detectar. O olfato também é muito útil para evocar lembranças. Um perfume de lenha queimando pode nos levar de volta à infância, ao que aconteceu na época e ao que sentimos. Como o olfato evoca sentimentos, se algo na sua vida não cheira bem, você não vai se sentir bem. E se você não gosta do que está sentindo, *está na hora de fazer uma faxina*!

Até hoje, você pode ter se preocupado unicamente com a aparência de sua vida. Pode ter ignorado certas coisas que ouviu, viu ou sentiu. Mas não pode ignorar um cheiro. Hoje, dedique-se a cheirar a sua vida. Fique de olhos bem abertos para coisas que estão apodrecendo e precisam ser jogadas no lixo, e para as coisas cheirosas que você pode colocar na sua vida.

Hoje, eu me dedico a cheirar todos os aspectos de minha vida para escolher o que quero.

10 DE ABRIL

Eu me disponho a reconhecer... que cheguei a um ponto sem volta.

Quando, em determinada situação, você chega a um ponto sem volta, isso significa que deu tudo de si, aprendeu o que podia, ensinou o que podia e foi o que podia ser. Você se dá conta de que não há a menor esperança de as coisas melhorarem e que fez tudo o que sabia para transformar aquela circunstância ou aquela pessoa. Quando você finalmente chegar a esse ponto, lembre-se, por favor, que isso não é ruim. Apenas *chegou o momento de tocar em frente.*

Você saberá que chegou a esse ponto sem volta quando a alegria tiver desaparecido, quando a sua paz estiver ameaçada, quando você estiver tateando em busca de algum significado ou procurando razões para continuar. Você já nem sente raiva. Nem ao menos consegue se zangar.

Quando você chegar a esse ponto sem volta, lembre-se dos bons momentos, dos instantes de alegria, agradeça qualquer apoio, encorajamento ou satisfação que tiver experimentado. Empacote todas essas coisas, guarde-as em algum canto do seu coração e leve-as com você enquanto avança pelo caminho. Reconheça e aceite que você talvez não seja capaz de retornar ao que teve um dia, mas que possui algo precioso para levar com você em sua nova jornada.

Até hoje, você pode ter insistido em continuar além do ponto sem volta. Pode ter ficado à procura de motivos para permanecer numa experiência que não responde mais às suas necessidades. Hoje, reconheça que a experiência está esgotada e prepare o seu Eu para fazer as malas e seguir em frente.

Hoje, eu me dedico a guardar no coração o que foi vivido de bom e seguir adiante.

11 de Abril

Eu me disponho a reconhecer... que algumas experiências se tornaram vícios.

Alguns conseguem se recuperar do vício de dizer "Eu não sou grande coisa", enquanto outros continuam se desvalorizando. Como viciados, acreditam que não são bastante bons, não se sentem bastante bem, não bebem ou comem bastante bem, não fazem as coisas bastante bem. Quando fazemos isso, nós nos drogamos com aquela dose diária de *não sou grande coisa.* Algumas vezes gastamos um tempo e energia absurdos correndo atrás de coisas e de pessoas que não consideramos grande coisa. Muitas vezes, para conseguirmos essas pessoas, que não são grande coisa, dormimos com elas, até descobrir que não valem o tempo e a energia que gastamos tentando conquistá-las.

Quando somos viciados em *não sou grande coisa* não conseguimos fazer nada certo, porque não nos consideramos suficientemente bons. Depois nos castigamos por não sermos bastante bons para fazer o que precisa ser feito. Se o seu vício é achar que *não é grande coisa*, você vai se comprometer com coisas demais. Vai tentar fazer mais do que é humanamente possível e, quando não conseguir, vai se ressentir com as pessoas que esperam que você faça o que já sabia que não era possível. Quando um viciado em *não sou grande coisa* se compromete com coisas demais, sente-se derrotado, o que só faz intensificar sua sensação de desvalorização, desesperança e inutilidade, reforçando o vício.

Até hoje, o vício de acreditar que *não é grande coisa* pode ter impedido você de aceitar total e completa responsabilidade por sua vida. Hoje, tenha coragem de aceitar que você tem capacidade e qualidade suficientes para superar obstáculos, enfrentar desafios, atingir seus objetivos e realizar seu desejo.

Hoje, eu me dedico a perceber que tenho suficiente capacidade e qualidade para ser exatamente quem sou.

12 DE ABRIL

Eu me disponho a reconhecer... que, enquanto eu não me transformo, não consigo transformar nada.

Se você fizesse uma pesquisa com cinqüenta pessoas e perguntasse o que gostariam de fazer de suas vidas, é bem possível que a resposta predominante fosse: "Ajudar as pessoas." Quando pensamos no quanto os seres humanos podem ser grosseiros, violentos e pouco amorosos, essa resposta é capaz de surpreender. No entanto, o instinto natural da maioria é estender a mão para ajudar o próximo. Existe, porém, um problema que muitos precisam superar: Embora queiramos ajudar o próximo, a maioria de nós não consegue *se ajudar*.

Existem pessoas que querem ajudar a salvar o mundo, mas que ainda não aprenderam a dominar uma pia cheia de louças sujas ou resolver o problema de relacionamento com seu parceiro. Queremos consertar o que existe de errado no *mundo*, mas não consigamos consertar nossos corações partidos ou nossas mentes confusas. Não reconhecemos que *não podemos dar o que não temos*. Enquanto não começarmos a fazer uma faxina em nossas vidas, teremos dificuldade em fazer o que o mundo precisa que façamos.

Os pequenos atos de cada dia podem parecer coisas sem importância. Mas cada um deles tem um imenso impacto no todo. O pensamento honesto, a ação generosa, a reação à injustiça, a busca da verdade, repetidos nos gestos cotidianos, nos ajudarão a promover as grandes transformações de que o mundo necessita. Enquanto cada um de nós não se empenhar nas próprias transformações, as coisas grandes ficarão por fazer.

Até hoje, você pode ter tentado fazer pelo mundo coisas que ainda não conseguiu fazer na sua própria vida. Hoje, cuide das pequenas coisas de sua vida que têm um imenso impacto na sua capacidade de criar um mundo melhor.

Hoje, eu me dedico a começar a transformar as pequenas coisas do meu cotidiano.

13 de Abril

Eu me disponho a reconhecer... que em minha vida existem certas realidades que preciso enfrentar.

São impressionantes as histórias que contamos para não termos de enfrentar as realidades que vivemos. As pessoas bebem, mas dizem que param quando quiserem. O casamento é abusivo, mas ela diz que não se separa por causa das crianças. O emprego é frustrante, mas ele afirma que não consegue coisa melhor. São inúmeros os exemplos. Em vez de enfrentar o que realmente está acontecendo, negamos, encontrando desculpas e justificativas, com medo de encarar de frente as evidências. O que não sabemos é que, quanto mais tempo passamos nos recusando a enfrentar o que quer que seja, mais fácil é esquecer que *estamos equipados para fazer as mudanças necessárias.*

A Bíblia nos conta a história de um homem que ficava sentado ao portão de uma cidade, pedindo esmolas. Quando dois discípulos de Jesus passaram por ele sem nada lhe dar, o mendigo perguntou: "Por quê?", e explicou a sua situação, implorando a ajuda dos discípulos. Mas estes se recusaram a ajudá-lo, pois, em vez de verem o homem como mendigo, enxergaram seu poder, sua força, seu direito inerente de assumir a própria dignidade. Sabiam que o homem se considerava mendigo há tanto tempo, que passara a acreditar que era. Os discípulos recusaram-se a reforçar as idéias e crenças que aquele homem tinha a seu respeito.

Não seria maravilhoso se você conseguisse parar de acreditar nas suas histórias e *enfrentasse a verdade?*

Até hoje, você pode ter evitado, negado e resistido à verdade. Pode ter esquecido de que é capaz de fazer qualquer coisa que escolher! Hoje, pare de contar histórias! Largue essa caneca de pedinte! Olhe para quem você é. Olhe para a sua vida. Conte a verdade sobre o que você vê.

Hoje, eu me dedico a contar a verdade sobre a realidade de quem sou e do que é minha vida.

14 de Abril

Eu me disponho a reconhecer... que existem certas coisas a meu respeito que eu preferiria que os outros não soubessem.

Casamento não é brinquedo! Você precisa ser *muito* forte, *ter muita coragem*, *muita confiança* em si para se expor diante de outro ser humano, com todas as suas qualidades e fraquezas. Precisa de honestidade e humildade para mostrar a sua força e, ao mesmo tempo, fazer concessões. Precisa sentir segurança para dizer a sua verdade e ouvir a do outro. E precisa preparar-se para enxergar e aprender algumas coisas a seu respeito das quais você talvez nunca tenha se dado conta, que talvez tenha esquecido, negado ou preferido não saber. Quando você se une a outra pessoa, quer essa união inclua ou não sexo, trata-se de uma União Sagrada, de uma união com o Espírito Santo. Onde quer que o Espírito Santo esteja envolvido, *a verdade será revelada!*

O que há de maravilhoso nos relacionamentos pessoais e íntimos é o fato de você poder *renascer*. À medida que vai se conhecendo melhor, no contato com o outro, o seu falso eu desaparece e o seu eu autêntico emerge com mais força. Seus parceiros apóiam e estimulam você nesse processo, revelando-lhe os seus progressos e as áreas em que precisa crescer. Às vezes você pode se irritar, achando que são críticas ou implicâncias gratuitas, mas a verdade é que essas pessoas *ajudam você a se curar*. Estão ajudando você a entrar em contato com sua verdade, enquanto você – e não se esqueça disso – está fazendo exatamente o mesmo por elas.

Até hoje, você pode ter tido medo de revelar as suas fraquezas, medos e deficiências. Hoje, comprometa-se a dizer a verdade sobre o que você sente para as pessoas que amam e se preocupam com você. Permita-lhes o privilégio e a oportunidade de ajudar você a se curar e crescer.

Hoje, eu me dedico a me amar o bastante para reconhecer meus aspectos que precisam ser curados.

15 DE ABRIL

Eu me disponho a reconhecer... que tenho usado pouca sinceridade em algumas áreas da minha vida.

Algumas pessoas contam grandes mentiras. Outras contam mentirinhas. Gente boazinha conta mentirinhas brandas. Gente má conta mentiras para prejudicar. Algumas pessoas mentem por diversão. Há pessoas que contam tantas mentiras, que já não se lembram da verdade. Tem gente que mente para si. Outras acham que não há o menor problema em contar certas mentiras e muito problema em contar outras. Mentira é mentira! Não interessa quem a está contando ou por quê.

Há momentos em que contamos mentiras para nos protegermos. Ou para encobrir alguma coisa. Muitos mentem para não magoar os outros. Tem gente que mente sabendo que vai magoar alguém. *A mentira é um sinal de medo e uma forma de controle.* Quando você esconde ou distorce a verdade, passa a influir na maneira como uma pessoa pode ou irá se comportar. Você sabe como a mentira é capaz de nos perseguir. Passamos a viver sob o temor constante de que alguém descubra a verdade. Quando isso acontece, é bem possível que voltemos a mentir.

Quais são as mentiras existentes na sua vida? Do que você tem medo? Quem você está tentando controlar? Você conta mentiras para que os outros valorizem você? Mente para se proteger por achar que não tem escolha? Ou mente para reforçar seu ponto de vista? Omitir-se pode ser também mentir. Mas mentira é sempre mentira, e todas as mentiras enfraquecem o Espírito.

Até hoje, você pode ter achado que podia se safar com mentirinhas ou enganar-se contando mentiras para si. Hoje, comprometa-se em contar a verdade, toda a verdade, para você, sobre você e para os outros. Além disso, pense nas mentiras que já contou e pergunte-se o que estava tentando conseguir com elas. Pode haver informações preciosas escondidas debaixo de uma mentira!

Hoje, eu me dedico a me examinar honestamente e dar início a uma nova fase em que a verdade predomine.

16 DE ABRIL

Eu me disponho a reconhecer... que talvez haja partes da minha história de vida que suprimi ou mudei.

Você se dispõe a contar *toda* a história? Você conta o que aconteceu, do jeito que aconteceu? Ou só tem contado as partes que lhe interessam? Você conta o que disse? O que fez? Você culpa outra pessoa ou todo mundo pelo que aconteceu? Tem acrescentado algumas coisinhas aqui e ali, de forma a alcançar os seus objetivos? Ou anda contando o que *desejaria* que fosse verdade? Você acrescenta ou omite personagens? Coloca personagens em papéis que não desempenharam? Você conta a história para criar drama? Você repete tanto uma história falsa que acaba acreditando nela?

Sua vida é como uma história. Uma parte leva à outra. Uma parte afeta o resto. Cada personagem da sua história desempenha um papel importante. Cada evento da sua história determina o seu papel na parte seguinte. Na sua história, você não tem como saber o que está por vir, quais são os personagens que estão saindo ou entrando. Quando você não conta a história toda, quando altera acontecimentos reais, quando omite certos personagens, não aprende as lições que sua história pode lhe ensinar. A forma como você conta uma história tanto pode impedir você de se livrar de uma mágoa e de crescer quanto pode ajudar a compreender melhor o que se passa.

Até hoje, você pode não ter contado a sua história da forma como aconteceu. Você pode ter ignorado, mudado ou omitido certos personagens e acontecimentos na tentativa de melhorar ou piorar a sua história. Hoje, reveja todas as histórias que tem contado para si e para os outros. Certifique-se de que o que está contando é um relato o mais preciso possível do que de fato aconteceu.

Hoje, eu me dedico a verificar os detalhes das histórias que tenho contado para mim e para os outros.

17 DE ABRIL

Eu me disponho a reconhecer... que não tenho o direito de dizer aos outros o que devem fazer.

Você não pode dizer aos outros o que eles *devem* fazer! Você pode lhes contar *o que fez e como fez.* Pode encorajar as pessoas, compartilhando as experiências que você viveu em situações parecidas com as delas. No entanto, você precisa tomar o maior cuidado para não invadir os outros com suas próprias histórias. Quando uma pessoa se abre com você, ela está manifestando confiança e respeito. O que você diz pode ter uma forte influência sobre as decisões dessa pessoa. Não julgue, apenas acolha e fale com amor.

É preciso ter percorrido o caminho do outro, tropeçado nos obstáculos, superado dores e desafios, achado de novo o rumo, para poder dizer a outra pessoa o que fazer! Até você ter caído, se levantado e tomado o rumo que o outro está tomando, realmente não tem como saber como foi a experiência dele. O que você pode fazer é ouvir. *Ouvir e acolher.* Fazer perguntas que ajudem o outro a entender melhor sua história e seus problemas. Acredite, nós todos temos nossa sabedoria, nossos limites e nossos recursos. Transmita ao outro a sua convicção de que ele achará seu próprio caminho, encontrará a resposta que procura. Mas o caminho será *dele*, não seu.

Até hoje, você pode ter achado que estava sendo útil ao dizer à outra pessoa o que fazer. Você pode ter tentado colocá-la na direção que você considerava correta com a melhor das intenções. Hoje, não diga a ninguém o que fazer! Compartilhe as suas experiências, as suas inspirações, a sua compreensão, mas reconheça que nem todos os caminhos são iguais. Quando você estiver compartilhando sua experiência, certifique-se sempre de que deixou espaço para o outro tomar as suas próprias decisões.

Hoje, eu me dedico a acolher os outros sem impor-lhes meu ponto de vista.

18 DE ABRIL

Eu me disponho a reconhecer... que todas as minhas experiências de vida são capazes de me alimentar.

Quando você se senta à mesa da vida, não sabe o que lhe será servido. É bem possível que a vida lhe sirva um prato requintado numa salva de prata. Ou uma substanciosa canja de galinha com muitos legumes, numa sopeira de porcelana. A sopeira talvez esteja lascada. A vida pode lhe servir frango assado queimado com batatas quase cruas, num prato da mais fina porcelana, sobre uma delicada toalha de linho. Você pode se ver diante de pratos condimentados ou alimentos sem qualquer tempero. O importante é que, seja o que a vida lhe servir, ou como lhe servir, *cabe a você se alimentar*.

As suas experiências no decorrer da vida servem de alimento para a sua alma. Elas são o arroz-com-feijão do seu caráter. Algumas são saborosas, boas. Outras podem deixar você morrendo de fome! Se insistir que deveriam ter lhe trazido bife, quando você se vê diante de frango, talvez não perceba que a comida veio servida na mais fina porcelana.

Não se ocupe demais com *o que* a vida lhe serviu. Há um mestre-cuca na cozinha do seu coração que sabe exatamente o tipo de alimentação para você crescer forte e saudável. Não se prenda a *como* lhe serviram. Pergunte ao *chef* como aproveitar ao máximo o que lhe foi servido. Não tente *descobrir* por que recebeu o que recebeu. Agradeça por ter recebido alguma coisa. Se recebeu, é sinal de que tem como aproveitar; e se quiser saber como, é só perguntar ao *chef*.

Até hoje, você pode ter se preocupado mais com o *porquê* de ter tido certas experiências do que com as maneiras que elas têm de nutrir e alimentar você. Hoje, lembre-se: "*Ele* pôs a mesa para mim. *Ele* deve saber do que preciso."

Hoje, eu me dedico a descobrir os nutrientes capazes de me alimentar em todas as minhas experiências de vida.

19 de Abril

Eu me disponho a reconhecer... que todo menino precisa da liderança e da orientação do Pai.

Quando um menino não tem um pai para lhe servir de modelo e mostrar o caminho, é provável que se sinta inseguro sobre as *coisas de adulto* que precisaria saber. Jamais saberá ao certo o que é ser realmente forte, delicado, generoso *do ponto de vista de um homem.* Quando um menino não tem um pai para orientá-lo, sentirá dificuldade em saber ao certo como avançar ou quando retroceder, quando se pronunciar ou quando se calar. Um menino que não tem ou não teve alguém que exerceu a função de pai nunca sabe ao certo o que outros homens pensarão sobre o que ele tem a dizer.

Alguns meninos crescem sem nunca saberem ao certo como lidar com o que seus pais não lhes ensinaram. Algumas vezes conseguem descobrir as coisas sozinhos por tentativa e erro. Ainda assim, lá no fundo, não estão seguros de quem são e sentem uma dor silenciosa no coração. Muitos meninos crescem sem jamais se darem conta de que têm um *Pai celestial que os ama e apóia incondicionalmente.* Este é o *Pai* que os conhece melhor do que ninguém e que sempre estará dentro deles e com eles. Muitos meninos não reconhecem que os conselhos sábios, corajosos e amorosos de que tanto precisam já existem na essência de seu ser. Não se dão conta de que o *Pai* colocou ali esses conselhos para serem usados quando os meninos acharem que não conseguem encontrá-Lo, vê-Lo ou estar com Ele. Como um bom *Pai,* o Pai celestial deu aos meninos tudo aquilo de que precisam para se tornarem homens.

Até hoje, você pode ter sido um desses filhos que choram a dor da ausência de um pai terrestre e anseiam pelo abraço carinhoso de um pai. Hoje, passe algum tempo compartilhando os seus pensamentos e necessidades com o Pai celestial que vive dentro do seu coração.

Hoje, eu me dedico a reconhecer que tenho um Pai e a passar algum tempo com Ele!

20 DE ABRIL

Eu me disponho a reconhecer... que uma menina precisa de um pai para ajudá-la a crescer e se tornar uma grande mulher.

Meninas precisam de um pai grande e forte para pegá-las no colo, protegê-las e dizer-lhes como são importantes para ele. Precisam de um pai que converse com elas, que as escute, que as defenda e que as ensine a se defenderem. Meninas precisam de um pai de quem depender e em quem confiar. Precisam de um pai que lhes ensinará a ter disciplina, que as instruirá e que confiará na capacidade delas de tomarem decisões. Precisam de um pai para dizer como são bonitas, preciosas, para lhes ensinar a respeitar os outros e fazerem-se respeitar. Meninas precisam de um pai que lhes ensine o que esperar dos homens.

Infelizmente, alguns pais, por mais bem intencionados que sejam, não sabem dar aquilo de que as meninas precisam. Como resultado, algumas meninas crescem procurando pelo pai que nunca tiveram e sentem remorso, tristeza, medo e, algumas vezes, raiva, acreditando que jamais conseguirão ter o que desejam de um pai.

Toda menina tem um *Pai celestial que a compreende, que a ama, que a valoriza e que conhece cada uma de suas necessidades*. O Pai celestial sempre protegeu, aconselhou, escutou e defendeu suas filhas terrestres. O Pai celestial sempre esteve e estará presente para consolar, proteger e proporcionar o que for preciso para elas, sabendo como são preciosas para Ele e para o mundo.

Até hoje, você pode ter acreditado que foi privada de um bom relacionamento com seu Pai celestial. Hoje, dedique-se a passar algum tempo com Ele e a compartilhar alguns pensamentos com esse Pai. Se fizer isso, vai se sentir bem melhor a respeito do pai que teve aqui na Terra.

Hoje, eu me dedico a passar algum tempo com meu Pai e a compartilhar algumas idéias com Ele!

21 DE ABRIL

Eu me disponho a reconhecer... que o medo do medo leva a uma luta por poder.

Quando as pessoas são magoadas ou têm medo de ser machucadas, tentam assumir o controle das situações. Se uma pessoa não acredita na capacidade de controlar a própria vida, tentará controlar tudo e todos que a cercam. E isso inclui você! Quando uma pessoa acredita ou teme estar errada, fará qualquer coisa para garantir que as coisas aconteçam da forma que ela acha que devam acontecer, achando que, assim, terão tudo sob controle.

Talvez seja difícil reconhecer o controle, porque ele tanto pode ser excessivo e abusivo quanto suave e disfarçado. Pode ser tão doce e sedutor que, mesmo quando você suspeita dele, não tem coragem de chamá-lo de controle. Por isso, é indispensável que você seja capaz de identificar os diversos disfarces e truques usados pelo controle para *reconhecê-los quando se deparar com eles* ou para *se deter antes de usá-los.*

Você pode ter certeza de que o controle está se exercendo sobre ou por você quando: você briga para provar que tem razão; você mente para provar que tem razão; sente necessidade absoluta de ter razão; grita seus argumentos; cala-se, achando que não lhe darão ouvidos; o único ponto de vista que faz sentido é o seu; continua a insistir mesmo depois que alguém diz não; acredita que, se outra pessoa conseguir o que quer, você não poderá ter o que quer ou o de que precisa; a outra pessoa intimida você; você não faz nada sem perguntar a opinião da outra pessoa; você deixa que o outro diga o que você deve ou não deve fazer.

Até hoje, você pode não ter se dado conta do quanto o medo de perder o amor do outro, de sofrer agressão ou de não estar fazendo o que é certo influenciou o seu comportamento. Hoje, procure dentro de si os sintomas de controle listados acima e, se quiser, acrescente outros.

Hoje, eu me dedico a tomar consciência das coisas que faço para obter e manter o controle sobre as situações e as pessoas.

22 DE ABRIL

Eu me disponho a reconhecer... que há momentos em que preciso estar só.

Será que estar só é tão ruim, assustador e intolerável, que você prefere permanecer numa situação que lhe traz dor ou prejuízo? Será que ficar só, na sua própria companhia, é tão insuportável, que você acha perfeitamente normal viver na maior infelicidade e insatisfação ao lado de outra pessoa? Por que é que você prefere sofrer agressões do que ficar só? O que você talvez não compreenda é que *não podemos estar plenamente com alguém se não tivermos capacidade de ficar com nós mesmos.*

Há um prazer especial em estar só, não o desperdice. Estar só é ter oportunidade de conhecer-se melhor, perceber mais agudamente detalhes do seu corpo, das suas reações, dos seus pensamentos. Por que só preparar uma comida gostosa, ouvir uma música bonita, usar um perfume delicioso, uma roupa especial quando se está com outra pessoa? Escolher um filme sem ter que fazer concessões, andar no seu próprio ritmo, botar o volume do som na altura desejada são alegrias que só podem ser usufruídas quando estamos sós.

Não há nada de errado em desejar um corpo quentinho ao lado do seu na cama. É perfeitamente normal querer ter alguém com quem conversar, com quem compartilhar, ou para quem olhar por cima da mesa de jantar. Faz parte da natureza humana querer se comunicar, buscar o companheirismo. Mas, *quando ficamos sós, temos por parceiro a nossa natureza sagrada.*

Até hoje, você pode ter feito de tudo para não ficar só. Hoje, permita-se explorar as possibilidades e as oportunidades que estar só lhe oferece. Se se sentir medo ou tristeza, pare um pouco e peça a Deus para lhe mostrar o que fazer para sentir-se melhor.

Hoje, eu me dedico a explorar as oportunidades sagradas de estar só.

23 de Abril

Eu me disponho a reconhecer... que um erro é uma lição de humildade e uma poderosa oportunidade de me curar.

É uma pena desperdiçarmos tempo, energia e alegria só por não sermos capazes de aceitar um erro. Mas é isso o que acontece freqüentemente. Por algum motivo, um dos nossos maiores desafios é admitir para nós mesmos e para os outros que erramos.

É possível que tenham nos castigado pelas "*coisas erradas*" que fizemos quando éramos crianças. Talvez aqueles que nos criaram nos impuseram uma forma tão rígida de comportamento, que qualquer coisa que saísse da linha demarcada era chamada de erro, sujeito a punição. Talvez o amor que nos davam, e de que tanto necessitávamos, estivesse condicionado ao comportamento considerado certo. *Errar era perder o amor*. Por isso ficou tão difícil reconhecer ou admitir uma falha e dizer simplesmente: "Eu errei." Esta simples e belíssima frase é um poderoso reconhecimento de que existe *uma força espiritual na fraqueza humana!*

O erro é uma grande oportunidade de aprender e de curar. Um erro nos faz lembrar que somos humanos, por mais que tenhamos acumulado sucessos e títulos. Um erro é uma lição de humildade. Um erro é a forma que temos de compreender as nossas limitações. É um lembrete de que sempre há mais para aprendermos sobre nós mesmos e sobre as nossas capacidades. Quando crescemos em humildade até chegar a reconhecer, aceitar e admitir os nossos erros, crescemos em compaixão por nós mesmos e pelos outros.

Até hoje, reconhecer um erro pode ter lhe causado medo, angústia, ansiedade ou vergonha. Hoje, abrace a sua humanidade. Se você cometeu um erro hoje, reconheça-o, aprenda com ele e mude. Se cometeu no passado erros cujos efeitos se fazem sentir até hoje, admita-o.

Hoje, eu me dedico a reconhecer e a admitir que, como sou um ser humano, é inevitável errar.

24 de Abril

Eu me disponho a reconhecer... que tenho poder e sou brilhante! Eu amo minha própria vida!

Mas é claro que você tem força! Trata-se de uma energia que se encontra em você e que se movimenta por todo o seu ser. Mesmo que você não a possa ver, ela está aí. Tal como a torradeira e a televisão, a única coisa que você precisa fazer é ligá-la na tomada da sua Fonte. Talvez você não acredite muito que tenha tanto a oferecer, apenas tomando consciência de quem é e do que é capaz. Mas pode ter certeza: a luz que brilha dentro de você e que é alimentada por uma Fonte invisível guiará, protegerá e abastecerá você, com tudo aquilo de que precisa, em todos os momentos e circunstâncias.

Trate-se com carinho, permitindo que a sua luz seja vista. Se não sabe ao certo como fazer isso, vou lhe ensinar. *Ame o processo da vida*. Ame os altos e baixos, os avanços e recuos. Disponha-se a isso. Talvez seja difícil no início, porque você se acostumou a julgar, a manter um nível quase impossível de expectativa, a querer alcançar logo os resultados. Mas se decidir aprender a se amar, a Fonte da luz do amor que brilha em seu interior lhe dará toda a força necessária para continuar tentando, até dominar a arte de amar.

Para usar o seu poder, para ver a sua luz e garantir a chave que abrirá todas as portas da vida, você precisa deslocar a sua atenção do mundo exterior para dentro de si. Aprenda a ligar a sua força. Aprenda o que ela é, como mantê-la fluindo e, sobretudo, como usá-la. Aceite e reconheça o seu próprio brilho. Não dependa dos outros para saber o que você vale! Acredite no seu valor e no poder da sua força.

Até hoje, você pode ter vivido com a sensação da sua incapacidade. Hoje, acenda a luz da sua força interior de amor e tome posse dela!

Hoje, eu me dedico a permitir que a força do amor que eu sou brilhe com todo o seu esplendor.

25 DE ABRIL

Eu me disponho a reconhecer... que a verdade precisa ser dita de uma forma que possa ser ouvida.

Há pessoas que parecem usar uma gilete junto com um sorriso. Falam palavras tão suaves, doces e carinhosas, que você pode demorar um pouco a se dar conta de que levou um corte! Enquanto você fica ali, sangrando, a pessoa esconde a gilete e lhe pergunta, espantada: "*Mas o que foi que aconteceu, meu anjo?*" Muitas vezes aquilo que essa pessoa disse era verdade, mas a questão aqui não é dizer a verdade! É *como* a verdade é dita. Uma gilete suave, doce e carinhosa continua sendo uma *gilete!*

Nem sempre a verdade é agradável de se ouvir, mas a maioria de nós se dispõe a ouvi-la quando ela é dita de forma respeitosa. As pessoas não conseguem escutar quando você as acusa de estarem erradas. Não conseguem escutar quando você ataca suas fraquezas. Ninguém consegue escutar quando você diz as coisas para mostrar que é melhor do que elas. Não se engane achando que as pessoas com quem você fala não percebem o que você quer dizer *de verdade.* Elas sabem, sim! Se houver um mínimo de julgamento, de crítica ou depreciação no que você está dizendo, ninguém vai ouvir. Na verdade, vão ignorar você totalmente.

Se você quiser ter certeza de que vão escutar quando você fala de situações difíceis ou desconfortáveis, fale com o coração. Faça com que a sua fala brote do lugar onde reina a compaixão e o cuidado. Fale para ajudar o outro a crescer, espiritual e emocionalmente. Lembre-se de que você também não gosta de errar e de receber críticas durante o processo de aprendizagem.

Até hoje, você pode ter dito a verdade de uma maneira agressiva ou cortante que fez com que ninguém quisesse escutar. Hoje, pratique, dizendo alguma verdade a seu respeito que você tenha dificuldade em ouvir. Quando conseguir dominar esta arte, use o que aprendeu para falar com os outros.

Hoje, eu me dedico a aprender a dizer a verdade de forma gentil, compassiva e amorosa.

26 DE ABRIL

Eu me disponho a reconhecer... que não há necessidade de haver alguma coisa errada para que eu me sinta bem.

É triste a constatação, mas *existem pessoas que buscam a dor.* Algumas pessoas criam dor. Outras simplesmente não se sentem vivas a não ser que algo esteja *errado.* Quando algo esteve errado com você durante um período extenso, a sensação causada pode se tornar um hábito. Passa a ser aquela coisa pela qual você espera e pela qual vive.

A dor lhe dá assunto para conversar com os outros. Pode até fazer você se sentir importante. Você pode usar a dor física e emocional para mostrar que é capaz de lidar com qualquer coisa que a vida jogar em sua direção. *A dor atrai atenção.* Quando há algo errado com você, as pessoas correm em seu auxílio. Se não fazem isso, você já tem sobre o que falar. Não é que você goste da dor. É só porque ela lhe dá uma ocupação, e todo ser humano precisa de ocupação.

A vida não precisa ser difícil! Não é preciso viver na dor ou viver eliminando a dor. Sem a dor, podemos aprender a nos acostumar com a beleza da vida. Quando não há dor, aprendemos a viver sem medo. Quando aprendemos a nos libertar da dor e da ansiedade que ela causa, ficamos mais à vontade com nós mesmos, o que faz com que os outros fiquem mais à vontade conosco. Passamos a atrair a atenção e o companheirismo que desejamos e merecemos.

Até hoje, você pode não ter se dado conta do papel que a dor desempenha na sua vida. Talvez tenha chegado o momento de descobrir que você tem procurado, criado e esperado a dor. Hoje, examine cuidadosamente todas as experiências ou situações dolorosas que você pode estar enfrentando atualmente. Pergunte-se: "*Estou dando força a essa situação e deixando que ela faça parte de minha vida?*" A seguir, pergunte-se: "*Como posso enfrentar essa situação de forma mais amorosa e pacífica?*"

Hoje, eu me dedico a descobrir uma maneira de viver livre da dor.

27 de Abril

Eu me disponho a reconhecer... que escolho o que é realmente importante para mim.

"Eu só estou neste mundo para despertar para o meu eu divino. Para celebrar a vida! Para fazer o que me traz alegria!", afirmou o Reverendo Michael Beckwith. *Despertar para o seu eu divino.* Do que se trata? O que fazer para achá-lo? Como saber que o achamos? Pergunte-se: *"O que é que eu realmente quero para mim?"* A sua resposta indicará a direção que Deus designou para você celebrar a vida! Mas como celebrar a vida que tenho? Como fazer para transformar a minha vida em algo que valha a pena celebrar? Pergunte-se outra vez: *"O que é que eu realmente quero para mim?"* A sua pergunta colocará você no caminho das coisas que deve fazer para querer celebrar e afastará você daquilo que impede a sua celebração. *Fazer aquilo que me traz alegria!* O que lhe traz alegria? Quanto tempo e energia você dedica a essa parte de sua vida? O que pode fazer para viver com mais alegria? Pergunte-se: *"O que realmente eu quero para a minha vida?"* Ouça a sua resposta. Ela lhe dará a chave de que você precisa para se aproximar de uma vida mais pacífica e cheia de alegria e se afastar de uma existência de medo que até agora impediu você de fazer essa pergunta. Em troca, você terá algo para celebrar. E certamente fará o seu eu divino feliz.

Até hoje, você pode ter vivido sem uma sensação de objetivo, de significado ou de direção. Hoje, passe algum tempo a sós e pergunte-se: *"O que é que eu realmente quero para mim?"* Anote as respostas que forem surgindo. Repita essa pergunta até encontrar a resposta que lhe satisfaça.

Hoje, eu me dedico à descoberta de meu Eu Divino para poder celebrar a vida e fazer tudo aquilo que me traz alegria.

28 de Abril

Eu me disponho a reconhecer... que Eu sou!

Eis uma afirmação tão cheia de poder que será capaz de transformar a sua vida num instante, se você tiver coragem de fazê-la. A afirmação de poder que lhe está sendo oferecida hoje é *Eu sou!* Não diga "Espero que..." ou "Quem dera!" ou "Estou tentando!". Abra a boca e diga: *"Eu sou!"* Isso mesmo! Eu sou bom/boa! Eu sou bom/boa em todas as coisas boas que venho fazendo! Eu sou bom/boa por fazer o bem e em ser o bem e, assim, me abro para receber tudo o que há de bom! Eu sou tão bom/boa, que o bem vem a meu encontro e isso é bom para mim! Eu hoje estou recebendo coisas boas, abertamente, em cada aspecto de minha vida! *Agora, respire fundo.*

Que tal irmos um pouco mais longe: Eu sou grato/grata pelo bem que sou! Eu sou grato/grata pelas boas oportunidades! Agradeço pelas boas experiências! Eu faço bem tudo que faço! Eu me renovo para fazer cada vez melhor! Sinto-me mais forte por todo o bem que faço! Sinto-me mais jovem por todo o bem que faço e pelas boas experiências que tenho! Alegro-me por ser tão bom/boa! Ser bom/boa é o meu poder! *Agora, respire fundo!*

Se os seus pés ainda estão plantados no chão, tente isto: O bem me envolve! Eu sou perfeitamente bom/boa por dentro e por fora! Recebo muitas recompensas por todo o bem que sou! Eu faço o bem e o bem me é devolvido! É bom ser quem eu sou! *Agora, respire fundo!*

Até hoje, você pode ter se concentrado nos seus aspectos negativos. Hoje, reconheça tudo de bom que há em você, repetindo muitas vezes essas afirmações. Grave-as e ouça várias vezes a fita, até o bem criar vida em sua consciência e transbordar para dentro de sua vida.

Hoje, eu me dedico a reconhecer as boas coisas que sou.

29 DE ABRIL

Eu me disponho a reconhecer... que os altos e baixos da vida não precisam me derrubar.

Há dias em que você acorda se sentindo o máximo. Você se sente nas alturas! Então, no dia seguinte, pode acordar sentindo um total desamparo, um intenso sentimento de vazio e inutilidade, quem sabe até com vontade de morrer. Ambas as experiências são naturais, normais e esperadas. São o que chamamos de *altos e baixos da vida*. Existem, no entanto, algumas coisas muito importantes que você pode fazer para atravessar essas experiências sem se prejudicar.

Quando você estiver se sentindo por cima, preste atenção nos compromissos e decisões que toma. Discipline-se para evitar assumir mais do que consegue fazer, por achar que vai conseguir fazer tudo e acabar ficando com uma sobrecarga excessiva. Capriche no que estiver fazendo, de forma a não ter de refazer mais tarde. Não se deixe empolgar tanto com o seu alto astral a ponto de aceitar incumbências demais.

Se, por outro lado, você acordar sentindo-se por baixo, não precisa lutar contra este sentimento. Permita-se lembrar que você é um ser humano normal e que a vida continua. Ela se renova a cada dia, oferecendo-lhe a oportunidade de também se renovar. Evite as coisas que você faz para negar quem é. Simplesmente, seja! Talvez você precise mesmo de descanso. Cuide de si com tolerância, paciência, carinho, e repita muitas vezes: "*Vai passar.*" Porque vai passar mesmo, pode ter certeza.

Até hoje, talvez você tenha se perturbado com as sensações provocadas pelos altos e baixos que fazem parte da condição humana. Hoje, preste bem atenção no seu estado de espírito e cuide para não fazer ou dizer qualquer coisa que possa lhe trazer prejuízo.

Hoje, eu me dedico a reconhecer e acolher os altos e baixos de minha vida.

30 de Abril

Eu me disponho a reconhecer... que existe uma parte de Deus dentro de mim que exige tempo, atenção e carinho.

Uma das coisas simples que você pode fazer e que terá um impacto extraordinário no Deus que está em você é *se cuidar.*

Cuidar-se é reconhecer a presença divina de Deus dentro de você. Tomar algum tempo para cuidar de sua mente permite que *a luz, o amor e a sabedoria de Deus brilhem através dos seus pensamentos.* Quando silenciamos a mente e aquietamos o corpo para cuidar do nosso espírito, nós nos abrimos para receber o poder da sabedoria de Deus que nos leva a uma forma reta de pensar, de agir e de reagir a todos os aspectos da nossa vida. Cuidar-se demonstra gratidão pela presença de Deus dentro de nós.

Há gente neste mundo que precisa, desesperadamente, da presença da luz de Deus. Você é uma fonte através da qual essa luz pode brilhar. As pessoas aprendem através de exemplos, e você é um exemplo vivo. Quanto melhor você se sente, melhor você se manifesta em seus atos. E, ao manifestar-se em seus atos da melhor forma possível, você torna visível para todos o quanto vale a pena cuidar do Deus que se encontra dentro de você.

Quem neste mundo não se beneficia de um pouco mais de sabedoria, de amor e de força? Tudo isso leva um certo tempo e exige um pouco de atenção, alguns momentos de silêncio e quietude todos os dias. Faça isso por você. Faça isso pelo mundo. Se esses motivos não forem suficientes, então faça isso por Deus.

Até hoje, você pode não ter se dado conta de que cuidar de você é cuidar de Deus. Hoje, cuide de sua mente, de seu corpo e de seu espírito como reconhecimento da presença de Deus e a serviço do mundo.

Hoje, eu me dedico a demonstrar meus cuidados ao Deus que está em mim.

MAIO

ACEITAÇÃO

Se você tirar as correntes, os ferrolhos

e os trincos da porta do seu coração

e deixar o monstro entrar, ele ficará ali sentado.

Mas, a qualquer momento,

você pode se levantar e partir.

1 DE MAIO

Eu agora aceito a idéia de que... existem coisas e pessoas sem as quais posso viver!

As coisas de que você *precisa*, que *deve ter* ou *sem as quais não pode viver* dominam você e sua vida. Escravizam você! Não estou falando de comida, roupas ou moradia! Estou falando de *qualquer coisa* ou *qualquer pessoa* que você sente que *deve* ter, *tem* que ajudar ou de que *não pode* se afastar por uma razão ou outra. Estou falando de uma série de coisas que vão de comida a sexo, de pessoas a animais de estimação, de roupas a carros importados. Se acredita que não pode viver sem essas coisas, você está com problemas!

Como isso acontece? Como nos tornamos escravizados? *Por que isso acontece?* Sabe por quê? É por causa de uma armadilha chamada medo!

O medo fará tudo, usará qualquer coisa ou pessoa para nos tirar do caminho certo, nos desequilibrar e dirigir para o caminho errado. O medo sabe muito bem que, enquanto acreditar que sua vida depende de alguma coisa ou de alguém, você terá uma desculpa para não fazer o que deve! O medo também sabe que, enquanto você tiver uma desculpa para *não fazer* o que precisa ser feito, ele encontra espaço para dominar! O medo manterá você correndo, se escondendo, encontrando pretextos, se justificando! O medo tolherá você e sairá vencedor! O medo é a maior das armadilhas! Ele fará você se sujeitar aos outros! Ele fará você se deixar dominar pelos outros! O medo impedirá você de seguir em direção ao seu desejo verdadeiro.

Até hoje, você pode não ter se dado conta de todas as coisas e pessoas a quem você se escraviza por causa do medo. Hoje, aceite que tem medo de abrir mão! Faça uma lista de todas as coisas que você considera indispensáveis e identifique todas as desculpas que dá para mantê-las. Depois, mental e emocionalmente, desapegue-se delas.

Hoje, eu me dedico a começar a eliminar todas as razões, desculpas e hábitos baseados no medo.

2 de Maio

Eu agora aceito a idéia de que...
sou eu quem tem que saber quem sou.

Se você realmente deseja viver sua vida da maneira mais plena e realizar ao máximo seu potencial, precisa se dispor a correr o risco de enfurecer as pessoas. Sim, elas ficarão furiosas! Todas as vezes que você deixa de valorizar a opinião dos outros a seu respeito, eles ficam danados, porque sentem que você não depende da avaliação deles para saber quem é.

Se você deseja saber do quanto é capaz, até onde pode chegar, o quanto pode alcançar, é preciso se dispor a desligar-se da opinião de algumas pessoas. O que não quer dizer que as esteja desprezando ou que queira exibir-se. Não! Significa que é você quem precisa se conhecer, tomar posse de si e do seu desejo, sem depender da expectativa alheia.

Você pode ouvir os outros sem depender de suas opiniões, mas não deve descartar a contribuição que possam dar. É só estar consciente da diferença entre imposição e contribuição. As pessoas podem discordar do que você faz ou de como faz, mas elas não estão vivendo a sua vida. Você está! Enquanto não tiver uma visão muito clara a seu respeito, você não terá muita idéia do que é *a sua vida*.

Até hoje, você pode ter dependido da opinião dos outros sobre você e feito o possível para fazer as pessoas aprovarem suas idéias e comportamentos. Hoje, arrisque! Diga serenamente a alguém o que realmente deseja para a sua vida. Diga gentilmente a essa pessoa que você não concorda com a opinião dela a seu respeito. Depois, assuma a sua vida e sinta-se feliz com as suas descobertas!

Hoje, eu me dedico a viver minha vida sem culpa,
baseando-me em minhas próprias opiniões.

3 DE MAIO

Eu agora aceito a idéia de que...
posso tornar as coisas mais difíceis do que são.

De fato, as coisas não são tão complicadas quanto você está pensando. Pelo contrário, são muito simples. Infelizmente, você está criando um problema onde não há necessidade. Está vendo fantasmas onde não existem. Está fazendo tempestade em copo d´água. Realmente, não há razão alguma para brigar ou discutir sobre isso; para explicar ou exigir uma explicação. Vamos parar com isso!

Você não gostou do que aconteceu. Você não mereceu isso. Ultrapassou seus limites. O acordo que você fez ou fizeram com você foi quebrado. O que está acontecendo ou aconteceu não é nem foi escolha sua, não foi você quem fez. Portanto, é realmente muito simples! Pare de procurar ou pedir uma explicação. Pare de exigir que as pessoas façam o que você quer quando elas já demonstraram falta de vontade ou incapacidade para fazê-lo. Aceite o que aconteceu e decida o que fará a respeito. Quando tomar a melhor decisão para sua vida, siga em frente!

Até hoje, você vem tornando sua vida mais difícil do que deveria ser. Hoje, aceite o que você sabe e sente como certo para você, sem tentar convencer os outros de que isso deve ser o certo para eles.

Hoje, eu me dedico a ver as coisas sem complicações e mantê-las simples.

4 de Maio

Eu agora aceito a idéia de que... devo aprender a duvidar das minhas dúvidas e negar minha própria negatividade.

Os médicos receitam remédios na tentativa de facilitar a cura física. No Livro dos Provérbios, encontramos o que muitos teólogos consideram a melhor *receita* para uma vida bem-sucedida. *"Confia no Senhor de todo o teu coração e não te apóies no teu próprio entendimento. Reconhece-O em todos os teus caminhos e Ele endireitará as tuas veredas."* Se fosse simples assim! Essas palavras colocam quatro enormes desafios: *confiança, coração, compreensão* e *reconhecimento.*

Temos problemas em confiar! Não conseguimos confiar nas pessoas nem confiamos que as coisas acabarão sendo da forma que desejamos. Logo, como podemos confiar em Deus?

Quando você acha que sabe tudo, não consegue aprender mais nada. Se você pensa que o significado da vida se encontra na superfície das coisas, nunca será capaz de compreender a si, a Deus ou a vida. Infelizmente, muitos só acreditam na verdade quando a vêem. Logo, não podem reconhecer a verdade quando ela é revelada. Essas são as pessoas que fazem questão de estar certas! Quando desejamos estar certos, é difícil confiar no nosso coração, porque sabemos quantas vezes ele errou.

Você reconhece Deus? Mais importante, como você O reconhece? Passo 1: Aceite que você não sabe tudo. Passo 2: Abra o seu coração, mesmo quando estiver ferido. Passo 3: Confie que Deus deseja para você o que você deseja para si. Assim, você estará reconhecendo Deus.

Até hoje, você pode ter resistido a tomar o remédio divino. Hoje, aceite que ele funciona, mesmo que você não saiba como.

Hoje, eu me dedico a seguir a receita divina para uma vida bem-sucedida.

5 de Maio

Eu agora aceito a idéia de que... não importa o resultado. Fiz o melhor que podia.

O que mais poderia ser feito? Você continua pensando na experiência. Repensa suas ações e respostas e começa a se questionar e a duvidar de si. Em vez de ficar se torturando, por que não responde honestamente a esta pergunta simples: "*O que mais eu poderia ter feito?*" E em seguida: "*Se eu podia ter feito, por que não fiz?*"

Você poderia ter tido mais cuidado? Mais compaixão? Mais compreensão? Provavelmente. Poderia ter sido mais paciente? Mais tolerante? Poderia ter falado mais, ou menos? Poderia ter escutado com mais atenção? Poderia ter planejado melhor? Esperado mais? Talvez pudesse, mas o fato é que não fez.

Pare de acusar-se e ouça o que vou lhe dizer com a maior convicção. Algo muito simples! Muito fácil! A verdade é que, *se você pudesse fazer, você teria feito!* O fato é que você *não fez* e isso significa que você não pôde fazer por razões que talvez não sejam muito claras neste momento.

Olhar para trás e ficar remoendo o que passou não ajudará você em nada, nem fará você crescer. Mas quando você simplesmente aceita a realidade de que não fez algo no passado porque não tinha as condições necessárias para fazer, você sabe, ao mesmo tempo, que isso não significa que você não fará melhor no futuro.

Até hoje, você pode ter se mantido refém do remorso em relação ao que poderia ter feito. Hoje, conscientize-se de que você *fez* tudo o que tinha condições de fazer naquele momento. Reflita e anote o que viu, ouviu, sentiu e experimentou no passado. Aprenda com a experiência para fazer melhor mais tarde.

Hoje, eu me dedico a aceitar que fiz o melhor que podia.

6 DE MAIO

Eu agora aceito a idéia de que... sou capaz de fazer bem melhor na próxima vez!

O prefixo *re* significa *fazer novamente*. Que bênção! Pense, você pode *re-petir* uma lição até fazê-la corretamente. Você pode se *re-cuperar* moral e fisicamente após um retrocesso. Você pode *re-estruturar* sua vida caso ela se desestruture. Pode *re-criar* sua imagem. Pode se *re-posicionar* em qualquer situação, após tê-la *re-avaliado*. E sempre pode *re-pensar* a avaliação. Embora não gostemos de *re-fazer* muitas coisas, quando consideramos que o *re* é uma bênção, fazer novamente pode não ser tão ruim assim.

Você pode *re-fazer* frases ditas rudemente. Você pode *re-cuperar* as perdas, *re-organizando-se*. Não há razão alguma para viver com *re-morso* quando você considera que toda experiência é um ensaio para a próxima experiência. Você sempre pode se *re-tirar* de uma situação quando sente que não consegue se *re-lacionar*. Retirar-se é um sinal de sua *re-cusa* em aceitar o que não serve para o seu bem. Quando você *re-nuncia* a hábitos, pessoas e situações que não estão à sua altura, você *re-genera* seu poder. *Re-forme* sua vida! *Re-avalie* o que precisa fazer e faça sem *re-sistência!*

Até hoje, você pode ter estado *re-lutante* em repetir as coisas. Hoje, *re-faça* o que necessita fazer e se *re-componha!*

Hoje, eu me dedico a ***re-ivindicar*** *meu poder, me* ***re-carregando*** *e me* ***re-cuperando*** *do passado.*

7 de Maio

Eu agora aceito a idéia de que...
Deus está em mim e ao meu lado!

Seja uma testemunha do crescimento de Deus *em* você. Seja uma testemunha do crescimento do amor, da graça, da bondade de Deus em você, desabrochando em todos os aspectos de sua vida. Seja uma testemunha do movimento de Deus na sua vida, moldando, mudando, modelando todos os momentos deste dia. Para ser uma testemunha, você deve confiar em Deus o suficiente para entregar-se a Ele e sentir Sua presença em você. Em seguida, observe-a fazer Seu trabalho divino através de cada um de seus atos.

Seja uma testemunha do crescimento de Deus *como* você. Seja uma testemunha de como você mudou, como cresceu, como progrediu. Seja uma testemunha de como você transforma os outros. Como ensina os outros. Como serve os outros e os ama. Seja uma testemunha do poder que tem de transformar, purificar e corrigir qualquer sinal de destruição em si e no mundo ao seu redor.

Seja uma testemunha do crescimento de Deus *através* de você. Seja uma testemunha do que achava que precisava e não precisa mais. Seja uma testemunha do que pensou que não conseguiria fazer e foi feito com bastante facilidade. Seja uma testemunha de sua capacidade de ver tudo que ficou para trás como parte do caminho em direção ao seu destino. Seja uma testemunha dos dons que tem, de algo que fez e que constituiu uma bênção para outra pessoa. Para ser uma testemunha do poder de Deus, comece a parar de julgar e passe a perdoar.

Até hoje, você pode ter sido uma testemunha cega da glória de Deus *em* você, *como* você e *através* de você. Hoje, pare um momento, ou vários momentos, para se tornar consciente da presença de Deus em seu ser e da bondade do olhar de Deus sobre você.

Hoje, eu me dedico a ser uma testemunha
e a me ver como Deus me vê.

8 DE MAIO

Eu agora aceito a idéia de que... em Deus não há tempo ou espaço além do agora.

Há um ditado que diz: "O amanhã não está prometido." Nem o próximo momento. Então, por que não viver plenamente o *agora?* Bem aqui, bem neste momento há um milagre esperando para acontecer. Viva o presente momento em que a dor, a vergonha, a raiva, a culpa do passado não estão presentes. Onde o medo, a dúvida ou a ansiedade do futuro não podem atingir você, a menos que você permita. Viva este momento em toda a sua plenitude e declare: "*Isso é bom!*"

Viva este momento, porque ele é o único que você tem agora. Não o desperdice nem jogue fora. Use este momento para você, para fazer dele o que quiser.

Você está presente neste momento, bem aqui, bem agora? Ou está pensando no que não fez ontem, no que terá de fazer amanhã, se arrependendo do que fez na semana passada? Se você está em qualquer um desses lugares, você não está aqui, bem agora, na plenitude deste momento. A riqueza do presente é aqui. A plenitude do *agora* está presente. Se você não estiver aqui agora, vai deixar de viver o amor, a alegria, a paz, a beleza e as idéias novas que estão ao seu alcance. Por que não aproveitar este momento para se organizar, se equilibrar, reunir todos os seus pensamentos e sentimentos? Respire bem fundo. Feche o livro e gaste apenas poucos minutos na sua própria companhia, na riqueza e plenitude do agora.

Até hoje, você gastou todo o seu tempo passando de uma coisa para outra. Hoje, fique na presença do agora: de fato, faça isso agora.

Hoje, eu me dedico a estar presente e disponível em cada momento, momento por momento.

9 de Maio

Eu agora aceito a idéia de que... tudo que busco está vindo para mim.

Quando menos esperar, exatamente aquilo que você deseja, aquilo pelo qual tem rezado com todas as suas forças, virá até você! Aquilo que você desejou por muito tempo entrará na sua vida sem que você tenha feito ou tenha de fazer qualquer coisa para isso. Na verdade, provavelmente aparecerá logo no dia em que você não rezou, no dia em que você não trabalhou desesperadamente para fazer algo acontecer. Na verdade, provavelmente entrará na sua vida de forma serena, com tal suavidade que, num primeiro momento, você pode até não acreditar. É quase assustador pensar que a vida pode ser tão fácil, tão cheia de graça, que aquilo que você tem pedido tanto apareça sem que você se esforce muito para conseguir!

Talvez você não acreditasse que bastava esperar, porque, para aceitar essa idéia, você teria de acreditar que não precisa lutar ou trabalhar duro na vida. É difícil aceitar que seus esforços e tentativas não foram necessários para que essa coisa aparecesse no momento em que você não estava olhando, prestando atenção, trabalhando ou esperando que ela acontecesse. Você pode sentir como se tivesse perdido tempo, energia e dinheiro! Achando que isso não pode estar acontecendo! Mas está. E quando acontece é hora de você pensar na resposta a uma pergunta muito importante: *Até que ponto você confia em suas preces?*

Até hoje, você pode não ter acreditado no poder da prece. Hoje, tente rezar por algo com todo seu coração, e depois espere.

Hoje, eu me dedico a confiar plenamente em minhas preces.

10 de Maio

Eu agora aceito a idéia de que...
sou a única pessoa que pode determinar como os outros me vêem e se lembram de mim.

Se sua vida fosse terminar hoje, como seria seu obituário? Não se assuste! Pensar no obituário é uma forma de *começar a viver;* começar a ficar inteiramente consciente dos momentos em que se está vivo. Cada momento da sua vida escreve uma linha de seu obituário. As coisas que você fez e as que deixou de fazer fornecem lembranças suas para os que ficarão. São essas lembranças que as pessoas que você ama desejarão incluir no relato da história de sua vida.

É você quem escreve seu próprio obituário! Você está escrevendo uma história de angústia ou de persistência? De compaixão ou de arrogância? De generosidade ou de egoísmo? Você trouxe uma contribuição de alegria para os lugares em que passou, para as pessoas com quem conviveu? Caiu, se recuperou e seguiu em frente? Ou ficou reclamando e se lamuriando? O que o seu obituário dirá a respeito da forma como você tratou os outros e os fez se sentirem? Como se comportou em momentos de crise? É verdade que os obituários podem falar apenas dos seus aspectos positivos. Mas tanto *você* quanto as pessoas que conhecem você saberão a verdade. Talvez agora seja o momento de pensar como você está vivendo e o que deseja que seja lembrado a seu respeito quando não existir mais.

Até hoje, você pode não ter percebido que sua vida fornece o conteúdo do seu obituário. Hoje, analise a sua vida. Pense no que você deseja deixar registrado no mundo e nas pessoas. Lembre-se: se for necessário, você ainda tem tempo para transformar o conteúdo da sua vida,

Hoje, eu me dedico a escrever uma história positiva da minha vida.

11 de Maio

Eu agora aceito a idéia de que... é hora de parar de sussurrar e começar a falar alto.

Pare de se esconder! Pare de se desvalorizar! Pare de se preocupar com sua aparência e com o que os outros dizem. Pare de tentar ouvir o que os outros dizem e de procurar descobrir se estão falando a seu respeito. Pare de esperar por alguém que lhe diga que você está bem ou que faça você se sentir especial. A vida é especial! É um presente especial. Esta é a sua vida! Agora pegue o seu presente e viva-o abertamente! Decida hoje que você vai *viver em voz alta!*

Viver em voz alta significa ter coragem de ser exatamente o que é, sem se desculpar. Significa admitir seus erros sem se autoflagelar. Significa não considerar quem você é ou o que você possui como algo definitivo. Significa aceitar a mudança. Libere toda a vergonha! Libere toda a culpa! Você não pode viver em voz alta se estiver se escondendo atrás do que *foi*. Viver em voz alta significa enfocar no que *você* é agora!

Viver em voz alta significa mostrar seu eu autêntico, sem maquiagem ou peruca. Significa admitir seus erros e celebrar sua força e avanços. Viver em voz alta significa anunciar suas necessidades, seus gostos e desgostos, seus medos e frustrações. Significa deixar os outros saberem exatamente quem você é e esperar que eles fiquem tão entusiasmados quanto você, por você ser quem é.

Para viver em voz alta você deve ter fé em si e no processo da vida. Você deve ter princípios e padrões com os quais se orientar e avaliar. E, sobretudo, para viver em voz alta, você deve se amar o suficiente para dizer a si e aos outros toda a verdade a seu respeito. Quando fizer isso, você poderá viver em voz alta e sentirá muito orgulho do que o mundo ouvirá a seu respeito.

Até hoje, você pode ter passado a vida sussurrando. Hoje, dê um passo em frente e aumente seu volume. Levante-se e seja quem você é!

Hoje, eu me dedico a anunciar a verdade sobre mim.

12 de Maio

Eu agora aceito a idéia de que...
se eu não peço o que preciso,
a necessidade crescerá cada vez mais!

Socorro!

Socorro!

Socorro!

Socorro!

Socorro!

Socorro!

Socorro!

Até hoje, você pode ter pensado que não precisava da ajuda de ninguém para viver. Hoje, peça tudo que precisa.

Hoje, eu me dedico a pedir e receber o que preciso.

13 de Maio

Eu agora aceito a idéia de que... a forma como as pessoas agem às vezes comigo não depende do que eu fiz!

E se alguém que você ama ou respeita de repente parasse de falar com você? E se, sem nenhuma razão aparente ou explicação, essa pessoa simplesmente deixasse de sintonizar e desligasse você. Como você se sentiria? O que faria? A maioria de nós provavelmente buscaria uma explicação. Investigaríamos a maior parte de nossas mais recentes palavras, tentando encontrar a razão pela qual essa pessoa, especialmente essa pessoa, está nos desprezando. Se não encontrássemos a resposta, o salto mais óbvio seria perguntar: "*O que fiz de errado?*" No exato momento em que fazemos essa pergunta, nós estamos enganados.

Nós nos enganamos, porque os outros têm direito de fazer o que querem, quando querem, da forma que escolhem. Ninguém gosta disso e, às vezes, é muito doloroso. Mas não significa que você fez algo errado. As pessoas vêem e sentem as mesmas coisas de formas diferentes. E mesmo quando você pensa que conhece muito bem uma pessoa, ela pode lhe causar surpresas!

Toda vez que achamos que estamos errados por causa da maneira como alguém nos trata, diminuímos a percepção que temos de nós mesmos. Em algum momento, você pode simplesmente ter que enfrentar a dolorosa realidade de que, por qualquer razão que independe da sua atuação, alguém escolhe tirar você da sua vida. Aceite isso como a escolha dessa pessoa. É quase inevitável que isso lhe cause mágoa, sofrimento ou perplexidade, mas não significa que você fez algo errado.

Até hoje, você pode ter achado que errou em relação a algo que não tem nada a ver com você. Hoje, aceite o fato de que nem toda rejeição significa que você fez algo errado.

Hoje, eu me dedico a saber que não tenho que assumir a culpa quando os outros me tratam mal.

14 de Maio

Eu agora aceito a idéia de que...
quando estou com medo de ouvir a verdade,
interpreto-a da forma que acho que deveria ser.

Há pessoas que só ouvem o que querem. É uma característica que dificulta muito a comunicação com os outros. As pessoas que só ouvem o que querem em geral perdem a essência do que está sendo dito, interpretam errado o sentido da mensagem e deixam de agir a partir do que foi comunicado. Quando são questionadas, porque interpretaram mal o que foi dito, elas se aborrecem. As pessoas que só ouvem o que querem muitas vezes se sentem acusadas e criticadas, quando esta não foi a intenção de quem falou. Estão sempre na defensiva, o que torna difícil falar com elas.

As pessoas que só ouvem o que querem colocam significados no tom da voz de quem lhes fala. Freqüentemente, interpretam os gestos do outro da forma que lhes convém. Vigiam o movimento dos olhos e a direção da cabeça do interlocutor, imaginando censuras. Descartam qualquer responsabilidade pelas ações cometidas. Nunca é culpa delas! Mas é. Porque elas não ouviram o que foi dito.

Até hoje, você pode ter sido uma pessoa que só ouviu o que queria, em vez de prestar atenção ao que estava realmente sendo dito. Hoje, procure ter objetividade para não acrescentar significados ao que os outros falam, para não distorcer o que dizem ou diminuir o valor da comunicação, por desprezar quem está falando.

*Hoje, eu me dedico a procurar ouvir a verdade
do que está sendo dito e não distorcer
a verdade em meu próprio interesse.*

15 DE MAIO

Eu agora aceito a idéia de que... posso estar me impedindo de receber mais do que já tenho.

Enquanto você estiver se agarrando ao que possui, seu leque de possibilidades estará bloqueado. Esta posse pode ser mental, emocional ou física. De qualquer forma, é um sinal de medo. Se você tiver medo de perder o que possui, é porque sua consciência se baseia na *falta,* na crença de que não há o suficiente para ser dividido. Ou de que, quando *há*, você não receberá a sua parte.

Agarrar-se ao que possui não é o mesmo que cuidar do que você valoriza ou proteger o que é seu. Agarrar-se é o que a maioria das pessoas faz quando se conforma em ter menos do que deseja. Agarrar-nos é o que fazemos, em vez de pedir o que queremos e depois assumir a responsabilidade por sua criação. Quando você realmente acredita que merece o melhor e que existe um volume suficiente do melhor para que você receba a sua parte, não haverá necessidade de se agarrar ao que possui. Você não se preocupará com o que possui. Não vigiará o que possui. Não viverá com medo de perder o que possui, achando que sua vida, de alguma forma, será reduzida. Quando conseguir parar de agarrar-se ao que possui, você começará a perceber que suas bênçãos não podem ser usurpadas nem irão embora, pois o universo cumpre sempre a sua parte.

Até hoje, você pode ter se agarrado a coisas e pessoas com medo de que elas não pudessem ser substituídas em sua vida. Hoje, permita-se imaginar como seria sua vida se suas mãos e seu coração fossem receber algo melhor do que aquilo a que você se agarra neste momento.

Hoje, eu me dedico a abrir minhas mãos, meu coração e minha vida para receber bênçãos maiores.

16 DE MAIO

Eu agora aceito a idéia de que... sempre que eu vir um buraco, devo contorná-lo.

Alguém deixou você, e agora há um buraco em sua alma. A pergunta é: como você o preencherá? Vai preenchê-lo com as dolorosas recordações do sofrimento e da rejeição? Ou com as recordações das risadas e dos diversos momentos de alegria que tiveram juntos? Vai preenchê-lo com ódio e ressentimento? Ou vai preenchê-lo com a gratidão de ter agora a oportunidade de escolher como vai preencher o buraco? Vai preenchê-lo com as inúmeras razões pelas quais isso não deveria ter acontecido com você? Ou vai preenchê-lo com a coragem necessária para aceitar que foi isso o que aconteceu com você?

Vai preenchê-lo com a confiança de que pode lidar com isso, seja lá como for? Ou vai preenchê-lo com a crença do fracasso, de que não pode passar por isso, ou de que não será capaz de preencher esse buraco? Vai esvaziar toda sua auto-estima até que o buraco se torne um poço de autopiedade, insegurança e todos os sentimentos que mantêm *você* no buraco do desespero? Vai se atirar no buraco e ficar lá chorando?

Você pode tapar o buraco com amor, preces e aceitação da sua capacidade de pular ou se desviar do buraco. Você também pode recuar, dar-se um tempo e esperar ver o *Eu* que emerge do buraco. A escolha é sua!

Até hoje, você pode ter acreditado que tinha de ficar no doloroso buraco da dor causada pela perda de uma pessoa querida. Hoje, faça um esforço consciente e escolha tapar o buraco e seguir em frente.

Hoje, eu me dedico a tapar os buracos e preencher todos os espaços de minha vida.

17 DE MAIO

Eu agora aceito a idéia de que... se as pessoas realmente me conhecerem, provavelmente gostarão de mim.

Se não aceitarmos a nossa vulnerabilidade, não seremos capazes de confiar em nós mesmos. Não saberemos até onde podemos ir ou o quanto podemos fazer. Se você não aceitar a sua própria vulnerabilidade, não saberá o que faz você funcionar ou fracassar. Até se dispor a baixar suas defesas, você não saberá o quanto pode exigir de si, ou como lidar com o que acontecer quando conquistar o que quer. Se não aceitar a sua vulnerabilidade, se não deixar os outros saberem que muitas vezes você não sabe o que fazer, mas que está procurando ir na direção *certa*, você não conseguirá lidar com as reações daqueles que encontrará na chegada. Se não aceitar a sua vulnerabilidade, se não admitir que é capaz de errar, parecer ignorante, tropeçar e cair quando estiver tentando se levantar, você não saberá como é resistente e forte. E, enquanto você não souber como é forte, não se beneficiará do poder nem perceberá a beleza da autenticidade do seu eu. É somente através de seu eu vulnerável e autêntico que você tomará posse do seu verdadeiro poder e da inegável beleza do que você é.

Até hoje, você pode ter tido medo de admitir que você não sabia ou não podia fazer algo. Hoje, permita-se aceitar que é vulnerável e que dessa aceitação vem a sua força.

Hoje, eu me dedico a me ver
e me aceitar exatamente como sou.

18 DE MAIO

Eu agora aceito a idéia de que... sempre posso escolher como reagir às experiências da minha vida.

Se você sempre se achou uma vítima, terá dificuldade em confiar em si, em Deus ou em qualquer outra pessoa. Enquanto se considerar uma vítima, terá alguém para culpar, alguém para ser responsável pelo que aconteceu e pelo que está acontecendo em sua vida. Certamente, algo desagradável já aconteceu com você! Mas isso foi ontem, e o momento é agora. Não há razão para permanecer como vítima. Enquanto se sentir uma vítima não poderá assumir a responsabilidade pelo que é, pelo que faz ou por como se sente. Fique sabendo: *vítimas não escolhem, elas reagem ao medo*. Enquanto sentir medo, não conseguirá confiar.

Enquanto for uma vítima, você não conseguirá ver a lição. Na realidade, talvez você *não queira* ver a lição. Você deseja sempre uma explicação, mas, como não confia em ninguém, não acredita nas explicações que lhe dão. Se você se considera vítima, não consegue admitir que cresceu e está crescendo como resultado da sua experiência. Em vez de escolher, ver e celebrar seu próprio crescimento, você escolhe a mágoa, o ódio, o medo, a indignação e a arrogância. Na verdade, o gosto do ódio sobe por sua garganta cada vez que você pensa no que aconteceu, porque *não acredita* que alguém avalie o quanto aquilo foi horrível para você. Nem acredita que alguém, além de você, compreenda como esse horror ainda atormenta a sua vida. Você não sai do lugar de vítima porque isso significaria decidir que pode crescer. E as vítimas não acreditam que são capazes de fazer isso.

Até hoje, você pode ter cantado a *canção da vítima* tão alto, que não percebeu que havia a *canção da salvação*. Hoje, confie em si o suficiente para louvar-se por ter chegado tão longe, por ter feito tanto, por se dispor a fazer mais, apesar de tudo que já viveu.

Hoje, eu me dedico a confiar em mim para quebrar as correntes e as algemas que têm me transformado em vítima.

19 de Maio

Eu agora aceito a idéia de que... Deus me vê por dentro e me aceita incondicionalmente.

Você não precisa fazer nada para que Deus aceite você. *Deus nos aceita incondicionalmente.* Você não tem de trabalhar mais, nem precisa mudar o tipo de trabalho que faz. Não tem de dar mais dinheiro para instituições de caridade. Deus não deseja que você dê nada a ninguém se você faz isso só para impressioná-Lo! Deus não nos ama nem nos considera aceitáveis por causa do que *fazemos*. Deus nos ama e aceita porque somos uma parte de Deus.

Desista já de qualquer crença ligada à perfeição. É isso! Pare de tentar atingir a perfeição! Pare de tentar fazer tudo perfeitamente. Nem você nem ninguém é capaz disso. Pare de imaginar como se tornar mais aceitável por Deus hoje, para reparar os erros que cometeu ontem. Nada do que possa *fazer* tornará você melhor e mais aceitável do que a pessoa que Deus fez você ser.

Deus tem uma *visão interior* de todos nós. Quando você se aceita como uma criação divina, inegavelmente ligada a Deus, cheia do amor de Deus, você se torna aceitável, não para Deus, mas para si.

Até hoje, você pode ter acreditado que havia algo que você precisava fazer para tornar-se mais aceitável por Deus. Hoje, analise e explore aquilo que considera inaceitável em *você*. Identifique seus comportamentos e ações e faça uma lista do que quer eliminar. Não para obter a aceitação divina, mas porque Deus fica feliz quando você está feliz. Portanto, faça isso por você.

Hoje, eu me dedico a eliminar ações e comportamentos que me fazem mal.

20 DE MAIO

Eu agora aceito a idéia de que... um mestre espiritual é um mestre do *eu*.

Você está prestes a receber o grau de mestre em espiritualidade. O que vai aprender aqui orientará você em qualquer situação que a vida lhe trouxer. Depois de aprender a lição deste dia, terá tudo de que necessita para perceber o que é. Sua divindade! Sua presença no mundo como um presente para a humanidade! A lição pode ser muito simples, mas para aprendê-la verdadeiramente talvez seja preciso levar uma vida toda. Leve o tempo que precisar. Um mestre sabe que a pressa é inimiga da perfeição. Eis aqui a lição que lhe dará a chave para a liberdade, a alegria e a paz:

Conheça o seu *eu*! Olhe o seu *eu*! Aceite o seu *eu*! Seja o seu *eu*!

Não importa o que terá que enfrentar na vida, conheça o seu *eu*!

Não importa o que alguém poderá fazer a você ou contra você, olhe o seu *eu*!

Não importa quantas vezes você tentará e fracassará, ou deixará de tentar, aceite o seu *eu*!

Não importa em companhia de quem esteja, ou o que qualquer pessoa possa dar ou tirar de você, seja o seu *eu*!

Se por alguma razão você achar que não pode dominar essas lições, tente esta: *Confie no seu eu!* Acredite que você é capaz. Acredite que o seu *eu* lhe fornecerá a orientação de que necessita. Acredite que sua vida é uma sala de aula que continuará a fornecer as oportunidades de que você necessita para dominar todas as lições. Não há reprovação nessa matéria!

Até hoje, você pode ter acreditado que precisava fazer um curso para descobrir as ferramentas da mestria espiritual. Hoje, trabalhe com as ferramentas que possui. Saiba que o seu *eu* é divino, que você é um ser ligado a Deus! Aceite o seu *eu*, mesmo se não se sair bem na lição de hoje! Seja o seu *eu*, um ser amoroso e cheio de compaixão!

Hoje, eu me dedico a aprender os passos para a mestria espiritual.

21 de Maio

Eu agora aceito a idéia de que... o que não fiz não pode me impedir de fazer alguma outra coisa.

Nós nos consideramos inferiores ao que somos. Nos desvalorizamos sempre que temos uma chance. Insistimos em nossos aspectos negativos quando os outros nos fazem elogios. Repetimos isso para nós mesmos inúmeras vezes. Conhecemos todos os momentos em que fomos fracos e remoemos infinitamente os erros de julgamento. Quando ficamos contentes com nós mesmos, nós nos repreendemos e nos acusamos de vaidade.

Nós nos acusamos por não estarmos fazendo o que achamos que devíamos. Por não termos ido onde achamos que devíamos. Por não termos aprendido o que achamos que devíamos. Por termos errado e por causa das conseqüências do erro. Por termos agredido, ofendido, humilhado alguém. Sabemos tudo o que há de *errado* conosco. Sabemos disso tão bem, que provavelmente perdemos de vista tudo o que está *certo.*

Por alguma estranha razão, nem sempre é fácil acreditar em si e ser tolerante com os próprios erros para poder seguir adiante. Em seu livro *Amor Incondicional,* Paul Ferrini escreveu: "*Se você não assumir a responsabilidade de tratar com amor as próprias feridas, você não sairá do círculo vicioso do [auto]-ataque, da culpa e da vergonha [auto-impostas].*" Em outras palavras, faça o máximo para ver o certo por trás do que fez de errado.

Até hoje, você pode ter valorizado mais o que não é e as coisas que não fez. Hoje, ofereça-se o amor e a aceitação de que precisa para superar o que não foi e fazer mais do que não fez.

Hoje, eu me dedico a tratar com amor os aspectos meus de que não gosto.

22 DE MAIO

Eu agora aceito a idéia de que... os pais vêem seus aspectos negativos em seus filhos.

Não existe *criança-problema*. Mas existem *pais-problema*. O problema com os pais ocorre quando eles reconhecem nos filhos aspectos que eles negam ou censuram neles mesmos. Quando isso acontece, os pais ficam muito perturbados! Quando os pais vêem os filhos ousando fazer coisas que os amedrontavam, ficam divididos entre a admiração e a inveja. Quando os pais reconhecem que seus filhos estão dispostos a correr riscos que eles não se dispuseram a correr, ou vencer obstáculos que eles acreditavam intransponíveis, podem se sentir incapazes. E, se não tiverem consciência de seus sentimentos, são capazes de impedir os filhos de ousar. Quando os pais compreendem que os filhos têm o poder de fazer o que decidiram, eles sentem que sua autoridade está sendo desafiada. Quando os pais acreditam que sua autoridade está sendo desafiada, farão qualquer coisa para reprimir o filho. Correrão até o risco de destruir a personalidade do filho.

Quando um pai é confrontado pelas opiniões dos filhos, pode sentir-se inseguro. Quando um pai é confrontado pelas percepções do filho, pode sentir-se incapaz. Quando um pai é confrontado pela capacidade do filho em ver a verdade, saber a verdade e falar a verdade, o pai pode fazer o filho duvidar de suas convicções. Quando o pai é confrontado pela sexualidade do filho, pode se tornar totalmente confuso, desorientado e temeroso! Às vezes, os pais reproduzem os comportamentos que censuraram e de que se queixaram em seus próprios pais.

Até hoje, você pode ter criado seus filhos com o mesmo medo e desatenção com que seus pais criaram você. Ou pode estar se esforçando ao máximo para assegurar que seus filhos não sejam criados como você. Hoje, observe bem seus filhos. Ouça-os. Veja-os como realmente são. Perceba que seus filhos lhe oferecem uma oportunidade divina de *dar* e *receber* algumas das coisas que possam ter lhe faltado.

Hoje, eu me dedico a ver meus filhos como são, da maneira que sabem ser.

23 de Maio

Eu agora aceito a idéia de que... há um momento em que os pais devem deixar de ser pais.

Alguns pais nunca desistem. Nunca desistem de dirigir, controlar e interferir na vida de seus filhos *adultos*. Nunca desistem de falar para e sobre seus filhos, criticá-los ou castigá-los, muito tempo depois de *crescidos*.

Às vezes, os pais agem com os filhos *adultos* de maneira inadequada. Pagam as contas dos filhos *adultos*. Compram a comida dos filhos *adultos*. Há até alguns pais que permitem que seus filhos *adultos* vivam em sua casa com seus parceiros. Alguns pais ficam tão preocupados e temerosos de que o filho não seja bem-sucedido, que nunca lhe dão a oportunidade de tentar. Não estamos falando de pais que ajudam quando um filho está com dificuldades. Estamos falando daqueles pais que não permitem que seus filhos enfrentem dificuldades. Estamos falando daqueles pais que *não acreditam* que seus filhos adultos são capazes de lidar com dificuldades e, por isso, interferem constantemente. Proteger demais os filhos pode prejudicar a capacidade deles de descobrir as coisas por si próprios.

É *direito* dos pais se preocuparem. É *obrigação dos pais* ficarem preocupados. Também é *dever* dos pais saber quando renunciar e recuar deixando de interferir na vida dos filhos. Os pais *sabem* quando um filho está pronto para sair para o mundo. Os pais *sabem* quando um filho está com problemas e precisa de ajuda ou assistência. Os pais também sabem que alguns dos medos de que o filho fracasse *têm a ver com seus próprios medos!*

Até hoje, você pode ter interferido na vida de seus filhos adultos de forma inapropriada. Hoje, respire! Libere! Ofereça a seus filhos adultos a oportunidade de encontrarem suas próprias soluções para a vida. Enquanto eles estiverem fazendo isso, dedique-se à sua!

Hoje, eu me dedico a oferecer aos meus filhos adultos a oportunidade de crescerem.

24 de Maio

Eu agora aceito a idéia de que... aquilo que me incomoda nos outros são coisas que me incomodam em mim.

Veja as pessoas de sua família como de fato são: seres espirituais em uma jornada espiritual que nem sempre segue um caminho direto. Veja os membros de sua família como almas em uma jornada, tendo dificuldades com suas lições, exatamente como você. Veja-os como crianças vulneráveis e inocentes, com tanto medo de seus desafios quanto você tem dos seus. Tal como você, nem sempre eles fazem a *coisa certa*, da *forma certa*, pelas *razões certas*. E há momentos em que eles precisam de uma segunda chance. Mesmo que seja a centésima vez em que eles precisam de uma segunda chance. Você já não esteve na mesma situação?

Você lembra das vezes em que teve medo de se olhar? Lembra de ter sentido culpa ou vergonha do que viu? Lembra de como tentou ocultar aquilo que você classificou de ruim? Lembra como odiou ouvir as coisas que as pessoas lhe disseram quando descobriram o que você tentava esconder? Lembra das suas reações? Bem, deixe essas lembranças ajudarem você a entender que odeia nos outros aspectos que são reflexos do que você odeia em si. Olhe essas pessoas com compaixão e veja sua dor, suas feridas, suas tentativas fúteis de esconder sua verdade silenciosa.

Até hoje, você pode ter visto determinados membros de sua família com olhos recriminadores ou hostis. Agora você compreende que vê neles características suas. Hoje, olhe para seus parentes, sua comunidade e a família mundial com compaixão, dando-lhes o apoio e o amor de que eles precisam para desejarem melhorar.

Hoje, eu me dedico a ver todos os membros da minha família com olhos repletos de compaixão e amor.

25 DE MAIO

Eu agora aceito a idéia de que...
a necessidade de que todos gostem de mim
é um reflexo do que precisa ser curado.

Sente-se e respire, porque este vai ser duro. Vai questionar algumas coisas que você acha importantes. Pode até mudar o que você tinha planejado fazer hoje. Talvez você pense que já sabe o que vou dizer. Sabe o que é? Aqui está: *Nem todo mundo tem de gostar de você!* Na verdade, nem todo mundo *pode* gostar de você! Nem todo mundo *deve* gostar de você! Gostar de você não é o objetivo da vida de todo mundo, exceto da sua.

Há momentos em que, por razões não aparentes, as pessoas decidem que você não é *alguém de quem elas gostam.* Talvez se afastem ou manifestem indiferença, mas podem chegar a declarar que odeiam você. Dirão coisas que magoarão seus sentimentos. Às vezes, fecharão a cara e deixarão de cumprimentar você, só para serem perversas e desagradáveis. Por mais que você se empenhe para conquistá-las, não adiantará nada! Isso não significa que sejam pessoas ruins. Ah, não! Simplesmente significa que podem estar acontecendo com elas coisas que não têm nada a ver com você. Se você não tiver consciência de que o problema é das pessoas, isso trará à tona uma forte sensação de abandono, rejeição, de *não ser suficiente* ou *não fazer as coisas de forma suficientemente correta.* Quando você descobre que alguém que *considera* importante não gosta de você, o mecanismo *para agradar de qualquer forma todas as pessoas* será acionado e você vai precisar lidar com ele. É um momento de bênção, pois este é precisamente o mecanismo que você precisa curar.

Até hoje, você pode ter se preocupado, por saber que há pessoas que, por uma razão ou outra, simplesmente não gostam de você. Hoje, preocupe-se em compreendê-las, aceitar este fato e desapegar-se dos sentimentos que ele provoca.

Hoje, eu me dedico a examinar e curar minha necessidade de receber sempre amor e aceitação dos outros.

26 de Maio

Eu agora aceito a idéia de que... o objetivo de viver é exaltar Deus e a minha vida.

Viver não significa *fazer o que é certo*. A vida é o chamado que Deus faz à sua alma, para que você se veja como uma parte Dele, para que viva de acordo com os princípios que honram a Deus e tenha por objetivo fazer o bem. Deus é bom, sabe? É essa mesma bondade que a vida espera de você e lhe dará quando viver uma vida íntegra.

Integridade. A bondade que existe em você e se expressa através de você. Integridade. O compromisso de agir a partir do que seu coração sente. Integridade. O desejo de sempre dar o melhor, primeiro para si e depois para os outros, sabendo que cada momento de contato com outro ser é um presente de Deus. Integridade. Ansiar saber a verdade. Buscar a verdade. Aprender a verdade. Divulgar a verdade. Agir na verdade e honrar a verdade para o bem de todos, inclusive o seu. Integridade. Aceitar as coisas como são e acolher os que honram você e Deus sem condenar os outros.

Até hoje, você pode ter agido apenas de forma correta, sem se preocupar com a integridade. Hoje, defina sua integridade. O que você está fazendo? Por que está fazendo? Como está fazendo? Como está honrando Deus e o universo?

Hoje, eu me dedico a definir e viver a integridade, de forma a me respeitar e honrar a Deus.

27 DE MAIO

Eu agora aceito a idéia de que...
um caminho espiritual é um caminho centrado no coração, que não pode ser encontrado em um livro.

A espiritualidade intelectual não salva ninguém. Com freqüência, as pessoas vão em busca de um caminho espiritual, na tentativa de encontrar o significado mais profundo da vida. A procura pode começar com uma experiência pessoal profunda que conduz à leitura de um livro ou ao comparecimento a um retiro, um seminário, onde as coisas de natureza espiritual são discutidas e exploradas. Em geral, o que você ouve ou lê toca em algum lugar no fundo do seu eu, e você sente que está no caminho certo. Este sentimento de *estar no caminho certo* em geral leva à leitura de mais livros, ao comparecimento a mais reuniões e à busca de outros materiais que aprofundarão o sentimento de estar no caminho espiritual. Todas essas coisas são boas e podem ser reconfortantes durante algum tempo, mas correm o risco de se tornarem uma experiência intelectual, em vez de uma experiência espiritual.

Isto não significa que você não deva ler coisas de natureza espiritual, nem que não deva comparecer a eventos com a intenção de ampliar sua compreensão espiritual. Isto significa claramente que ler livros, tomar notas, assistir a palestras, ser capaz de repetir o que leu *não salvará você!* Uma coisa é saber o que deve ser feito, outra é fazê-lo de fato. Ler leva a saber. Fazer leva à experiência, e só a *sua própria experiência* é que salvará você.

Até hoje, você pode ter acreditado que só precisava de um conhecimento profundo dos princípios e ideais espirituais. Hoje, faça com que seus atos partam do coração. Não se esqueça! Peça ao Espírito Santo para ajudar você a agir com o coração!

Hoje, eu me dedico a seguir no caminho espiritual sentido pelo coração, através dos meus atos.

28 de Maio

Eu agora aceito a idéia de que... ninguém realmente pode me amar até que eu realmente me ame.

O que vou lhe pedir pode parecer bobo, mas é capaz de salvar sua vida. Experimente e veja a diferença que vai fazer. Aqui está: a cada dia, nos próximos quarenta dias, escreva uma carta de amor e envie para você. Antes de sacudir a cabeça e recusar fazê-lo, pense sobre isso: quando foi a última vez que alguém lhe expressou um amor ardente, apaixonado, acolhedor e incondicional?

Há pessoas que nunca tiveram alguém que lhes dissesse que elas seriam protegidas, apoiadas e amadas até o fim de seus dias. Talvez elas tenham recebido alguns cartões muito afetuosos, mas receber um cartão não é o mesmo que saber que alguém dedicou tempo para escrever uma carta de amor vinda do fundo do coração. Abrir um cartão na mesa da cozinha não desperta os mesmos sentimentos que se aninhar em uma poltrona com uma carta de amor escrita à mão, onde está dito como você é uma pessoa especial e falando das suas características encantadoras. Se você recebesse quarenta cartas de amor, esse amor envolveria seu ser de tal modo que você reconheceria imediatamente uma manifestação falsa ou menor!

Até hoje, você talvez tenha considerado qualquer pequena expressão de sentimento como a expressão verdadeira de amor. Hoje, e durante os próximos quarenta dias, seja o objeto de seu próprio amor. Envie uma carta de amor para si e depois a leia. À medida que for adquirindo o dom de escrever essas cartas, o amor que estará recebendo tornará você capaz de partilhá-lo com uma outra pessoa.

Hoje, eu me dedico a expressar, do fundo de meu coração, meu amor por mim.

29 de Maio

**Eu agora aceito a idéia de que...
é possível que eu tenha tomado direções erradas.**

Na próxima vez em que estiver frente a um desafio difícil de enfrentar, lembre-se: sua personalidade é o *passageiro*, não o *motorista!* Seu espírito é a verdadeira força que direciona sua vida. Em sua maioria, as pessoas dão mais importância à personalidade e ficam achando que não podem fazer determinadas coisas porque elas não se encaixam na personalidade delas. *Pobres criaturas!* Enquanto insistirem em ouvir o passageiro, provavelmente terminarão se perdendo!

Quando surge um momento em que temos de tomar decisões que alteram nossa vida, precisamos prestar atenção para que elas não sejam comandadas pela personalidade. A personalidade está sempre dando orientações não solicitadas. Sempre questionando. Sempre advertindo. Se você não prestar atenção, a tagarelice da personalidade pode fazer com que tome o caminho errado! Pode conduzir você na direção errada!

Seu espírito é a única força navegadora verdadeira em sua vida. Infelizmente, ele não fala tão alto quanto sua personalidade! Seu espírito só oferece orientações quando é solicitado. Seu espírito não está preocupado em se perder, porque ele sabe o que fazer, quando fazer e qual será o resultado final. Seu espírito sabe o melhor momento para viajar. O melhor momento para parar e descansar e as melhores estradas. Seu *espírito*, ao contrário da *sua personalidade*, não está tão preocupado em fazer você se sentir confortável. Está preocupado em fazer com que você tenha uma viagem segura a caminho do crescimento.

Até hoje, as exigências e controles de sua personalidade podem ter guiado você para o caminho errado. Hoje, analise seu comportamento minuciosamente, para descobrir como a personalidade dirige você. Depois convide seu espírito a mudar sua vida na direção que Deus teria dado.

Hoje, eu me dedico a seguir as direções do meu espírito — o verdadeiro poder direcionador de minha vida.

30 de Maio

Eu agora aceito a idéia de que...
algumas coisas nunca envelhecem.
Elas simplesmente ficam melhores e mais profundas.

Os Dez Mandamentos do Novo Milênio.

1. Comece sempre o seu dia entrando em contato com Deus.

2. Reze por seus pais assim que terminar de rezar por você.

3. Respeite-se o suficiente para não pegar coisas que não lhe pertencem, o que inclui as pessoas de outras pessoas.

4. Evite dizer a alguém alguma coisa a respeito de outra pessoa, até que você tenha dito a ela pessoalmente.

5. Evite dizer para alguém alguma coisa que você teria vergonha de dizer a Deus na presença de Deus.

6. Faça pelo menos duas coisas boas para você todos os dias.

7. Faça pelo menos uma coisa boa para alguém todos os dias.

8. Procure silenciar todas as lamúrias, reclamações e críticas. Quando tiver vontade de fazê-las, pare um instante, respire fundo e desapegue-se.

9. Usufrua plenamente as pequenas e grandes alegrias que cada dia lhe traz.

10. Acredite no melhor em tudo e em todos até que você tenha provas concretas em contrário vindas de Deus.

Até hoje, você pode ter acreditado que as velhas leis não se aplicavam à sua vida atual. Hoje, aplique cada um desses mandamentos a cada aspecto de sua vida.

Hoje, eu me dedico a aplicar as leis do velho milênio à minha vida, neste novo milênio.

31 de Maio

Eu agora aceito a idéia de que... sou o corpo que é o corpo de Deus.

O apóstolo Paulo fez uma pergunta muito importante a seus discípulos quando escreveu: "Acaso não sabeis que sois o templo de Deus e que o Espírito de Deus habita em vós?" Muitos ainda hoje resistem à idéia de que somos todos divinos. Parecem não captar o conceito de que Deus está realmente em nós. Sua presença é nosso eu verdadeiro.

O que significa ser o templo no qual Deus habita? Significa que somos sagrados. Significa que estamos imbuídos dos propósitos e do poder de Deus. Embora afirmemos isso, no tumulto do dia-a-dia nos esquecemos. Ficamos tão ocupados tentando fazer fisicamente as coisas, que nosso verdadeiro poder muitas vezes fica adormecido no templo e deixamos de utilizar a Divindade que se encontra dentro de nós. Desperdiçamos nosso tempo e nossa energia tentando resolver tudo apenas com recursos humanos.

O poder de Deus é o nosso poder. Saber e aceitar isso como verdade significa aprender a deixar *Deus trabalhar através de nós!* Se Deus criou o universo, certamente é capaz de lidar com todas as coisas mundanas, por menores que sejam: relacionamentos, filhos, trabalho, e até um chefe infernal! À medida que aprendemos a reconhecer a presença de Deus como nossa identidade verdadeira, a aceitar a presença de Deus como a fonte de nosso poder, a honrar a presença de Deus em nós, nossa vida adquirirá outra dimensão e sentido.

Até hoje, você pode ter se esquecido da presença de Deus em você. Hoje, talvez neste exato momento, deixe que essa presença de tudo o que é bom, poderoso, cheio de paz e alegria preencha todo o seu ser. Respire. Torne-se a encarnação viva de Deus.

Hoje, eu me dedico a experimentar e expressar a presença poderosa e pacificadora de Deus em mim.

JUNHO

PERDÃO

O perdão não é algo que se faz.

Ele é um estado de espírito que,

quando ocorre, traz à tona a

verdade sobre quem você é.

1 DE JUNHO

Eu me disponho a me perdoar... porque nem sempre tenho consciência de que meus atos podem me prejudicar.

Há uma prece sendo feita em seu nome o tempo todo. Essa prece é feita pelos anjos, seus guardiões e protetores. É uma prece universal feita em nome de todos, mesmo daqueles que não acreditam no poder da prece. A prece angelical é assim: "*Pai, perdoai-os, pois eles não sabem o que fazem.*"

Toda vez que você recusa a alegria de dar e receber amor, algum anjo pede por você: "Pai, perdoai-os, pois eles não sabem o que fazem." Nos momentos em que o medo, a raiva ou a luta por controle faz você se comportar de forma mesquinha, desagradável, desatenciosa ou rancorosa, a Mãe Divina abre o coração para rezar por você: "Pai, perdoai-os, pois eles não sabem o que fazem." Deus responde sempre a essa prece, dando-lhe uma outra chance.

Quando suas crenças autodestruidoras mantêm você na dor e no sofrimento, um dos anjos reza por você: "Pai, perdoai-os, pois eles não sabem o que fazem." Quando lhe falta a coragem para dar respostas que contribuam para o divino desenvolvimento da sua verdadeira identidade, o Mestre lhe ensina a se levantar, com a oração: "Pai perdoai-os, pois eles não sabem o que fazem." Quando você acredita que o que *sabe* e *faz* é mais poderoso do que o que *Deus sabe* e *pode fazer,* algum ser em algum lugar pede por você: "Pai, perdoai-os, pois eles não sabem o que fazem." Talvez seja a hora de você começar a fazer essa oração.

Até hoje, você pode ter acreditado que tinha todas as certezas e agia com total segurança. Hoje, escreva ou repita cem vezes: "Pai, perdoe-me, pois não sei o que faço."

Hoje, eu me dedico a me perdoar por acreditar que sei tudo e posso fazer tudo sem a ajuda de ninguém.

2 DE JUNHO

Eu me disponho a me perdoar... por manter-me fiel às informações errôneas sobre mim.

Quando crianças, quase tudo que aprendemos sobre nós mesmos vem daqueles que nos rodeiam. A coisa mais importante que aprendemos é a natureza e a profundidade de nosso *valor.*

Em diversas situações, as crianças recebem informações errôneas sobre elas e o mundo. Essas informações se incorporam a nós de tal forma, que, mesmo quando nos tornamos adultos e descobrimos que estavam erradas, mesmo quando temos *provas* concretas *para refutar ou contradizer o que nos foi ensinado,* permanecemos fiéis e presos àquelas informações e às *pessoas* que as deram. Isso se chama "auto-sabotagem".

Há um momento em nossas vidas em que devemos analisar o que estamos fazendo e nos perguntar: "*Por que continuo acreditando nisso agora que tenho capacidade de saber quem eu sou de fato?*" É hora de tomar consciência do que fizeram com você para se libertar das informações errôneas que recebeu, escolhendo o que serve para sua vida.

Até hoje, você pode ter lutado para conciliar o que sabe e sente a seu respeito com o que as figuras de autoridade de sua infância lhe disseram. Pegue papel e lápis e escreva o primeiro pensamento que lhe vier à mente em resposta às seguintes perguntas: (1) O que lembro sobre as atitudes e palavras dos adultos a meu respeito na infância? (2) Como meu comportamento atual manifesta o que me foi transmitido? (3) O que é que sei de mim hoje? (4) Como demonstro o que sei que sou? Suas respostas fornecerão dicas importantes para você se conhecer melhor e entender a causa de seus comportamentos.

Hoje, eu me dedico a me libertar das informações errôneas sobre mim.

3 de Junho

Eu me disponho a me perdoar... por acreditar que meu valor depende do que os outros disseram ou acreditaram a meu respeito.

Reveja suas respostas às quatro perguntas feitas na mensagem de ontem. Procure lembrar-se agora do que lhe disseram que estava errado, que era pecado. Lembre-se dos apelidos que lhe deram e da humilhação que sentiu. Traga à memória as repreensões, as censuras, as punições, até físicas, quando você expressou o que queria ou contestou alguma ordem. Examine seu comportamento hoje para ver se ele ainda reflete o que os adultos de sua infância lhe disseram ou transmitiram com seus gestos e atitudes.

Analise como você reage em relação ao seu desejo. Você fica apenas sonhando e esperando que alguma coisa mágica aconteça? Ou toma as medidas necessárias para conseguir o que quer? Como é que reage quando alguém desrespeita você? Como afirma a sua vontade? Se você lembra das informações que lhe foram transmitidas quando criança e que hoje apóiam seu comportamento autosabotador, você pode começar o processo de perdão.

Perdoe-se por acreditar nas coisas falsas que disseram a seu respeito. Perdoe-se por não acreditar profundamente que você é uma expressão do divino. Então, depois de perdoar-se por acreditar nas coisas que lhe disseram, perdoe as pessoas que as disseram. Perdoe essas pessoas porque, naquele momento, elas não tinham condição de fazer algo diferente. O perdão é a única forma de se libertar das informações errôneas que lhe deram e às quais você se manteve fiel por muito tempo, mesmo sabendo que elas lhe traziam prejuízo.

Até hoje, você pode ter tido dificuldade em refutar as informações recebidas quando criança. Hoje, perdoe-se por acreditar nas informações erradas e permanecer fiel aos padrões de comportamento que essas informações causaram.

Hoje, eu me dedico a perdoar-me por acreditar no que foi dito a meu respeito, e que não era verdade.

4 de Junho

Eu me disponho a me perdoar... por esquecer que não estou no comando – o Espírito está!

Muito freqüentemente, quando as coisas não saem como esperamos, começamos a rotulá-las de certas ou erradas, boas ou más. Sempre que as coisas acontecem de maneira diferente da que esperávamos, sentimos medo e imaginamos grandes tragédias. Há uma forma de evitar essas reações perigosas. É acreditar profundamente que *todos nós vivemos no Universo do Espírito!*

No Universo do Espírito, o tempo e o perdão sempre revelam a verdade. Nele, não há necessidade de provar que fizemos as escolhas certas e que estamos obtendo injustamente os resultados errados. Quando parecer que os resultados estão fora do controle, segure seu medo! Pare e respire! Reze por você. Perdoe-se por esquecer que o Espírito está sempre no comando. Perdoe-se por pensar que alguém ou alguma coisa pode impedir que seu destino espiritual se desenvolva no momento perfeito, da forma perfeita.

O Espírito do bem sempre trabalha por nós quando nos entregamos a ele! Mesmo que as coisas pareçam desastrosas, mesmo quando alguém interfere, acredite que o plano divino não permanece escondido por muito tempo! O Espírito lhe revelará o que você precisa saber para retomar o caminho. Quando isso acontecer, não queira vingar-se! Lembre-se: aqueles que desafiam o poder do Espírito da vida "não sabem o que fazem!". Perdoe-os e expresse gratidão, por saber que o Espírito de amor que é a fonte de poder do universo sempre está do lado do bem. O Espírito sempre revelará o que precisa ser revelado, ensinará o que precisa ser ensinado e fará o que precisa ser feito.

Até hoje, você pode ter vivido situações em que as coisas pareciam estar indo mal. Hoje, perdoe-se por acreditar que coisas ruins podem acontecer num mundo em que a bondade do Espírito reina soberana.

Hoje, eu me dedico a lembrar que todas as vezes, em todas as situações, o Espírito está no comando.

5 de Junho

Eu me disponho a me perdoar... pelos julgamentos que fiz sobre mim e contra mim.

Eis uma oração para você hoje.

Abençoado e Divino Espírito Santo, hoje eu me perdôo. Eu me perdôo por desconhecer que meu verdadeiro eu é criatura perfeita de Deus. Eu me perdôo por julgar meu eu insuficiente. Eu me perdôo por não pedir o que precisava e queria. Eu me perdôo por acreditar que não mereço ser feliz. Eu me perdôo por todas as coisas que fiz e não fiz por causa dessa crença. Eu me perdôo por julgar meu eu indigno. Eu me perdôo por todas as coisas que fiz por causa dessa crença.

Eu me perdôo por todos os julgamentos que mantive contra meu eu. Eu me perdôo por todos os comportamentos que fizeram com que eu mantivesse esse julgamento contra meu eu. Eu me perdôo pelos julgamentos que mantive contra meu corpo. Eu me perdôo por não acreditar na minha capacidade. Eu me perdôo pelos julgamentos que mantive contra mim, e que não permitiram que os dons dados por Deus brilhassem através de mim.

Eu me perdôo por julgar meu eu fraco. Eu me perdôo por ficar com raiva do meu eu. Eu me perdôo pelas coisas que fiz e não fiz para permanecer com raiva do meu eu. Eu me perdôo por não acreditar no meu eu. Eu me perdôo por tudo que fiz para apoiar a crença de que meu eu era indigno de confiança. Eu me perdôo completa e incondicionalmente por todos os julgamentos que mantive sobre e contra o meu eu, pois agora percebo como esses julgamentos diminuíram a expansão e o desenvolvimento perfeito do Eu divino que sou.

Até hoje, você pode ter pensado que era importante aprender a perdoar os outros. Hoje, dedique-se a se perdoar por todas as agressões que cometeu contra seu verdadeiro eu.

Hoje, eu me dedico a aceitar meu perdão ao meu eu.

6 de Junho

Eu me disponho a me perdoar... por acreditar que não tenho direito a receber amor.

Eis uma prece para você.

Abençoado e Divino Espírito do Amor, eu peço e aceito seu perdão por tudo o que fiz ao violar a lei do amor. Eu me perdôo por todas as vezes em que escolhi o medo em vez do amor. Eu me perdôo por todas as vezes em que escolhi a raiva em vez do amor. Eu me perdôo por todas as vezes em que escolhi a culpa em vez do amor. Eu me perdôo por me agarrar a pensamentos e sentimentos que me cegaram para a presença do amor. Eu me perdôo por duvidar, negar e minar o poder do amor na minha vida.

Eu me perdôo por me negar a alegria de um relacionamento amoroso. Eu me perdôo por tudo que fiz e não fiz para apoiar a crença de que não tinha direito a um relacionamento amoroso. Eu me perdôo por tudo que fiz para permanecer em relacionamentos destrutivos. Eu me perdôo por me negar as alegrias da prosperidade e da abundância. Eu me perdôo por tudo que fiz e não fiz para apoiar a crença de que não tinha direito à prosperidade e abundância. Eu me perdôo por todas as vezes em que neguei, duvidei, desperdicei e abusei da prosperidade e da abundância quando elas apareceram na minha vida. Eu me perdôo incondicionalmente por tudo o que fiz, de todas as formas que fiz para negar a presença próspera e abundante do amor de Deus na minha vida.

Até hoje, você pode ter se preocupado com as formas e as vezes em que os outros lhe negaram amor ou frustraram seus esforços para conseguir prosperidade e abundância. Hoje, perdoe-se por ser a única pessoa que ficou contra você em sua busca para descobrir a abundância de tudo o que é bom e amável.

Hoje, eu me dedico a me perdoar por negar ao meu eu as bênçãos prósperas e abundantes do amor.

7 DE JUNHO

Eu me disponho a me perdoar... por acreditar que é errado errar!

Você tem tanto medo de fazer algo errado, que não faz coisa alguma? Quantas vezes começou a fazer algo, já sabendo que viria alguém para impedir, dizendo: "Isto está errado!" Talvez você tenha feito tantas coisas erradas no seu passado, que agora acredita que o que quer que faça provavelmente estará errado. Se é esse o seu caso, quero lhe fazer uma pergunta: "*O que há de errado em errar?*"

Quando você dá um passo na direção que poderia desviar do caminho, o *errado* lhe mostra que precisa mudar a direção. Se escolhe algo ou alguém que vai lhe fazer mal, o *errado* lhe mostra que precisa fazer outra escolha. Se decide realizar alguma coisa para a qual realmente não tem condições, o *errado* mostra o que você precisa construir, que informações precisa obter, que coisas você é capaz de fazer bem, e quais não é. Se você refletir, vai descobrir que o *errado* é a maneira que a vida encontra de lhe ensinar o que você precisa saber para obter *o que é melhor* para você. O que há de errado nisso?

Não tenha medo de errar, nem se culpe por ter errado. Quando verificar que errou, pare o que está fazendo, verifique por que errou, aprenda com a experiência e siga em frente. Talvez seja preciso errar ainda algumas vezes para aprender. Não se importe, são esses os processos do Espírito. Mas se você se autoflagelar ou se deixar paralisar porque errou, não vai aprender nada, nem vai avançar.

Até hoje, você pode ter acreditado que, se fizesse a coisa errada, não se recuperaria. Hoje, arrisque! Faça algo, mesmo temendo que esteja errado. E aprenda com a experiência.

Hoje, eu me dedico a me perdoar por acreditar que é errado fazer alguma coisa errada.

8 DE JUNHO

Eu me disponho a me perdoar... por acreditar que seja errado precisar de correção.

Se você é um ser humano, certamente já fez algo que precisa ser perdoado. Quando pensou, disse ou fez essa coisa, sabia que aquilo não era a coisa mais amável ou honrosa de pensar, dizer ou fazer! Ah, certamente, você tinha uma boa razão para isso. Sempre temos uma desculpa ou uma justificativa lógica para nosso comportamento. Mas depois, quando conseguimos refletir mais serenamente, sabemos que fizemos coisas que não eram boas, agradáveis ou amáveis. É por essas coisas que você precisa receber perdão.

Mas a nossa reação mais freqüente é negar que tenhamos feito qualquer coisa que precisa ser perdoada. O ser humano tem um medo enorme de reconhecer que cometeu um *erro*. Estamos convencidos de que *cometer um erro é ruim*. Quem quer ser mau? Quando éramos pequenos, apanhamos quando fomos maus. Você pode se machucar quando é mau. Alguns até acreditam que foram tão maus, que não podem ser perdoados. Mas a verdade é que as coisas que consideramos erradas ou más são, na realidade, formas de pedir correção. *A forma de corrigir é reconhecer a verdade.* A forma com que o Espírito do amor e da vida corrige o espírito dos seres humanos é o perdão. Quando você se dispõe a reconhecer que não gostou do que fez e pode fazer melhor, você aceita as coisas pelas quais precisa receber perdão. Não lute contra a verdade. Aceite que, como qualquer ser humano, você errou e pode se corrigir!

Até hoje, você pode ter resistido a reconhecer as coisas que sabia que precisavam de alguma correção. Hoje, reconheça-as. Perdoe-se por elas. Depois, peça perdão a todas as pessoas que você prejudicou com sua ação.

Hoje, eu me dedico a reconhecer as minhas coisas que precisam ser corrigidas.

9 de Junho

Eu me disponho a me perdoar... por me envolver em ações e comportamentos que agora considero imperdoáveis.

Há coisas que você sente que não pode se perdoar por ter feito? Coisas feitas em momentos de fraqueza? Coisas que fez porque estava com medo? Talvez haja coisas que tenha dito ou feito com raiva, e que causaram danos a você ou a outros. Coisas que você ou alguém considera tão terríveis, que não podem ser perdoadas. Você ainda se acha responsável pelas mentiras que contou? Ainda se mantém refém dos atos que cometeu, porque simplesmente não sabia mais o que fazer? Se tudo isso ou uma parte disso é verdade para você, saiba que não está só.

Consideramos imperdoáveis as coisas que causam danos aos outros. Coisas que fazemos quando estamos perdidos, sem saber o que fazer, mas com medo de admiti-lo. Há coisas que fazemos sem pensar que elas terão um impacto desastroso. Há coisas que fazemos por vingança. Há coisas que fazemos por dinheiro. Há coisas que desrespeitam e humilham os outros e nós mesmos. São essas coisas que consideramos imperdoáveis e que precisamos nos perdoar.

As coisas pelas quais nos culpamos pesam em nossos corações e corroem nossa auto-estima. Elas nos deixam paralisados, sem ação. Se você abrir o coração, se dispuser a se perdoar e a reparar os danos causados pelo que fez, vai sentir um grande alívio e liberdade.

Até hoje, você pode ter se convencido de que havia coisas pelas quais você nunca poderia receber perdão. Hoje, abra seu coração para você, por você. Perdoe-se por tudo o que pensou, disse ou fez, por tudo que você achava imperdoável.

Hoje, eu me dedico a me perdoar por minha resistência a me perdoar.

10 de Junho

Eu me disponho a me perdoar... por não me dispor a provar que alguém pode estar errado a meu respeito.

Muitos de nós temos no coração um buraco negro que nos suga a capacidade de luta e a alegria de viver. Certamente há dias em que nos sentimos bem e quase nos convencemos de que a vida é boa. Então, sem qualquer aviso, somos sugados para o fundo do *buraco negro da culpa*. Culpa pelo que fizemos ou deixamos de fazer, culpa por palavras ásperas, ofensivas, culpa pela omissão, por atos de covardia e submissão. São muitas as coisas de que nos acusamos. E há uma culpa especial: é a de nos acharmos melhores do que os outros nos disseram que somos ou podemos ser. É uma culpa esquisita, mas real.

O buraco negro que existe em nossos corações está cheio de medo, dor, pesar, raiva ou vergonha. É um buraco fundo, tão fundo e largo, que temos medo que ele nos sugue. Infelizmente, é este medo que nos suga cada vez mais para o fundo do buraco.

Só há uma forma de sair e ficar fora do buraco negro. *Perdão*. Perdoe-se por todas as coisas cruéis e desagradáveis, que pensou a seu próprio respeito. Perdoe-se por todas as vezes em que acreditou que era uma pessoa medíocre, mesquinha, covarde, capaz de atos e palavras perversas e ofensivas. Acreditou nisso porque alguém acusou você dessas coisas, apesar de, no fundo, saber que não eram verdadeiras. Perdoe-se por toda a dureza com que se tratou. Perdoe-se por não ter se tratado com carinho e tolerância, por não ter cuidado dos buracos que existiam em seu coração.

Até hoje, você pode ter feito coisas para negar, evitar ou ignorar a existência do buraco negro. Hoje, encare o buraco de frente, cuide dele e perdoe-se.

Hoje, eu me dedico a examinar o buraco negro
no meu coração e perdoar-me por tudo
que permiti ser enterrado lá.

11 DE JUNHO

Eu me disponho a me perdoar... por todas as vezes em que recusei seguir a Ordem Divina.

Ei! Chegue mais perto. Esta é uma mensagem para você. É uma mensagem que pretende fazer você se sentir muito melhor. É uma mensagem dos anjos e dos bons espíritos da vida. Os anjos e os bons espíritos da vida estão pedindo que você PARE DE SE PUNIR PELO QUE FAZ E PELO QUE NÃO FAZ! Eles não gostam disso! Eles sabem que isso não faz você se sentir bem!

Os anjos e os bons espíritos da vida ouviram as coisas que você disse a seu próprio respeito e ficaram *simplesmente apavorados!* Eles sabem que se você pudesse ter feito diferente, faria. Eles sabem que, quando você *pode, você faz.* Os anjos e os bons espíritos da vida ajudariam você, se você permitisse. Eles também sabem que, quando você se sentir muito mal, pedirá socorro. Eles estão cientes de que há alguns aspectos seus que precisam de cura. *Enquanto a cura se processa,* eles emitem uma Ordem Divina para que você pare e desista de todas as formas de comportamento que atentam contra você, como a *autocrítica*, o *autojulgamento,* o *autoflagelo,* a *autopunição* e a *autodestruição.* Os anjos e os bons espíritos da vida perdoam você por ter se desrespeitado tanto no passado. Agora, eles desejam que você se perdoe e *pare com isso!*

Até hoje, você pode ter gastado uma boa parte do dia se punindo implacavelmente por tudo que fez e não fez. Hoje, perdoe-se pela forma como se tratou.

Hoje, eu me dedico a seguir a Ordem Divina e parar de me julgar, me criticar e me punir.

12 DE JUNHO

Eu me disponho a me perdoar... por criticar minha mãe.

Perdoe sua mãe! Perdoe-a, *não* pelas coisas que ela disse ou não disse. Perdoe-a porque é a única forma de abrir seu coração e perdoar-se. Perdoe-a, *não* porque você não tem o direito de desapontar-se com a forma com que ela lida com algumas coisas na vida dela e na sua. Perdoe-a, *não* porque ela estava *certa* em colocar você em falta, ou porque ela estava *errada* quando deixou de reconhecer que você tinha razão. Perdoe sua mãe porque, enquanto você não o fizer, haverá um vazio no seu coração.

Perdoe sua mãe pelas muitas, muitas vezes em que ela não foi a mãe que você desejou. Perdoe-a pelas vezes em que ela não fez as coisas da forma que você precisava. Perdoe a sua mãe por não proteger ou defender você. Perdoe-a por não guiar você na direção certa e pelas vezes em que perdeu totalmente o rumo, arrastando você com ela. Perdoe sua mãe por lhe exigir o que ela não podia lhe dar ou dar a si mesma. Perdoe sua mãe se ela fez qualquer coisa errada ou ruim para você. Perdoe-a, *não* porque você está desculpando o que quer que ela tenha feito e que lhe tenha afetado. Perdoe sua mãe porque continuar julgando e condenando causa um impacto devastador na *sua alma*. Os julgamentos que você mantém podem partir seu coração. Perdoe sua mãe porque *a verdade é:* ela fez o melhor que podia, acredite você ou não.

Até hoje, você pode ter guardado julgamentos ou opiniões negativas sobre sua mãe e a forma como ela criou você. Hoje, perdoe-se por julgar sua mãe. Depois disso, não haverá nada mais para perdoá-la.

Hoje, eu me dedico a me perdoar totalmente pelos julgamentos que mantive sobre e contra a minha mãe.

13 de Junho

Eu me disponho a me perdoar... pelos julgamentos que mantive sobre e contra meu pai.

Perdoe seu pai! Perdoe-o, *não* porque você deseja *ficar bem* com Deus. Perdoe-o para *ficar bem com você!* Perdoe seu pai se ele disse ou não as coisas certas. Perdoe-o se ele lhe dedicou ou *não* a quantidade de tempo e energia de que você precisava. Perdoe-o se ele esteve ou *não* presente para ensinar o que você precisava saber sobre a vida. Perdoe-o pelas expectativas que ele colocou, sem querer saber se era isso que você queria. Perdoe-o por sua incapacidade de ouvir e acolher. Perdoe-o por suas imposições, intimidações e punições. Perdoe-o por ele não ter reproduzido a função de protetor e provedor do divino Pai. Perdoe seu pai porque ele também fez o que pôde, o melhor que pôde. E talvez tenha apenas reproduzido os comportamentos que aprendeu com o próprio pai e dos quais foi vítima. Perdoe-o porque "eles não sabem o que fazem".

Perdoe seu pai porque manter julgamentos *sobre ele* e *contra ele* causa confusão e raiva e envergonha sua experiência. Perdoe seu pai porque, enquanto não o fizer, o amor que está buscando continuará a evitar você. Perdoe-o para livrar-se do ressentimento e abrir seu coração. Se não consegue perdoá-lo, como conseguirá se perdoar pelas coisas que você disse para si, a seu próprio respeito?

Até hoje, você pode ter percebido que o que pensa, sente e julga sobre seu próprio pai não deixa espaço para o amor e a aceitação em sua vida. Hoje, abra seu coração para *o Pai.* Peça a ele que lhe dê a coragem e a compaixão para se perdoar por julgar seu pai.

Hoje, eu me dedico a abrir meu coração para me perdoar pelos julgamentos que mantive sobre meu pai.

14 de Junho

Eu me disponho a me perdoar... por permitir que as sombras do meu passado me corroam.

No folclore norte-americano existe a história de um corvo que, quando viu sua sombra, começou a fitá-la com espanto. Bicou-a. Até deixou-lhe comida. Um dia, em resposta à fascinação do corvo, a sombra ganhou vida e o comeu.

A história do corvo nos ensina o perigo de ficarmos presos e fascinados pelas coisas que estão atrás de nós. Ficamos hipnotizados pelas sombras de nosso passado, remoendo-as e analisando-as. Alimentamos nossas sombras com energia mental e emocional. Parecemos nunca conseguir superar as imagens, as lembranças e os medos causados pelas sombras do passado. Damos às sombras de ontem o poder de engolir o nosso hoje.

Quando não sucumbe à fascinação com o passado, o corvo, ao contrário de nós, tem a capacidade de ver além da sombra. Para ele não importa o que aconteceu no passado, pois ele olha em frente, *para criar o que acontecerá no futuro.* Ele determina o seu caminho baseado no que consegue ver agora. Quando as penas do corvo estão arrepiadas, ele as alisa. Se suas asas começam a pesar durante o vôo, ele descansa. Ao contrário dos humanos, o corvo aprendeu como usar seu passado para determinar o caminho que seguirá hoje.

Até hoje, você pode ter usado sua energia para prender-se ao passado. Hoje, use as sombras do passado como um instrumento de aprendizagem que lhe forneça os meios para construir seu futuro. Descubra os talentos, qualidades ou capacidades que pode usar para alçar vôo e direcionar-se no caminho do crescimento. Use o que você vê nas sombras de sua vida como um estímulo para ultrapassar os velhos caminhos em direção a uma nova visão de seu ser.

Hoje, eu me dedico a ver todas as sombras do meu passado com olhos tolerantes, para aprender com elas.

15 DE JUNHO

Eu me disponho a me perdoar... por me agarrar a mágoas e rancores.

Você não tem culpa, nem as outras pessoas. A culpa está no olho do observador. Você projeta nos outros a culpa que sente.

Libere todas as mágoas! O que você sente é a sua própria culpa. É possível que você sinta culpa porque não entendeu o que estava acontecendo. Ou porque, naquele momento, não tinha condições de agir de outro modo.

Pare de culpar as pessoas! É bem possível que você esteja jogando a culpa nos outros para não se culpar. Por que você se culparia? Talvez por ter ido longe demais, porque não tomou a iniciativa correta no tempo apropriado ou foi na direção errada. Para não ter de se culpar, você não fez nada.

Pare de julgar as pessoas! As coisas que você julga que estão *erradas* com elas podem ser as coisas que você acha inaceitáveis em você! Quantas vezes você se demonstrou infiel? Algumas pessoas poderiam considerar você uma pessoa arrogante, prepotente? Você sempre diz a verdade, mesmo quando sabe que ela pode comprometer sua imagem?

Perdoe-se por acreditar que tem culpa. Perdoe os outros pelas coisas de que os acusa! Perdoe-os pelas coisas que eles dizem e que provocam sentimentos de culpa em você. Admita que não foi amável. Reconheça sua indelicadeza, suas agressões. Quando você reflete sobre seus próprios atos, é capaz de compreender e aceitar muito melhor as outras pessoas.

Até hoje, você deve ter culpado os outros por coisas que são difíceis de admitir em você. Hoje, veja-se nos outros, sabendo que eles estão espelhando o seu interior. Se, por alguma razão, você acredita que eles não estão, abençoe-os e siga em frente.

Hoje, eu me dedico a não julgar ou criticar nem a mim nem a ninguém.

16 de Junho

Eu me disponho a me perdoar... por agir como se eu fosse nada quando a verdade é que sou tudo.

Você é responsável, não por ter feito algo errado, mas porque *é um ser divino.* Você pode ter se permitido acreditar que é medíocre, insignificante, uma pessoa comum. Você não é! Seu ser divino está prestes a explodir na luz do mundo, e você será responsável por isso.

Sua alma está passando por uma cirurgia! Todas as almas na face do planeta estão sendo abertas para serem curadas, para terem sua divindade revelada e seu poder divino restaurado. Não haverá mais desculpas, fundamentos lógicos e razões para não brilhar na luz da verdade e assumir o poder de sua divindade. O momento é agora! O processo começou!

O processo de cirurgia da alma é um processo espiritual. É um processo fundamentado na verdade. É um processo de responsabilidade. A parte mais desafiadora do processo é que agora você terá de viver na verdade, sem subterfúgios ou mecanismos para disfarçá-la. Tendo feito isso, terá de escolher como pretende demonstrar a magnificência de sua divindade.

É inútil, absolutamente inútil, continuar tentando diminuir-se. Você sabe o que fazer. Agora só depende de você, *divina criatura!* Depende de você construir os novos modelos para o modo como pretende viver. A partir deste ponto, o foco principal está em você, para você e sobre você. Quando se reconhecer como o ser divino que é, será fácil se perdoar por todo o tempo que gastou tentando ser qualquer outra coisa.

Até hoje, você pode ter esperado que alguma coisa fora de você mudasse. Hoje, trabalhe na sua mudança e nas idéias que tem a seu respeito.

Hoje, eu me dedico a assumir minha divindade, meu poder e minha verdadeira posição na vida.

17 de Junho

Eu me disponho a me perdoar... pela incapacidade de aceitar as pessoas exatamente como são.

Sua opinião sobre as outras pessoas se reflete no modo como você as trata e o que espera delas. Acredite ou não, a forma como você percebe as outras pessoas em geral tem muito pouco a ver com elas!

Suas visões, *suas* opiniões, *suas* percepções e *seus* julgamentos, tudo se origina em você! A forma como você vê uma pessoa é influenciada por aquilo que você deseja e pelas coisas que você acha que ela tem e de que você precisa. Então, você se aproxima dela e se relaciona com ela de uma maneira e com expectativas que vão gerar uma determinada resposta.

No livro *The Seat of the Soul*, Gary Zukav escreveu: "Quando você liberta os desejos de sua personalidade para acolher e encorajar os outros, você se harmoniza com a alma daquela pessoa." Quando, no relacionamento diário, você consegue ver as pessoas a partir do nível da alma, você entra em sintonia com a necessidade que elas têm de amor e apoio. Superando seus preconceitos, fica mais fácil conhecer a verdade sobre aquela pessoa.

Estamos aqui para ajudarmos uns aos outros a crescer. Quando você consegue enxergar alguém a partir do nível da alma, você ensina como superar o medo e o julgamento na direção da luz divina que reside no âmago de cada pessoa e aprende a superar seus próprios medos e julgamentos na direção da força e do poder do amor que é a verdade de quem você é.

Até hoje, você pode não ter percebido que suas opiniões sobre os outros estavam cheias de crenças que talvez não fossem verdadeiras. Hoje, veja os outros como professores. Perceba que eles estão lhe ensinando coisas a seu respeito. Lembre-se de que você está aprendendo a vê-los com olhos repletos de amor e de verdade.

Hoje, eu me dedico a ver a verdade sobre mim em cada pessoa com quem convivo.

18 de Junho

Eu me disponho a me perdoar... por assumir mais do que o necessário ou exigido.

É muito possível que você esteja trabalhando demais, tentando fazer cada vez melhor, sem conseguir. Ou talvez você se preocupe tanto com o que as outras pessoas pensam a seu respeito, que deixe de pensar com a própria cabeça. Quando tudo isso acontece, você fica com a sensação de ter se perdido, sem saber direito o que fazer e para onde ir! Se este é o seu caso, tome uma iniciativa em seu favor: *chame a Graça!*

A Graça pode amparar você antes que caia e levantar quando cair. A Graça é tão poderosa, que, quando você não sabe o que fazer, a Graça vem em seu auxílio e faz o que será melhor para você! A Graça fechará seus olhos para o que você não precisa ver e os abrirá para o que *só você* pode ver. A Graça fechará seus ouvidos para o que todos dizem e abrirá seu coração para o que *Deus* tem a dizer, e que *só você* precisa ouvir. A Graça sabe que há algumas coisas que são destinadas apenas a você. A Graça deseja que você tenha essas coisas. *A Graça, no entanto, só pode dar o que você se dispõe a receber*. Em outras palavras, ela virá quando você a chamar. E o melhor de tudo é que a Graça sempre traz suas irmãs, a Esperança e a Misericórdia.

Graça, Esperança e Misericórdia farão o que você não pode, não foi capaz ou não sabe como fazer. A Graça, a Esperança e a Misericórdia irão aonde você tem medo de ir. Mostrarão o que você tem medo de ver. E quando você chamar a Graça, a Esperança e a Misericórdia, perceberá como é bom ter ajuda.

Até hoje, você pode não ter percebido a presença da Graça na sua vida. Hoje, chame a Graça para trabalhar em você. E, por favor, tente não dizer a ela o que fazer. Ela sabe melhor do que ninguém!

Hoje, eu me dedico a reconhecer e a aceitar o poder da graça de Deus em todos os aspectos da minha vida.

19 de Junho

Eu me disponho a me perdoar... quando tropeçar.

Quando você está andando na rua e tropeça, você se critica? Fica se lembrando como foi horrível e ridículo? Você pára de andar ou se recusa a ir adiante? Espero que não! Você provavelmente se recompõe, restabelece seu equilíbrio, dá graças por não ter caído com a cara no chão e segue em frente. Por que então você se paralisa e se recusa a seguir em frente quando tropeça nas suas escolhas com relação a qualquer aspecto da sua vida?

Tropeçar em sua carreira não é a pior coisa que pode acontecer. Terminar um relacionamento é extremamente doloroso, mas o sofrimento vai diminuindo e o amor se renova. Ao perder um ente querido, ficamos dilacerados e achamos que não conseguiremos sobreviver, mas a dor vai perdendo sua agudeza, a vida avança, e seguimos em frente.

Talvez você tenha enfrentado algumas dificuldades na vida e certamente enfrentará outras. Essas coisas podem ter feito você ficar com raiva. Podem ter feito você duvidar de suas qualidades e capacidades. Podem inclusive ter abatido você durante algum tempo. Tudo isso é natural. Mas não permita que qualquer coisa que aconteça em sua vida leve você a acreditar que a vida, com todos os seus desafios, não vale a pena ser vivida. Isso seria mais do que tropeçar. Isso seria o mesmo que *desistir da luta!*

Até hoje, você pode ter acreditado que os erros humanos, os desafios da vida e as perdas foram maiores do que seu espírito poderia suportar. Hoje, esqueça isso! Tropece, caia, rasteje ou peça carona, mas siga até a reta final.

Hoje, eu me dedico a confiar no Espírito da Vida para me levantar sempre que eu tropeçar ou cair.

20 DE JUNHO

Eu me disponho a me perdoar... pela minha dureza, rigidez, por ser incapaz de ceder.

Vale a pena? Compensa sentir ódio, ressentimento e estresse? Isso ajuda você a chegar aonde deseja? Agredir os outros com a sua verdade, não levar em consideração a opinião dos outros fazem você se sentir melhor? O que você faz vale a pena? Passar pelo que você está passando, compensa?

Debater com pessoas que pensam de forma diferente pode gerar atrito, mas faz surgir novas idéias e informações. No entanto, novas idéias só podem ser acolhidas quando você é flexível. Flexibilidade não é fraqueza. Nem significa que você está desistindo. Quando somos flexíveis, nos abrimos. Quando você é flexível, você se abre e tem chance de mudar, assumindo atitudes que serão melhores para sua vida e para a das pessoas próximas.

Flexibilidade significa render-se, abrir mão de suas idéias preconcebidas sobre as pessoas, as circunstâncias e as formas como você acha que as coisas deveriam ser. Quando você afirma que tal coisa "*deve ser assim*" está emitindo um julgamento definitivo! Quando você atropela os outros, porque acha que "*deve fazer algo*", está lutando por poder e controle. Você não vencerá! Quem não é flexível corre o risco de se desestruturar. Flexibilidade significa procurar ver o bem em tudo e abrir-se para compreender o funcionamento das coisas. Quando você se der conta de que está brigando para impor sua vontade, deixe os braços caírem ao longo do corpo, respire fundo e pergunte-se: vale a pena lutar dessa forma por isso?

Até hoje, você pode ter acreditado que era preciso impor sua vontade e seus pontos de vista para ter o que deseja. Hoje, pare de *determinar* seu caminho e peça às forças divinas para lhe *mostrar* o caminho.

Hoje, eu me dedico a permanecer flexível e em sintonia com a ordem divina que existe em todas as coisas.

21 DE JUNHO

Eu me disponho a me perdoar... por me agarrar à necessidade de estar sempre com a razão.

Há algumas pessoas que nunca aprovarão ou concordarão com você. Não importa o que fale, como fale, o que faz ou como faz, há pessoas que acharão alguma coisa *errada* em tudo. Há pessoas que, para se sentirem certas, são capazes de distorcer o que você diz. No momento em que você perceber que está numa batalha perdida, já será tarde! Elas estão *com a razão* e o erro é seu! Você precisa prestar atenção, porque o risco que corremos quando somos confrontados por pessoas do tipo *eu tenho de estar certa* é que elas conseguem trazer à tona o *eu tenho de estar certa* que existe em nós.

Quando você manifesta o menor indício de *eu tenho de estar certa*, os outros logo o detectam. Mesmo quando você manifesta em forma de carinho ou preocupação, as pessoas de quem se aproxima reconhecem em você uma coisa que existe nelas: a necessidade absoluta de estarem com a razão. Elas reagem tornando-se tão determinadas quanto você. Para satisfazer a necessidade de estarem *certas*, elas não têm medo de *sacrificar você*. Se você tem a mesma necessidade, alguém vai se machucar *para valer!*

No entanto, o conflito criado entre uma pessoa que *necessita estar certa* e outra que tem a mesma necessidade pode ser uma bênção disfarçada! A primeira que conseguir recuar, sem sentir que perdeu alguma coisa, estará no caminho da auto-aceitação, do autoperdão e do amor-próprio.

Até hoje, você pode ter ainda precisado de aprovação externa para se sentir bem. Hoje, *renda-se!* Deixe os braços caírem ao longo do corpo. Respire fundo. Pergunte-se: "*O que acho que há de errado comigo?*" Quando responder à pergunta, não precisará mais estar sempre com a razão. Você saberá quando estiver. E não fará mais questão de provar isso para os outros.

Hoje, eu me dedico a curar minha necessidade de estar sempre com a razão.

22 de Junho

Eu me disponho a me perdoar... por acreditar que as pessoas que não concordam comigo estão erradas.

Algumas pessoas fazem coisas completamente diferentes da forma como você faria. Isso não significa que elas estejam certas, ou que você esteja cometendo um erro. Significa que as pessoas são diferentes. Há coisas que elas dizem, e que você provavelmente diria de uma forma diferente, em um momento diferente. Isso não significa que as pessoas estejam erradas ao falarem ou defenderem o que pensam. Nem significa que você erra ao escolher outra coisa. Significa que as pessoas são diferentes. Diferente não é certo ou errado. É uma realidade. Diferenças só se tornam um problema quando resolvemos nos medir por nossas diferenças, querendo determinar quem está certo e quem está errado. Ou quando queremos igualar as pessoas.

As pessoas são diferentes umas das outras. Cada pessoa tem sua história, e é essa experiência de vida que determina a maneira como vêem as coisas e as fazem. Por isso, nenhuma experiência humana, nenhum ponto de vista podem ser considerados mais corretos, mais aceitáveis do que outros. São simplesmente diferentes. Essas diferenças podem dificultar os acordos entre as pessoas. Quando queremos chegar a qualquer acordo, é sempre importante tomar bem consciência das diferenças para que nenhum ache que o outro está errado, nem se ache errado por pensar diferente.

Até hoje, você pode ter desconhecido ou resistido às diferenças. Hoje, abra seu coração. Disponha-se a acolher pontos de vista diferentes, hábitos diferentes, respostas diferentes, opiniões diferentes. Coloque-se no lugar do outro e ouça a sua verdade. Pode ser diferente da sua, mas ambas precisam ser amorosa e saudavelmente respeitadas.

Hoje, eu me dedico a acolher e celebrar as diferenças, e a me perdoar por acreditar que era errado pensar diferente.

23 DE JUNHO

Eu me disponho a me perdoar... por acreditar que poderia oferecer alguma coisa aos outros antes de oferecê-la a mim.

Se você tem se esforçado para perdoar alguém por alguma coisa e ainda sente raiva, pense nisso: você provavelmente deseja *vingança!* O perdão não trará o alívio que você busca, quando o que deseja realmente é revanche. Perdão só funciona quando é oferecido com compaixão.

Quando você sofre o trauma da traição, do abandono ou da rejeição, a reação normal é raiva. Sua raiva é direcionada primeiro ao ofensor, mas seu próximo alvo é Deus, que permitiu que o trauma acontecesse. Para isso, você precisa de perdão. Você precisa de perdão por continuar alimentando pensamentos e emoções que lhe causaram tanta dor e angústia. Você precisa de perdão por acreditar que precisa continuar guardando a sua raiva e buscando vingança. Você precisa de perdão por acreditar que, ao perdoar outra pessoa, você, de alguma forma, a deixou escapar. A verdade é que, quando não perdoamos, *ficamos presos!*

Se o perdão não funcionar, tente a compaixão. Tenha compaixão por si e por seu próprio sofrimento. Tenha compaixão por ter sido incapaz de desapegar-se da raiva. A compaixão é a capacidade de entrar em sintonia com a dor – nossa ou do outro –, sentir pena, juntamente com o desejo profundo de aliviar a dor. Quando seu desejo de se sentir melhor for maior do que sua raiva, você terá aberto a porta para o perdão inspirado pela compaixão.

Até hoje, você pode ter buscado vingança. Hoje, pergunte-se: a necessidade de vingar-me é maior do que meu desejo de me sentir melhor? Se for, ainda não chegou o momento da cura. Se não for, faça crescer sua compaixão e perdoe-se por escolher a raiva em vez do perdão.

Hoje, eu me dedico a sentir e expressar o espírito da compaixão em mim e para mim.

24 de Junho

Eu me disponho a me perdoar... por acreditar que se disser a verdade posso me machucar.

Você pode ter a melhor das intenções, mas há momentos em que acredita que dizer a verdade não é o melhor que tem a fazer. Você pode dizer a verdade por amor, preocupação, lealdade, e criar um problema. Isso talvez convença você de que dizer a verdade é a pior coisa que poderia fazer para si ou para qualquer outra pessoa. Isso não é bom.

Era uma vez um homem que disse a verdade. Ele disse a verdade para ajudar a salvar as pessoas da dor e da escuridão da ignorância. Ele disse a verdade porque sabia que ela libertaria as pessoas da escravidão física, mental e emocional. Ele disse a verdade porque não sabia como não dizer a verdade. As pessoas ouviram o que ele disse e o crucificaram. Conclusão: quando dizemos a verdade, as pessoas ficam com raiva de nós. Elas ficam com medo de nós. De fato, se dissermos muitas vezes a verdade, as pessoas nos crucificarão!

Quando você diz a verdade, causa uma grande confusão! Porque a verdade ilumina a escuridão e, sobretudo, faz as pessoas pensarem. Para as pessoas que acreditam que sabem e entendem tudo, pensar não é uma boa coisa! No fundo, elas sabem que, se pensarem muito, podem esbarrar em uma verdade que já rejeitaram ou que ainda não estão dispostas a aceitar. Nada disso deve preocupar você. Se estiver em sintonia suficiente para abraçar a luz na escuridão, você terá poder suficiente para lidar com o que vier. Sempre escolha a verdade, porque somente a verdade nos liberta e nos mantém livres.

Até hoje, você talvez tenha evitado dizer a verdade, por causa dos riscos que isso pode trazer. Hoje, perdoe-se por acreditar que dizer a absoluta verdade, *como você a conhece*, só pode trazer o bem.

Hoje, eu me dedico a reivindicar minha liberdade.
Eu me disponho a dizer a verdade.

25 de Junho

Eu me disponho a me perdoar... por não me dispor a reconhecer a raiva que tenho de mim.

Quando as pessoas tratam você mal, de forma áspera ou inadequada, e você aceita, é o caso de fazer-se uma pergunta importante: "*Por que aceito esse tipo de tratamento? Será porque estou com raiva de mim?*"

Muitas pessoas vivem com uma camada de raiva escondida dentro de si. Estão com raiva delas mesmas por coisas que fizeram ou deixaram de fazer no passado. Racionalmente, podem se convencer de que não sentem mais raiva. No entanto, lá no fundo, não se perdoam, nem esquecem o que aconteceu. Como não querem mais se punir, elas encontram outra pessoa para puni-las. Elas se deixam maltratar pelos outros porque acreditam que merecem. Freqüentemente, a raiva que não é expressa aparece quando alguém se deixa maltratar pelos outros.

Raiva não expressa é como um sinal de néon vermelho desenhado na alma onde se lê: *Bata-me! Chute-me! Trate-me mal porque eu agi mal!* Silenciosamente, anunciamos essa energia ao mundo, atraindo aqueles que estão dispostos a corresponder aos nossos desejos inconscientes. Por não sabermos que estamos anunciando essa energia, aceitamos os maus-tratos. Em todos os casos, aceitar abuso verbal, emocional ou físico é um grito pedindo autocura e autoperdão. Isso só acontecerá quando você se dispuser a reconhecer o abuso que aceita como um sintoma da raiva que sente de si.

Até hoje, você pode ter sido incapaz ou não ter se disposto a reconhecer que a forma como deixou que os outros tratassem você é um reflexo do tratamento que acredita merecer. Hoje, analise as situações na sua vida em que houve abuso ou agressão. Pergunte-se: "*Por que ainda estou com tanta raiva de mim para me submeter a esse tipo de tratamento?*"

Hoje, eu me dedico a me perdoar por ter acreditado que havia em mim coisas imperdoáveis.

26 DE JUNHO

Eu me disponho a me perdoar... por acreditar que tenho o poder de criar vítimas.

Todos nós já fizemos algo que causou dor ou desconforto a alguém. Na maior parte das vezes, tomamos consciência das conseqüências de nossas ações. Mas há momentos em que não temos idéia do que fizemos, até que alguém nos chame a atenção. Quando isso acontece, nos sentimos mal e achamos que ficaremos eternamente em dívida com as pessoas que foram vítimas de nossas imprudências, negligências ou abusos.

Você não deve ver as pessoas como vítimas de algo que cometeu. Enquanto fizer isso, elas permitirão que você continue a se sentir mal. Você não deve ver as pessoas como vítimas de quem você foi ou de quem você é. Enquanto fizer isso, estará declarando a onipotência do seu poder na vida dessas pessoas. Ver alguém como sua vítima é afirmar que você é de alguma forma responsável pelo que as pessoas acreditam e fazem. Pensar ou sentir dessa forma irá lhe causar um remorso tremendo e *desnecessário!*

Apesar do impacto de suas ações nas pessoas, elas não são suas vítimas! Pense nisso dessa forma: somos todos dançarinos no salão da vida. Alguns são dançarinos perfeitos. Outros não conseguem acompanhar o ritmo. Quando você convida alguém para dançar, esse alguém aceita ou não dançar com você. Se você pisar no pé dele, peça desculpas. *Não lhe compre um novo par de sapatos!* Se a experiência mostrar que não vale a pena dançar com aquela pessoa, peça desculpas. *Não gaste o resto da vida tentando forçar essa pessoa a dançar com você!* Você não fez vítimas! Peça perdão. Repare o que puder. Depois, saia valsando.

Até hoje, você pode ter acreditado que estava em dívida com os outros para sempre. Hoje, reconheça os momentos em que agiu com imprudência, negligência ou agressividade com os outros. Perdoe-se. Peça desculpas e continue a dançar.

Hoje, eu me dedico a perdoar meus erros e a reconhecer que não fiz vítimas em minha vida.

27 de Junho

Eu me disponho a me perdoar... por não gastar tempo lidando com a minha raiva.

Você não precisa ter raiva porque não lhe deram atenção quando criança. Por mais que você tenha se esforçado, ninguém notou. Você pode ter ficado com a impressão de que aqueles que pareciam um pouco melhores, um pouco maiores, um pouco mais inteligentes do que você atraíram toda a atenção. Pode ser verdade, mas você não precisa ficar com raiva disso hoje. Você não precisa ficar com raiva porque o amor de que precisava, desejava ou, por vezes, pedia não lhe foi dado. Provavelmente lhe transmitiram a sensação de que o que você pensava, sabia e sentia não era importante. Mas não há razão alguma para ainda ficar com raiva disso hoje.

Quando crianças, não éramos autorizados a expressar a raiva que sentíamos. Por isso, hoje, quando sentimos raiva, temos de reprimi-la, camuflá-la ou negá-la. Ela ficou dentro de nós. Essa raiva cresce conosco e se manifesta em nossos hábitos, atitudes, crenças, percepções e decisões. A raiva nos torna ansiosos e impacientes. Pessoas raivosas são aquelas que dizem: "*Viu, eu avisei!*", ou "*Eu sabia que isso ia acontecer!*". Elas estão sempre procurando razões para ficar com raiva e formas de expressar a raiva que guardam.

Se você acha que não lhe dão atenção e tem uma necessidade exagerada de se afirmar, é possível que guarde ainda alguma raiva infantil. Se você ama competir e odeia perder, se grita, agride e bebe em excesso, este pode ser o momento para lidar com sua raiva.

Até hoje, você pode não ter percebido que estava com raiva, ou compreendido por que estava com raiva. Hoje, decida curar qualquer raiva presente em sua vida. Vá para um lugar tranqüilo, com lápis e papel. Respire fundo várias vezes. Registre seus pensamentos e seus sentimentos. Depois, perdoe-se por se agarrar à raiva durante tanto tempo e peça ao Espírito Santo para transformar a raiva em paixão pela vida.

Hoje, eu me dedico a curar a raiva não resolvida e não expressa.

28 de Junho

Eu me disponho a me perdoar... por recusar reconhecer o que a vida está me mostrando a meu respeito.

Nossa vida é um reflexo do que somos. Tudo que vem dela serve para mostrar-nos o que precisa ser trabalhado e curado. Quando dizemos "Não" e apontamos para as pessoas, culpando-as pelo que está acontecendo conosco, perdemos uma oportunidade divina de analisar o que realmente está se passando. Até você se dispor a aceitar a responsabilidade total e completa por todos os aspectos de sua vida, ela continuará enviando experiências para chamar sua atenção.

Pode ser difícil para você reconhecer seu papel nas pequenas confusões perturbadoras e nos grandes desastres de sua vida. *Ninguém gosta de ouvir críticas!* Reagimos às críticas com tanta intensidade, que acabamos confundindo *responsabilidade* com *culpa*. Somos de fato responsáveis por qualquer de nossos atos, o que não significa que sejamos culpados. Mas nós ouvimos as críticas como se fossem acusações que nos fazem sentir culpados e merecedores de punição. Para evitar a punição, procuramos colocar a culpa em outra pessoa. Ao fazê-lo, perdemos a oportunidade de aprender para nos corrigirmos.

Em vez de pensar em culpa, pense em responsabilidade. Quando nos dispomos a aceitar a responsabilidade por nossas escolhas, temos a oportunidade de nos auto-avaliarmos e corrigirmos para crescer.

Até hoje, você pode ter acreditado que deveria aceitar a culpa e a punição. Hoje, retire a palavra *culpa* de sua vida e substitua por *responsabilidade*. Analise honestamente as situações de sua vida que lhe causaram ou causam insatisfação. Perdoe-se por não aceitar sua total responsabilidade. Assuma a total responsabilidade por cada um de seus atos, sobretudo os que fugiram ao seu controle, e repare o que for possível.

Hoje, eu me dedico a reconhecer minha responsabilidade por cada aspecto da minha vida.

29 de Junho

Eu me disponho a me perdoar... por fazer a vida mais difícil do que deve ser.

Você faz sua vida ser difícil? Você sempre criou dificuldades? Criou inimigos e competidores mais fortes do que você? Colocou uma armadilha no próprio caminho para fracassar? Como reage aos desafios? Empenha-se para provar que a atitude que tomou estava *correta*? Acaba fazendo mais do que pode, só para provar que tinha razão quando disse que poderia fazê-lo? *Quantas dificuldades você cria na sua vida?* Você faz questão de provar como a vida é difícil?

A vida não é difícil. A vida é um processo do qual participam todos os seres viventes. Embora todas as coisas na vida sejam iguais, todas as *coisas* na vida não são igualmente distribuídas entre todas as pessoas. Estamos falando aqui sobre *condições,* não sobre a *essência* da vida em si. Algumas pessoas têm mais recursos, outras, menos. Algumas já nascem com oportunidades que outras precisam se esforçar para conseguir, e outras nunca terão. Essas são *condições,* situações e experiências. Não são a *essência* da vida em si. Infelizmente, há uma tendência a confundir as *condições da vida* com o *processo da vida*. Quando isso acontece, a vida se torna difícil.

A vida é um processo que consiste em pegar o que se possui e transformar em alguma coisa valiosa. Sua disposição para fazer isso determina as condições da sua vida. O processo da vida estimula você a avançar, superar, enfrentar, trabalhar, descansar, acolher, relacionar-se, libertar. A forma como você encara sua capacidade para fazer uma ou todas essas coisas determina o grau de dificuldade que a vida terá para você.

Até hoje, você pode ter se agarrado à idéia de que a vida é difícil. Hoje, faça uma distinção entre o *processo da vida* e *as condições da sua vida.* Determine mudar seu modo de pensar no processo da vida para transformar as condições.

Hoje, eu me dedico a analisar tudo o que penso sobre o processo da vida.

30 de Junho

Eu me disponho a me perdoar... por me manter refém de coisas pelas quais Deus já me perdoou.

Querido Deus,

Eu agradeço por me lembrar que não tenho culpa! Agradeço por me lembrar que tenho direito ao amor, à felicidade, e que Você deseja que eu tenha ambos.

Agradeço por me lembrar que, quando cometo erros, aprendo com eles coisas que preciso saber a meu respeito.

Agradeço por me mostrar que, quando me julgo, outros me julgarão e, quando me condeno, outros também me condenarão.

Agradeço por me mostrar que, quando reclamo o que está faltando, perco a oportunidade de sentir gratidão pelo que tenho.

Agradeço por me perdoar por todas as vezes em que culpei ou critiquei. Agradeço por ser tão paciente com minha impaciência. Agradeço por ser tão generoso quando não quero me dar. Agradeço por ter tanta compaixão por mim quando me trato com dureza e intolerância.

Agradeço por sua misericórdia, meu Deus!

Agradeço por seu amor!

Agradeço por me mostrar e me lembrar que Você é Aquele que me conhece, me aceita e me ama exatamente como sou.

Agradeço por me lembrar que não tenho culpa! Estou crescendo! Estou aprendendo! Estou lembrando da Sua verdade presente na minha alma. Sou uma criança de Deus! Estou livre de toda a culpa.

Até hoje, você pode ter se considerado em falta por muitas coisas que Deus já perdoou. Hoje, reze pela capacidade de sentir profundamente esse perdão de Deus.

Hoje, eu me dedico a receber, sentir e expressar o perdão de Deus como autoperdão.

JULHO

COMPREENSÃO

Em todos os relacionamentos,

independentemente de sua natureza,

há sempre um momento em que nos

damos conta de que há coisas

que jamais conseguiremos compreender.

Quando você viver esse momento,

sinta-se bem com ele.

1 DE JULHO

Eu atingirei maior compreensão quando me der conta de que... cada pessoa possui uma visão própria de suas experiências.

Na vida, há determinadas pessoas que fingem compreender. Elas sorrirão para você, assegurando que tudo está certo. Elas poderão até dizer: "Sim! Compreendo!" No entanto, quando demonstrarem o que compreenderam, você se surpreenderá com interpretações absolutamente equivocadas.

Determinadas pessoas fingirão compaixão e preocupação. Convencerão você de que estão levando em consideração seus melhores interesses. No entanto, quando chegar o momento de mostrarem compaixão e preocupação, você experimentará abandono, traição, rejeição, insensibilidade, abuso e/ou negligência.

Não se alarme nem se choque! Saiba que *todos nós temos experiências diferentes e definições diferentes de cada uma dessas experiências.* O que fazemos, ouvimos e esperamos da vida está sempre baseado em nossas experiências pessoais. Por isso, ao nos relacionarmos com os outros – mesmo os mais próximos –, precisamos compreender que sentimos e reagimos de forma diferente às mesmas situações. Se não entendermos isso e procurarmos nos colocar no lugar do outro, será quase impossível construir um relacionamento harmonioso.

Até hoje, você pode ter achado que os outros sabem o que você sabe, sentem o que você sente e farão como você faz. Hoje, em seus relacionamentos, ouça o outro e procure colocar-se em seu lugar para compreendê-lo. Explicite suas expectativas. Diga claramente como vê e sente o que está vivendo.

Hoje, eu me dedico a ver e a me expressar com clareza.

2 DE JULHO

Eu atingirei maior compreensão quando me der conta de que... devo abrir meu coração aos outros se não desejo magoá-los.

Muito freqüentemente fechamos nossos corações ou nos isolamos para nos proteger da dor. Ficamos defensivos e nos tornamos inacessíveis e indisponíveis. Encontramos um motivo oculto em tudo e usamos essas razões – reais ou não – para nos protegermos. Não desejamos ficar sozinhos, mas não sabemos o que fazer com nossos sentimentos.

Em geral, as pessoas não pretendem nos magoar. Elas magoam porque as barreiras que colocamos, com medo de sermos magoados, se parecem muito com as delas. *Quando as pessoas vêem aspectos seus refletidos em nós, muitas vezes têm medo do que vêem e sentem.* Por isso, procuram nos atingir antes de serem atingidas e com isso nos machucam. Elas não têm essa intenção e não percebem que o que fazem nos causa dor. Mas, como estamos defendidos por uma barreira, não lhes dizemos que estamos feridos. *Consideramos que abrir o coração é sinal de fraqueza.*

É importante compreender que, quando você fecha o coração ou vive na defensiva, a cura, a luz ou o amor não encontram espaço para entrar. Quando você se fecha, continua a sentir dor.

Até hoje, você pode ter acreditado que as pessoas pretendem prejudicar você. Hoje, abra seu coração para a luz da cura do amor. Espere o melhor. Você pode se surpreender com o que acontecerá.

Hoje, eu me dedico a baixar as defesas e abrir meu coração.

3 de Julho

Eu atingirei maior compreensão quando me der conta de que... não consigo esquecer minha dor ou enterrar o que me causa desconforto.

Há coisas que acreditamos ter esquecido e outras que escolhemos não lembrar. Mas não tem jeito. Quando nos consideramos incapazes de enfrentar uma situação, ou achamos que ela não é importante, nós a *expulsamos de nossa consciência.* Chamamos isso de *esquecimento.* Escolhemos – consciente ou inconscientemente – não lembrar.

O esquecimento é um mecanismo de defesa para eliminar ou evitar a dor. É também uma válvula de escape que usamos quando queremos deixar de cumprir nossos compromissos. Às vezes, escolhemos esquecer para tentar nos defender das coisas e pessoas que sugam nossa energia. Em alguns casos, escolhemos esquecer para proteger outra pessoa. De modo geral, as coisas que esquecemos são aquelas que desejamos evitar.

É muito comum nos envolvermos de tal forma em alguma atividade, que esquecemos um compromisso assumido. Raramente nos esquecemos das coisas que são importantes para nós. As perguntas que faço para você pensar são: por que você está se ocupando ou se estressando tanto? O que é que você quer esquecer? Você acha que fugir desta forma do que tem de enfrentar resolve? Vai lhe trazer algum alívio? Lembre-se: você tem o poder divino para enfrentar e resolver essas coisas que está escolhendo esquecer.

Até hoje, você pode não ter se conscientizado de sua capacidade de lembrar e lidar com todas as coisas. Hoje, dedique-se a lembrar tudo a seu respeito. Respire fundo quando sentir qualquer aflição e repita que o poder divino lhe dá capacidade para enfrentar qualquer situação.

Hoje, eu me dedico a abrir minha memória para examinar o que preciso resolver.

4 de Julho

Eu atingirei maior compreensão quando me der conta de que... quando não acolho a verdade de quem sou, não consigo receber a verdade do que desejo.

É incrível como muitas vezes resistimos às coisas que desejamos. No trabalho, desejamos reconhecimento e recompensa. No entanto, muitas vezes omitimos nossas idéias e economizamos nossas energias por ser "apenas um trabalho". Na família, desejamos apoio e aceitação. No entanto, somos cheios de preconceitos e defesas com as pessoas. Em nossos relacionamentos, desejamos satisfação, paixão e intimidade, mas negamos aos nossos companheiros exatamente aquilo que desejamos experimentar: intimidade.

Os elementos mais importantes de qualquer relacionamento são a *confiança e o respeito*. Quando você trata alguém com confiança e honestidade, você se respeita e respeita a pessoa. *Onde há confiança e respeito, a intimidade está presente*. Quando você tem medo de deixar os outros verem quem você é, acaba desenvolvendo uma relação insatisfatória e superficial.

Intimidade permite abertura e dá segurança. Intimidade nos deixa ser quem somos, sem defesas, desculpas ou expectativas. Muitas vezes, confundimos intimidade com vida sexual. No entanto, sem confiança e respeito, o sexo pode nos deixar com os mesmos sentimentos de vazio e insatisfação que experimentamos nos relacionamentos em que não há intimidade.

Há algo mágico e místico na verdade íntima de seu ser. Quando você permite que isso seja visto sem medo, cria-se uma intimidade de corações, almas e mentes que conduz à satisfação. Não apenas no relacionamento amoroso, mas no social, familiar e profissional.

Até hoje, você pode ter reservado momentos de intimidade para a vida sexual. Hoje, disponha-se a revelar a verdade de quem é e do que sente em cada situação. Em outras palavras, vá fundo!

Hoje, eu me dedico a ter relacionamentos íntimos comigo e com todos os outros.

5 DE JULHO

Eu atingirei maior compreensão quando me der conta de que... estou exatamente onde preciso estar.

Quantos dias da semana você gasta pensando por que não progrediu mais? Se este pensamento lhe causa raiva e frustração, você definitivamente não está no caminho certo. Qual é exatamente o lugar em que você acha que precisa estar? Será o lugar onde você se sente bem? Saiba de uma coisa: *você só pode estar no lugar onde está*, e depende de você tirar o melhor partido disso. Você só pode chegar onde deseja depois de ter aprendido tudo o que precisa a respeito do lugar em que está agora. Há sempre coisas que precisamos saber a nosso respeito. Essas lições não estão *lá*. As coisas que você precisa saber a seu respeito estão bem *aqui*, onde você está.

Embora você pense que sabe tudo, existem informações importantes bem onde você está. Há algo que você esqueceu, negligenciou, resistiu ou negou. Há uma bênção que não foi reconhecida, uma mágoa que não foi perdoada, uma qualidade que permanece sem desenvolvimento ou um bem ainda por fazer. Tudo e todos que estão disponíveis neste lugar onde você se encontra neste momento têm algo a lhe ensinar ou alguma coisa para lhe dar. Se você só se preocupar com o lugar aonde quer chegar, desperdiçará a lição ou os presentes que estão sendo oferecidos bem onde você está.

Até hoje, você deixou de aprender a lição, ignorou as bênçãos ou negou a verdade sobre o lugar onde está na vida. Hoje, dedique-se a responder às seguintes perguntas: O que acho do lugar onde estou? O que sinto sobre onde estou? O que posso aprender com este lugar? Nas suas respostas, você encontrará a passagem para o lugar onde deseja estar.

Hoje, eu me dedico a aprender tudo o que preciso sobre o lugar onde estou.

6 de Julho

Eu atingirei maior compreensão quando me der conta de que... enquanto tiver um vínculo emocional com um objetivo, manterei uma ligação com o medo de não alcançá-lo.

Como você alivia ou acaba com uma dor associada a um relacionamento ou a uma experiência que não deu certo? Tente dizer: "*Simplesmente não funcionou.*" Você pode enlouquecer tentando imaginar a razão ou pode simplesmente aceitar que não deu certo. A escolha é sua. Como superar a dor da decepção? Que tal reconhecer que talvez você não tem agido com a clareza necessária ou talvez tenha esperado mais do que sabia que poderia ter? Quando conseguir reunir coragem suficiente para reconhecer sua responsabilidade no que aconteceu, tente dizer: "*Simplesmente não funcionou.*"

Como você vive depois de tomar conhecimento da traição de um ente querido ou de alguém em quem confiava? Talvez você escolha se ver como vítima, e o outro como vilão, mas isso fará você se sentir melhor? Provavelmente não. Como se desapegar do passado e do medo de que o que aconteceu antes possa se repetir? Por que não dar um passo na direção da dignidade e do amor-próprio? Admita o que não funcionou, procurando não remoer as causas da experiência ou o ressentimento com quem feriu você. Admita para si que, mesmo que tenha desejado ou se empenhado muito para ter determinadas coisas, algumas não saíram da forma como você planejou.

Como criar um futuro mais satisfatório, quando o passado foi terrível? Vou lhe dar um conselho: se você quer fazer hoje melhor do que fez ontem, simplesmente acredite que merece.

Até hoje, você pode ter acreditado que tinha de fugir do passado. Hoje, aceite seu passado usando o que aprendeu para visualizar o que deseja e merece.

Hoje, eu me amarei, me ouvirei e esperarei que o universo traga o melhor para mim.

7 de Julho

Eu atingirei maior compreensão quando me der conta de que... a ação divina sempre está a meu favor.

É tarefa para Deus! Simplesmente há coisas na vida de que não damos conta. Haverá ocasiões em que você não poderá mudar o que acontece e como acontece. Haverá momentos em sua vida em que suas mãos estarão atadas, a mente vazia, a boca fechada e você se sentirá totalmente impotente. *É tarefa para Deus!* São experiências em que Deus funciona em você, com você, através de você e para você. Embora você deseje se envolver, embora sinta a necessidade de fazer algo, quando Deus está trabalhando o seu trabalho é não fazer nada!

Não há nada mais desafiador do que ficarmos sentados enquanto Deus trabalha. Nós nos sentimos fracos e meio estúpidos. Infelizmente, não há nada que possamos ou precisemos fazer, a não ser esperar. Quando a tarefa cabe a Deus, você não precisa falar nada, ir a lugar nenhum, tomar qualquer providência para que as coisas aconteçam como você deseja. Quando Deus está em atividade, trabalhando para você, em você e por você, não há ninguém nem nada que possa ajudar você a passar o que está passando.

Quando a tarefa cabe a Deus, a única coisa a fazer é confiar totalmente. De certa forma, é tornar-se uma criança novamente. Confiar que receberá tudo o que precisa. Não pense que se trata de passividade, pois a verdade é que, se conseguir confiar em Deus no meio de um desafio, Ele poderá fazer mais em cinco minutos do que você em cinco anos.

Até hoje, você pode ter tentado fazer por si o que somente Deus pode fazer. Hoje, dedique-se a confiar que Deus está trabalhando, fazendo o que precisa ser feito, da forma que precisa ser feito, empenhando-se para que aconteça o melhor para você.

Hoje, eu me dedico a lembrar que Deus tem um plano. Isso é tudo o que preciso saber.

8 de Julho

Eu atingirei maior compreensão quando me der conta de que... devo alimentar meu espírito, se desejo permanecer vivo.

Imagine-se num banquete, repleto de seus pratos favoritos. Imagine a mesa! O aroma! Antecipe o prazer do gosto de seus pratos favoritos. Você come o quanto quer e sai da mesa sentindo uma imensa alegria e gratidão.

Você sabe que o seu espírito também precisa ser alimentado? Você sabe que *seu espírito adoraria participar de um festival de comida espiritual?* Que tal um prato cheio de preces? Ou alguns momentos de meditação? Talvez uma seleção de textos espirituais, servidos às margens de um lago ou sob uma árvore, satisfizesse sua fome espiritual. Que tal um prato de perdão acompanhado de compaixão? Você não pode imaginar o quanto seu espírito se deliciaria.

Você acredita que há muitos anjos, guardiões e guias desejando ansiosamente servir você? Eles já colocaram a mesa e começaram a colocar sobre ela tudo o que você precisa para satisfazer o espírito: ajuda, compreensão, sabedoria, segurança. Basta você abrir o coração e pedir. *Assim como o corpo, o espírito deve ser alimentado regularmente.*

Até hoje, você pode ter acreditado que seu espírito poderia sobreviver apenas com informação. Hoje, dedique-se a preparar um banquete espiritual para você. Pare um momento para identificar todas as coisas que *satisfariam* completamente seu espírito e depois peça aos anjos que a sirvam.

Hoje, eu me dedico a ter um festival espiritual.

9 DE JULHO

Eu atingirei maior compreensão quando me der conta de que... a malnutrição espiritual precisa ser curada.

Se você tivesse que manter uma dieta de baixas calorias e ingestão mínima pelo resto de sua vida, como se sentiria? Como sobreviveria?

Se não comemos para sustentar nosso corpo físico, acabamos fracos e esgotados. À medida que gastamos as fontes de reserva de nutrientes e vitaminas, nossos órgãos vitais param de funcionar. O corpo começa a atrofiar e definhar. Uma pessoa só pode fazer dieta ou jejuar até o corpo exigir ser alimentado. Acontece o mesmo com o espírito.

Algumas pessoas sofrem de *malnutrição espiritual.* Algumas se privam de nutrição espiritual por tanto tempo que ficam sem forças para lidar com o peso de suas vidas. Sua visão diminui e as tarefas mais simples se tornam difíceis. Pessoas malnutridas espiritualmente são impacientes e amedrontadas, preocupadas e apreensivas. Estão esgotadas e esgotam. Não tiram os olhos do prato dos outros, da vida dos outros, e estenderão a mão mirrada e trêmula para pegar qualquer migalha disponível.

Só há uma cura para a má nutrição espiritual. É uma dieta constante de comida espiritual. Rezar constrói a estrutura espiritual. A fé fortalece os ossos espirituais. A gratidão constrói músculos espirituais. Se você sente cansaço, exaustão ou esgotamento, verifique sua dieta espiritual! Você pode estar precisando aumentar a ingestão de nutrientes espirituais.

Até hoje, você pode ter sofrido de *malnutrição espiritual.* Hoje, aumente a ingestão de alimentos espirituais. Envolva-se em experiências espirituais. Teste seus músculos espirituais. Faça os ajustes necessários à sua dieta espiritual.

Hoje, eu me dedico a aumentar a ingestão de nutrientes espirituais.

10 DE JULHO

Eu atingirei maior compreensão quando me der conta de que... pequenas criaturas podem me ensinar grandes lições.

Para a maioria das pessoas, ratos são sujos, nojentos, pequenos animais que roem nossas coisas e invadem nosso espaço pessoal. Já tentou pegar um rato? Ele se esquiva e sai correndo para dentro de um buraco que você nunca soube que existia, deixando você sem fôlego e sem controle!

Quero, porém, considerar um outro aspecto dos ratos. Por serem tão pequenos, os ratos têm a capacidade de entrar em lugares e ver coisas que outras criaturas não têm. *Os ratos vêem oportunidades que outras criaturas não vêem.* Mas como precisam se defender dos ataques dos humanos e de outros animais, os ratos devem ser muito cuidadosos. Eles ficam atentos aos próprios movimentos, examinando por onde andam. Eles não comem em qualquer mão. Eles precisam primeiro conhecer você para se sentirem confortáveis ao seu lado. Os ratos sabem que devem ser flexíveis para entrar e sair de lugares estreitos com segurança. Os ratos nos ensinam a prestar atenção aos detalhes. Os ratos sabem que há detalhes que, se forem ignorados, podem lhes custar a própria vida.

Precaução no movimento. Foco na direção. Avaliação dos relacionamentos. Flexibilidade. Os ratos nos ensinam que é possível entrar e sair de experiências sem sermos capturados. *O segredo é ter consciência o tempo todo do que se está fazendo.*

Até hoje, você pode ter tido tanto horror aos ratos, que nunca parou para pensar em suas habilidades. Hoje, coloque de lado seu nojo e veja como o exemplo dos ratos pode ajudar-nos.

Hoje, eu me dedico a me mover com cautela, concentrar-me no que estou fazendo e analisar minuciosamente tudo e todos, inclusive a mim.

11 DE JULHO

Eu atingirei maior compreensão quando me der conta de que... quem eu sou é divino.

Um camaleão na grama parece verde. O mesmo camaleão na lama parece marrom. Que maravilhoso presente a natureza deu a essa criação: a capacidade de mudar de aparência para sobreviver! Para nós, seres humanos, a capacidade para nos *adaptarmos* e *ajustarmos* tem uma desvantagem. Se fizermos isso muitas vezes, corremos o risco de esquecer quem somos de verdade.

Possuímos uma máscara comercial, uma social, uma doméstica, uma recreativa e uma "Não se meta comigo! Não estou brincando!". E há também as diversas máscaras dos vários papéis que representamos: filha, filho, mãe, pai, marido, mulher... Há a máscara "Ajude, estou correndo perigo!".

Cada uma de nossas máscaras carrega deveres e responsabilidades, medos e frustrações, gostos e desgostos, necessidades e desejos. Às vezes, as responsabilidades de uma máscara entram em conflito com as de outra. Ou para manter determinada máscara no lugar talvez tenhamos de fazer coisas que são inadequadas para outras máscaras que usamos. Na verdade, podemos nos tornar tão especialistas em trocar de máscara, no nosso esforço para sobreviver, que *podemos acabar perdendo de vista nossa essência verdadeira.*

Talvez seja o momento de colocar a máscara da identidade divina. Encontre a sua essência verdadeira e permita que ela apareça em todos os papéis que você desempenha. Se usá-la todo o tempo, você saberá com muito mais clareza o que fazer e como fazer.

Até hoje, você pode ter permitido que o ambiente determinasse a máscara que usa. Hoje, dedique-se a descobrir ou redescobrir a verdade sobre seu eu divino, de forma que, amanhã, você possa aparecer com sua verdadeira identidade.

Hoje, eu me dedico a lembrar e demonstrar a verdade sobre a identidade divina que sou.

12 de Julho

Eu atingirei maior compreensão quando me der conta de que... devo manter um fio conectado à fonte de energia.

Estávamos atrasadas, minha assistente e eu, correndo pelo quarto do hotel antes de o carro chegar para nos pegar. Tínhamos pedido um ferro de passar roupas. Quando finalmente ele chegou, coloquei meu vestido na tábua de passar e entrei no banheiro para começar a me maquiar. Quando voltei, o ferro ainda estava frio. Girei o seletor para a posição mais alta e esperei mais um pouco. O ferro continuava frio. Está quebrado! Agora vamos nos atrasar mesmo! Pedimos um outro ferro. Voltei ao banheiro novamente para passar *blush*. Um outro ferro chegou. De volta ao banheiro mais uma vez. Quando verifiquei que o novo ferro estava frio, fiquei furiosa! Voei para o telefone, chamei a governanta e quando ia fulminá-la percebi que o ferro não estava ligado na tomada!

Quantas vezes você saiu de casa sem se ligar em Deus? Quantas vezes não encontrou tempo para rezar? Com que freqüência dormiu tão tarde que não teve tempo para pedir orientação, apoio ou proteção? Quantas vezes nesta semana ou na passada você se deparou com um desafio ou uma decepção e chegou a ter raiva de Deus? Se você deseja que sua vida corra tranqüila, o melhor é você se ligar todas as manhãs e verificar a conexão durante o dia.

Até hoje, você pode ter tentado passar pela vida utilizando a própria energia. Hoje, certifique-se de que se ligou à fonte da verdadeira energia. Reze por um momento. Recorra à energia de Deus a todo o momento.

Hoje, eu me dedico a me ligar à voz, à sabedoria e ao amor de Deus.

13 DE JULHO

Eu atingirei maior compreensão quando me der conta de que... sou uma parte importante da totalidade da vida.

O autor e professor Eric Butterworth disse, certa vez, "Sou uma *parte da totalidade* que é Deus". Suas palavras transmitem a idéia de que somos elementos essenciais de tudo que Deus é. Às vezes esquecemos que cada parte do todo é importante. Deixamos de compreender que cada parte do todo contém a essência do todo. Quando esquecemos isso, perdemos de vista nosso poder, nosso objetivo e o papel essencial da vida como um todo.

Quando crianças na escola, tivemos de entrar na fila. Na hora de ir para casa, uma fila torta atrasava a saída de toda a classe. Se alguém estivesse fora da fila, toda a fila tinha de esperar. Nenhuma *parte* podia sair para brincar ou ir para casa até que a *totalidade* estivesse alinhada. Funciona da mesma forma na vida. O que você faz, como faz e quando faz afeta cada pessoa à frente e atrás de você. Por isso você é tão importante.

Ficamos tão absorvidos na realização das tarefas cotidianas necessárias à manutenção da vida, que perdemos de vista a totalidade da vida que se movimenta ao nosso redor, dependendo de cada um de nós. Na verdade, ficamos de tal forma absorvidos, que esquecemos nosso poder de afetar o mundo e de causar um impacto na totalidade da vida.

Até hoje, você pode não ter compreendido a importância que tem para o movimento da vida. Hoje, pense em todas as pessoas que são afetadas pelo que você faz e pelo que não faz. Pense em todas as coisas que não se permitiu fazer e sobre o impacto que poderia ter causado no mundo se tivesse permitido à sua *parte* brilhar na *totalidade* da vida.

Hoje, eu me dedico a reconhecer a importância do poder que tenho de causar impacto na totalidade da vida.

14 DE JULHO

Eu atingirei maior compreensão quando me der conta de que... há um *eu* em mim que anseia tornar-se o *Eu* do Espírito.

Parece haver uma guerra contra o ego. As pessoas tomam cuidado para não parecerem centradas ou baseadas no ego. Como desejam desenvolver uma vida fundamentada no espírito, o ego passou a receber um castigo severo! Infelizmente, são poucos os que falam sobre *o poder, a beleza e o objetivo do ego.*

É o ego que nos inspira a fazer os menores gestos, como escovar os dentes e pentear os cabelos. É o ego que nos torna conscientes de nossa saúde e do nosso corpo. Sem nosso ego, não conseguiríamos obter melhora, desenvolvimento ou poder pessoais. O ego é o pequeno *eu* que deseja se tornar o *Eu* repleto de verdade. É o nosso *eu* que nos motivará e nos levará a tornar o *Eu* do Espírito. Nesse momento ele passa a ser fonte de graça e de compaixão.

Quando usamos nosso ego de forma consciente, ele toma conta de nós. É o ego que nos adverte sobre os perigos que nos cercam. É o ego que reage quando nos tratam com desrespeito. Ele serve como um mapa e um compasso. O ego se torna um problema apenas *quando não é espiritualizado* pelo poder da prece, da autodisciplina e da influência do Espírito.

Até hoje, talvez você não tenha compreendido o papel que o ego pode desempenhar em seu desenvolvimento espiritual. Hoje, analise seu ego. Determine se ele é um pequeno *eu* em busca de pura satisfação pessoal ou se ele anseia por ser um grande *Eu,* destinado a preencher o objetivo grandioso do Espírito.

Hoje, eu me dedico a examinar e analisar meu ego.

15 de Julho

Eu atingirei maior compreensão quando me der conta de que... estou sempre em contato com todas as formas de vida e com aqueles que as vivem.

As pessoas nunca morrem de verdade. Elas deixam seus corpos. Elas terminam sua existência física para continuar a jornada espiritual sob uma outra forma, em um outro lugar. Uma pessoa que entrou no reino da existência que chamamos de *morte* nunca está fora do alcance do seu amor. A coisa que chamamos morte é uma parte essencial da vida que nos ensina a acreditar no que não podemos ver.

A vida continua após a morte enquanto você lembrar do calor do sorriso da pessoa que partiu, da delicadeza de seu toque, do significado que trouxe à sua vida. A vida simplesmente muda de forma. Quando você se refere com entusiasmo aos sonhos daquela pessoa, quando transmite as idéias em que ela acreditava e faz as coisas que vocês amavam fazer juntos, você está dizendo: *"Essa vida continua a tocar a minha vida."*

Continue em contato com os que ama. Envie-lhes seu amor. Use as recordações do tempo em que viveram juntos como estímulo para continuar crescendo. Sempre se lembre de enaltecer a maneira especial com que aqueles que você conheceu e amou influenciaram sua vida. Suas recordações são a vitória da vida deles sobre aquilo que chamamos de morte.

Até hoje, você pode ter compreendido mal a morte. Sofreu ou lamentou a perda de um ente amado, acreditando que ele tinha ido embora para sempre da sua vida. Hoje, dedique-se a ser um reflexo vivo dos sonhos e do amor compartilhados com alguém que já faleceu.

Hoje, eu me dedico a viver minha vida demonstrando como as pessoas que mudaram a forma de suas vidas continuam me amando e me ajudando a crescer.

16 DE JULHO

Eu atingirei maior compreensão quando me der conta de que... não devo permitir que o espírito do sofrimento domine minha vida.

Quando você perde alguém que amava para a experiência que chamamos de morte, você sofre e se lamenta. Sofre por pensar nas coisas que *não fez* ou *não disse* para aquela pessoa. Você se lamenta porque sente saudades da pessoa e acredita que nunca mais viverá aquilo que experimentaram juntos. Se não se cuidar, o *espírito da tristeza* pode dominar a sua vida, causando a perda da alegria, da paz e do amor que residem em você e estão na sua frente.

É normal sofrer e lamentar-se pela perda de uma pessoa amada. Na verdade, lamentamos a perda de qualquer situação ou experiência importante para nós. Mas continuar nos lamentando por muito tempo e com muita intensidade diminui nossa capacidade e desejo de continuar a viver. Quando nos apegamos à dor da perda de uma pessoa ou situação, deixamos de tomar contato com tudo o que foi vivido de bom e positivo. Essas coisas deixam marcas vitais e nos preparam para o que vem pela frente – *a vida se renovando.*

Tudo termina exatamente quando precisa terminar. Não duvide da Sabedoria Divina. Não negue o sofrimento causado pela perda, mas recupere tudo o que houve de bom na relação e ficou incorporado ao seu ser. Sinta gratidão pelo privilégio vivido e esforce-se para aceitar o que aconteceu sem resistência. Procure ir se desapegando do sofrimento, para usufruir os dons recebidos.

Até hoje, você pode ter se lamentado pelo que não fez ou pelo que acha que não irá mais experimentar. Hoje, acolha a tristeza como um processo de preparação. Saiba que você está se preparando para se abrir e receber mais.

Hoje, eu me dedico a me livrar do espírito da lamentação.

17 de Julho

Eu atingirei maior compreensão quando me der conta de que... enquanto não controlar a criança que existe dentro de mim eu me comportarei como uma criança.

Como é sua reação quando você enfrenta um perigo ou frustração? Você reage como criança? Quando, na infância, não conseguíamos o que queríamos, nós emburrávamos, batíamos o pé e provavelmente a porta. Pense na última vez em que você agiu de forma intempestiva. Naquela ocasião em que você, uma pessoa capaz e competente, se comportou como um adolescente ou uma criança amedrontada, enfurecida. É como se uma experiência muito primitiva, guardada dentro de você, estivesse se repetindo. Quando constatar isso, trate-se com carinho e compaixão.

Quando as crianças sentem medo, elas precisam de um adulto amoroso para protegê-las. O mesmo acontece quando um adulto regride. Grita, procura fugir, corre em busca de proteção. Adultos que regridem se castigam. Eles se sentem envergonhados, constrangidos e pedem desculpas. Mas não percebem o que precisa ser feito. *O adulto que você é hoje precisa cuidar dos seus aspectos infantis que ficaram malresolvidos.*

Em todos nós ainda existe uma criança. Quando ela se manifestar, não se censure. Volte-se para ela, reconheça-a, acolha-a, entenda-a, tranqüilize-a. Faça para você hoje o que não lhe fizeram ontem. Complete assim o que está inacabado.

Até hoje, você pode não ter compreendido os acessos de raiva, ataques de pânico ou medo experimentados algumas vezes. Hoje, dedique-se a curar a criança que existe dentro de você.

Hoje, estou acolhendo, protegendo e curando a criança que existe em mim.

18 DE JULHO

Eu atingirei maior compreensão quando me der conta de que... há algumas coisas que preciso curar antes de conseguir esquecê-las.

Você guarda em seu íntimo algumas coisas que lhe causam mágoa, raiva e confusão. Não são coisas em que você pensa todos os dias. Na verdade, não nos lembramos de muitas delas. Tenha certeza, porém, de que elas estão lá, atuando, e podem se tornar fonte do medo, da raiva, da culpa, da vergonha ou da dor que sentimos. Podem controlar o que fazemos e como fazemos.

Sabemos que estamos sendo controlados por uma lembrança quando insistimos em fazer determinada coisa de determinada forma por uma espécie de compulsão. Sabemos que estamos sendo controlados por uma lembrança quando interpretamos as coisas que vemos ou ouvimos de uma maneira que nos causa raiva, medo ou ressentimento. Quando as lembranças guardadas controlam a nossa vida, diremos coisas que não desejamos dizer, faremos coisas que nos prejudicam, ouviremos coisas que não foram ditas e veremos coisas que não existem. Quando tudo isso acontece, nossa alma está pedindo para ser curada.

O que aconteceu *ontem* continuará acontecendo *agora* se você não tomar consciência. Ficará lá até receber a atenção e o cuidado que merece. Tudo o que você experimentou merece ser enaltecido e acalentado. Sim, algumas coisas também precisam ser curadas. Mas, enquanto você não se dispuser a lembrar das coisas que aprendeu a esquecer, não conseguirá usufruir da alegria de curar a sua vida.

Até hoje, você pode ter lutado para controlar sua vida. Hoje, tente reconhecer e curar as lembranças esquecidas que lhe trazem prejuízo.

Hoje, eu me dedico a tomar consciência das lembranças que controlam minha vida.

19 DE JULHO

Eu atingirei maior compreensão quando me der conta de que... tenho sido uma platéia passiva para as reprises da minha vida.

A maioria de nós tem uma história que explica por que não fomos capazes de realizar nossos desejos. Contamos a história com extrema precisão, descrevendo os detalhes trágicos de nossos fracassos, decepções, traições, de tudo o que nos levou à *aparente* incapacidade de sermos a pessoa que sabemos poder ser e que desejamos ser.

Se você tem uma história que vem contando ou gosta de contar sobre as razões de seu aparente fracasso, aqui vai uma sugestão: deixe essa longa história de lado e *viva com frases simples!* Sem um ponto final, essa história antiga se prolonga para sempre. Quanto mais uma história se prolonga, mais complicada se torna, mais pessoas você enreda, mais você se afasta do seu objetivo, que é a realização do seu desejo. Ponha um ponto final nessa história comprida.

Viva sua vida com frases simples do agora. Identifique para onde está indo *agora!* Concentre-se no que deseja. Pense o que é preciso fazer para realizar esse desejo. Olhe para a frente e não para trás. Use o passado para aprender lições, mas descreva-o com frases simples. Procure as lições claras e simples. Abra-se para receber as bênçãos puras e simples.

Até hoje, você pode ter revisto excessivamente a sua história passada. Hoje, viva a vida, crie sonhos e estabeleça objetivos com frases simples.

Hoje, eu me dedico a viver simplesmente, esperando o melhor simplesmente e simplesmente colocando um fim nas coisas que acabaram.

20 DE JULHO

Eu atingirei maior compreensão quando me der conta de que... a disciplina é o poder mágico que devo desenvolver e usar.

Há *pensamento mágico* e há *poder mágico* de realizar o que desejamos. O *poder mágico* é o resultado da disciplina pessoal. Você pode inventar uma grande quantidade de idéias realmente excelentes, mas, se não tiver a disciplina necessária para realizá-las, não irá muito longe. Algumas pessoas formulam pensamentos mágicos com tanta competência, que começam a acreditar que as coisas que desejam podem ser feitas com mágica!

A disciplina leva à obtenção de resultados. A disciplina ajuda você a planejar e a manter seus planos. Só com disciplina completamos o que pensamos e aprendemos com as próprias ações. Só com disciplina podemos usar a mágica de nosso espírito e colocá-la em ação em nossa vida. Ninguém pode ser forçado a ter disciplina. Ela deve ser desenvolvida.

Você precisa desenvolver disciplina para pensar e agir de forma correta. Quando você pensa e age com disciplina, você se sente bem e deseja compartilhar esse sentimento. Deseja fazer coisas boas e, quando faz, inspira os outros.

Até hoje, você pode ter tido excelentes pensamentos, mas demonstrou muito pouca disciplina para realizá-los. Hoje, pratique a disciplina. Escolha algo que você deseja realizar e defina alguns passos. Sinta-se bem com o menor progresso que fizer. Discipline-se para fazer um pouco mais amanhã.

Hoje, estou desenvolvendo a disciplina de que preciso para fazer algo mágico acontecer em minha vida.

21 de Julho

Eu atingirei maior compreensão quando me der conta de que... um professor não é aquele que tem muitos alunos, mas aquele que cria muitos professores.

Há um ditado que diz: "*Quando o aluno estiver pronto, o professor aparecerá.*" Para muitas pessoas que se encontram no caminho espiritual esta afirmação significa que um professor *aparecerá em carne e osso*, pronto para ensinar as coisas que precisam saber. Na verdade, algumas confundem *outros alunos* – que se consideram professores – com o professor que desejam ter. Quando isso acontece, correm o risco de seguir as pessoas erradas pelo caminho errado, aprendendo muito pouco. Infelizmente, quando descobrem o erro, estão machucadas e cansadas.

Um verdadeiro professor não é aquele que lhe dá algo, mas o que *faz você descobrir* o que já tem e estimula a desenvolvê-lo. Um verdadeiro professor não despeja seus conhecimentos em você, mas escuta você e aprende com você. Um verdadeiro professor lhe dá apoio e lhe fornece elementos para abrir sua inteligência. Ao conhecer seus dilemas, um verdadeiro professor coloca-se ao seu lado para resolvê-los. Um verdadeiro professor olhará você nos olhos, chamará você para fora do esconderijo e celebrará com você a alegria de compartilhar sua verdade. Um verdadeiro professor não fará nada *por você*, mas *com você*. Um verdadeiro professor não lhe dará notas, mas fará com que você supere a necessidade de ganhar notas máximas. Se tiver sorte, você encontrará o melhor professor de todos: aquele que leva você a descobrir que você é seu maior professor.

Até hoje, você pode ter olhado em volta procurando um professor espiritual. Hoje, belisque-se! Alegre-se por todas as lições que se ensinou.

Hoje, eu me dedico a ser o melhor professor espiritual possível.

22 DE JULHO

Eu atingirei maior compreensão quando me der conta de que... não há luz mais brilhante do que a luz que sou.

Quando você se dispõe a conhecer, compreender e valorizar quem exatamente é, sem desculpas ou defesas, experimenta a profunda alegria do autoconhecimento. Ah! Isso parece muito difícil. Vamos ver se é!

Todo ser humano nasce sabendo. Sabemos tudo que precisamos saber e temos capacidade para fazer tudo que precisamos fazer. Precisamos estar conscientes apenas disso: *Eu sou capaz!* Essas palavras simples são a chave para saber tudo e fazer tudo. Mas, por alguma razão, em vez de dizer *Eu consigo,* dizemos *Eu não consigo! Não posso aceitar! Não posso fazer!* Toda vez que dizemos *Eu não consigo*, ofuscamos nossa luz interna.

A *luz* da nossa *iluminação* já está dentro de nós. É ela que nos ajuda a perceber nosso poder. A *luz* da nossa *iluminação* é energizada por nossos pensamentos e palavras. Toda vez que você é capaz de reconhecer, aceitar e compreender a verdade a seu respeito, sua luz se torna um pouco mais brilhante. A *luz* da nossa *iluminação* nunca escurece. Na verdade, a luz que você pensa ver nos outros é um reflexo da sua luz interior. Quando perceber seu próprio poder e parar de pegar emprestada a luz dos outros, você terá alcançado e percebido sua própria iluminação.

Até hoje, você pode ter seguido alguém em busca da luz da autorealização. Hoje, tome posse da sua própria luz. Ligue a energia de sua luz, lembrando-se de quem você é!

Hoje, eu me dedico a ligar a luz da consciência, da auto-aceitação e da auto-iluminação.

23 de Julho

Eu atingirei maior compreensão quando me der conta de que... parar é uma coisa boa.

Para prosseguir, é necessário parar de vez em quando. Ao dirigir, você deve parar no sinal e nas placas de *Pare*. Um avião pára na cabeceira da pista antes de decolar. Por que então acreditamos que podemos avançar de experiência em experiência sem parar, reabastecer ou descansar?

A maioria de nós não se demitirá do emprego até ter outro. Quando um romance termina, começamos logo nossa procura para encontrar outro. Vamos do trabalho para casa e voltamos ao trabalho. Estamos em constante movimento e nos sentimos às vezes culpados quando fazemos coisas que não resultam em ganhar dinheiro ou cumprir algum compromisso. Acreditamos que parar não é uma boa coisa, quando na realidade *é a melhor coisa que podemos fazer para nós mesmos.*

Parar, descansar ou *fazer uma pausa* significa não fazer nada. Quando você aperta o botão de pausa no vídeo, tudo pára. Nenhum som. Nenhum movimento. As imagens e sons da vida devem parar se você quiser ter um quadro claro do que deve fazer em seguida. Que bênção é apertar o botão de pausa! Ter a capacidade de parar e juntar forças, ou esperar até que as coisas passem antes de virar uma esquina e ir em frente. Uma pausa na jornada da vida não significa que *nada está acontecendo.* Na verdade, é uma oportunidade divina para estar mais plenamente presente e acompanhar o que está acontecendo.

Até hoje, você pode ter tido medo de parar na vida. Hoje, aperte o botão de pausa. Pare seus movimentos o tempo suficiente para se analisar. Se você não parar, não saberá se está avançando ou voltando.

Hoje, eu me dedico a dar uma pausa em meu movimento e em minha vida.

24 de Julho

Eu atingirei maior compreensão quando me der conta de que... quando espero sentir dor experimento as coisas dolorosamente.

A mudança não precisa ser difícil, e a cura não tem de doer. Muitas vezes, quando esperamos que uma situação seja desafiadora, estressante ou dolorosa, nós nos preparamos para o pior. A verdade é que estamos equipados para passar por tudo. A forma *como* passamos é o resultado do que pensamos sobre a experiência que vamos viver.

Quando uma mudança está prestes a acontecer, você se lembra dos outros que já passaram por essa experiência. Você se lembra da dor deles e dos momentos difíceis que tiveram. Você se lembra de ter sentido medo por eles. Agora, é você quem está na mesma situação. Por que *só se lembra da dor?* Pare com isso! Não precisa ser dessa forma! A pergunta que lhe faço é: *você quer que seja de outra forma?*

Seja qual for a experiência, *não precisa ser difícil!* A única coisa que faria a experiência mais dolorosa e mais difícil do que precisa ser é a sua forma de encará-la. Se você tiver certeza de que tudo o que acontece tem uma razão – mesmo que no momento você não a veja – e contribui para o seu crescimento, você passa a encarar o que vem pela frente sabendo que há coisas melhores esperando por você do outro lado! Se você parar de imaginar histórias assustadoras e ver monstros à sua frente, o medo, a culpa e a vergonha irão embora.

Até hoje, você pode ter resistido ao inevitável para se proteger da dor. Hoje, pare de imaginar o pior! Vá ao encontro de uma experiência sem dizer o quanto será ruim, difícil ou dolorosa.

Hoje, eu me dedico a passar por todas as experiências sem a expectativa da dor.

25 DE JULHO

Eu atingirei maior compreensão quando me der conta de que... a forma como interpreto o que vem para mim é um reflexo do que está em mim.

Quando algo que alguém diz ou faz decepciona você, *sua decepção* não está relacionada com a outra pessoa. Os sentimentos são disparados *dentro de nós* quando uma fonte externa tropeça em algo que já se encontra lá. Analise-se para tentar descobrir o que está sendo disparado pela experiência que você está vivendo. Se, em vez de culpar a outra pessoa pela decepção que lhe causou, você se voltar para dentro de si, estará abrindo a porta para uma auto-análise que levará a algum aspecto seu que necessita ser curado.

Uma auto-análise é fundamental para não sermos *manipulados como marionetes* pelas coisas que acontecem ao nosso redor. Uma auto-análise começa no momento que você experimenta a decepção e faz a pergunta: *O que estou sentindo?* Após ter identificado a natureza do sentimento, você volta a se perguntar: *Por que estou me sentindo assim?* É provável que responda: *Porque fulano fez assim e assado! ERRADO!* Não projete seus sentimentos nos outros. Você não sabe a real razão que levou o outro a fazer o que fez! Os sentimentos são seus, os pontos vulneráveis são seus e precisam ser curados. Se não fizer isso, você ficará à mercê de tudo e de todos.

Até hoje, você pode ter se enganado acreditando que as pessoas são capazes de decepcionar você. Hoje, fique sabendo que são coisas suas que disparam os sentimentos que lhe fazem mal. Se seu gatilho for acionado, corra para o lugar mais próximo e calmo e comece seu processo de cura com uma auto-análise.

Hoje, eu me dedico a me auto-analisar para descobrir meus pontos vulneráveis.

26 DE JULHO

Eu atingirei maior compreensão quando me der conta de que... tenho um relacionamento contínuo com as coisas que não posso ver mas posso sentir.

A mensagem de hoje volta a tratar da auto-análise. Auto-análise é o processo de descobrir o que está em seu íntimo e faz você se magoar com o que acontece ao seu redor. Uma auto-análise é um processo de cura. A auto-análise coloca você em contato com informações vitais a seu respeito que você ignora ou nega.

A terceira pergunta para a sua auto-análise é: *Qual é a lembrança que está na raiz desse sentimento?* Em outras palavras: *Quando foi a primeira vez em que eu me senti dessa forma?* Respire fundo e chame a verdade do seu ser. A resposta que virá será provavelmente a resposta correta! Esta pergunta lembrará você de quem lhe causou primeiro esse sentimento. Qual foi a experiência? O que você esperava e foi negado, dando origem a esse sentimento? Como a situação atual desperta a situação passada? De posse dessas informações, você começa a sua cura.

Quando você se lembrar da primeira vez em que se sentiu assim, *você deve rezar! Querido Deus, agora me perdôo por todas as crenças, julgamentos, decisões, escolhas e acordos de que me alimentei para manter essa ligação com a dor, a mágoa, a vergonha, a raiva, a culpa, a decepção e qualquer outra emoção que me faz mal. Peço que transforme o que estou sentindo, experimentando e acreditando em uma expressão de amor, para que eu possa obter a cura. Obrigada, meu Deus.*

Até hoje, você pode não ter compreendido como uma primeira experiência traumática influenciou suas reações às experiências atuais. Hoje, dedique tempo para voltar e curar sua mente, seu coração e sua alma das coisas que já passaram.

Hoje, eu me dedico a me livrar das crenças do passado, dos julgamentos, das decisões, das escolhas e dos acordos que dispararam emoções tóxicas.

27 de Julho

Eu atingirei maior compreensão quando me der conta de que... não posso forçar os outros a verem o que eu considero real.

Quando você sofre, parece que as outras pessoas não percebem ou não se importam. Você deseja que elas vejam e sintam o que você está passando, para que ajudem a acabar com seu sofrimento. Se, apesar de seus esforços, elas continuam indiferentes, a sua frustração aumenta. Você conclui que elas não se importam, e isso joga você mais fundo no sentimento de que está tentando tão desesperadamente escapar.

Você não pode forçar as outras pessoas a verem sua dor. A dor é sua. Você sofre por causa das coisas que pensa sobre você, sobre os outros, sobre as situações ou as circunstâncias. Se os outros têm uma percepção diferente, não saberão ou entenderão a sua mágoa. Mas, como você sabe, sua experiência é a única motivação necessária para que tenha consciência de que alguma coisa deve mudar. *Essa coisa é você.*

Quando está sofrendo, você deve assumir a responsabilidade pela eliminação da própria dor. Se acha que o comportamento de alguém faz você sofrer, afaste-se. Afaste-se bastante e por tempo suficiente para perceber que sua dor não é causada por eles; ela vem do que você *pensa a respeito deles.* Perceba que, ao exigir atenção dos outros, você está distribuindo pedaços de si que são muito valiosos para serem perdidos.

Até hoje, você pode ter percebido que tentar forçar alguém a reconhecer sua dor lhe causa mais dor. Você pode ter reclamado deles, sem se dar conta de que é você quem tem de reconhecer e cuidar da sua dor. Hoje, saiba que sua dor é real, mas é você quem tem de fazer as mudanças necessárias.

Hoje, eu me dedico a eliminar todos os comportamentos e pensamentos abusivos e negativos a meu respeito.

28 DE JULHO

Eu atingirei maior compreensão quando me der conta de que... amar de forma desagradável não é amar de forma alguma.

Em geral você consegue identificar uma pessoa que tem medo de amar quando percebe que ela não permite que você entre em seu coração. Uma pessoa que tem medo de amar se comportará das formas mais inadequadas, num esforço para afastar os outros. Uma pessoa que tem medo de amar encontrará todo tipo de coisa errada em si e em você e lhe mostrará. As pessoas que têm medo do amor não são capazes de dá-lo nem de recebê-lo. Elas levantarão tantas barreiras e defesas, que farão com que você termine se perguntando: *Por que estou passando por isso???*

Uma pessoa que tem medo de amar pode achar que não está à altura do que você espera dela. Em geral, isso acontece porque ela não vive de acordo com o que espera de si mesma. Uma pessoa que tem medo de amar faz de você um ioiô! Hoje, ela quer você. Amanhã, não. Quanto mais você se aproxima, mais rápido ela foge. Quanto mais você dá, mais ela deseja. Você nunca será capaz de se entregar a uma pessoa que tem medo de amar porque *ela não quer acreditar em você!*

Quando você se vê tentando ao máximo amar uma pessoa que dá sinais de não *estar disposta* a ser amada, *pare!* Pare de tentar forçá-la a aceitar o que ela obviamente não quer. Pare de encontrar desculpas para sua incapacidade. Pare de aceitar suas desculpas. Levar uma pessoa além do ponto a que está disposta a ir não é uma atitude *amorosa.*

Até hoje, você pode não ter compreendido que tentar amar alguém que não quer ser amado é uma invasão. Ou que uma invasão não é um ato amoroso. Hoje, pergunte-se se você está tentando forçar alguém a ser amado. Se o amor que está oferecendo não está sendo bem aceito, recue!

Hoje, eu me dedico a reconhecer a diferença entre amar alguém e invadir o espaço de seu coração.

29 de Julho

Eu atingirei maior compreensão quando me der conta de que... tentar esconder o que sinto não funciona.

Um sentimento não expressado é como um elástico sendo esticado até o limite. Quanto mais você se agarra ao sentimento, mais cresce a tensão. Alguma coisa precisa ceder, ou o elástico parte. Quando isso acontece, alguém se machuca!

Na maioria das vezes, não expressamos nossos verdadeiros sentimentos porque achamos que o que sentimos está errado. Lembre-se da última vez em que se sentiu dessa forma sobre alguma coisa ou alguém. Quando compartilhou o que sentiu, você sofreu rejeição, e essa lembrança impede que agora você confie o suficiente para expressar seu sentimento. Não quer correr o risco de sofrer nova rejeição.

Talvez você esteja tentando proteger outras pessoas de seus sentimentos, achando que elas não saberiam lidar com eles. Você não quer magoá-las ou decepcioná-las. Infelizmente, *seu cuidado não está funcionando!* As pessoas se mostram decepcionadas porque, no fundo, sabem que há alguma coisa que você precisa dizer e não diz. Pense nisso quando estiver contendo seus sentimentos: *estamos sempre tendo um relacionamento inconsciente com as pessoas.* Isso significa que elas já sabem ou sentem o que você pensa que elas não sabem. Na verdade, tal como você, elas sabem que a expressão dos sentimentos pode curar. A pergunta é: *você quer se curar?*

Até hoje, você pode ter compreendido que esconder pensamentos e sentimentos cria tensão no relacionamento. Você pode não ter percebido que o que sente é relevante e que expressá-lo é um passo importante para curar a si e aos outros. Hoje, peça ajuda e orientação ao Espírito Santo para encontrar as palavras adequadas e a oportunidade certa para compartilhar seus sentimentos com os outros.

Hoje, eu me dedico a compartilhar meus sentimentos de uma forma curativa e amorosa.

30 DE JULHO

Eu atingirei maior compreensão quando me der conta de que... há um lugar chamado lar onde sempre me recebem com afeto.

Dentro de você há um lugar chamado *lar*. É o lugar onde Deus reside. É um lugar seguro e cheio de amor. Nesse lar há tudo que você precisa e deseja. Há apoio, consolo, paz e aceitação incondicional. Nesse lar ninguém julgará você. Ninguém recusará você. Você nunca sofrerá rejeição ou abandono. Nesse seu lar divino, Deus está esperando para acolher e embalar você até dormir. Quando acordar dos sonhos e pesadelos do mundo, Deus ainda estará lá, cuidando de você.

A qualquer momento você pode *ir para o seu lar*. Não precisa fazer as malas, planejar, levar dinheiro. No *seu lar* você está a salvo de situações amedrontadoras. Quando quiser se afastar das pessoas difíceis e desagradáveis, *vá para o seu lar*. Lá você receberá as respostas, idéias, entendimentos e revelações de que precisa para tornar sua vida mais feliz. Nele, poderá construir a força, o vigor e a coragem de que precisa para lidar com o mundo e as pessoas que o habitam. Quando o mundo e sua vida se tornarem pesados demais para você, simplesmente vá *para casa*.

É sempre fácil chegar *em casa*. Eis o que precisa fazer: respire fundo; feche os olhos; veja-se como uma criança vulnerável e perdida; sinta a dor, o medo ou o desconforto. Quando estiver nesse lugar, abra a boca e diga bem alto: *Deus Pai, Deus Mãe, estou indo para casa!* As portas do consolo amoroso de Deus se escancararão. Milagrosamente, você estará exatamente onde precisa estar, *na casa* do coração de Deus.

Até hoje, você pode ter percebido que havia um lugar no seu coração chamado *lar*. Hoje, a qualquer momento, pratique ir para casa e obter o que precisa.

Hoje, eu me dedico a encontrar meu caminho de volta para casa.

31 DE JULHO

Eu atingirei maior compreensão
quando me der conta de que... há um objetivo
divino para a minha existência.

Há um objetivo para a sua existência.
Seu Criador estabeleceu um objetivo para o seu ser.
Você nasceu para cumprir esse objetivo
de uma forma que só você pode fazer.
Você traz para a vida talentos e dons únicos só seus.

Toda experiência apóia seu objetivo.
Cada experiência fará você compreender melhor
seu objetivo e estimulará você a usar os dons que possui.
Cada pessoa que você encontra ajuda você
a compreender seu objetivo.
Você se atordoou de tal forma no cotidiano, que perdeu
o contato com a verdade de seu eu e de seu objetivo.

Você deve escolher viver seu objetivo.
A orientação para recuperar seu objetivo
verdadeiro está disponível para você.
A qualquer momento você pode fazer
a escolha para cumprir seu objetivo.
Equilibrar o coração e a mente é a chave para produzir
os talentos e dons necessários para cumprir seu objetivo.

O que você escolhe para si, seu Criador apoiará.
Se quer saber o objetivo de sua vida, pergunte ao seu Criador.
Deus está disponível, acessível e esperando por você.
Quando perguntar, ouça a resposta e acredite no que ouvir.
Até hoje, sua vida pode não ter tido muito sentido. Hoje,
abra-se para ouvir e acolher o objetivo de Deus para a sua vida.

Hoje, eu me dedico a viver de acordo com o meu objetivo.

AGOSTO

FÉ

Você cria na mente aquilo em que deposita a sua fé. E você o faz para certificar-se de que aquilo em que crê é o certo.

1 de Agosto

Tenho fé e não sinto medo porque... tenho os recursos suficientes para passar por momentos difíceis e lugares estreitos.

Um dos principais objetivos da vida é o desenvolvimento do caráter. Seu caráter – sua natureza, as qualidades únicas de sua essência, que fazem você ser quem é – se desenvolve através da experiência. Se você não entender que o *desenvolvimento do caráter é o principal processo da vida*, pode querer desistir quando enfrentar dificuldades. Pode até acreditar que a vida está contra você. Sobretudo, pode ignorar que o seu caráter se desenvolve e se aperfeiçoa através das suas respostas às situações que enfrenta. A forma como você reage diante dos desafios revela a natureza de seu caráter.

Toda fraqueza humana é fortalecida pela experiência. É nos momentos difíceis que a nossa força se revela, porque é preciso mudar para ultrapassá-los. A vida se renova continuamente e redesenha seu caráter. Quando a vida detecta que há uma oportunidade para você melhorar a natureza do seu caráter, ela coloca a situação e as pessoas perfeitas no seu caminho. Sua tarefa será responder a qualquer desafio de uma forma que desenvolva e fortaleça seu caráter.

Até hoje, você pode ter pensado que a sua natureza é determinada pelo que acontece com você e ao seu redor. Hoje, dedique tempo e energia para usar cada experiência como um exercício de construção do caráter. Permita que as experiências vividas com fé, alegria, gentileza, bondade, paciência e paz sejam as ferramentas construtoras do seu caráter.

Hoje, eu me dedico a construir meu caráter vivendo de maneira melhor, mais forte e mais sábia.

2 de Agosto

Tenho fé e não sinto medo porque... Deus está sempre a postos!

Qual o número que você usa para falar com Deus? É o de informações? Ou o de emergência? A maioria de nós liga para o segundo. Não ligamos para pedir informações. Só ligamos quando precisamos de uma ambulância, de alguém para apagar um incêndio, ou de um carro de polícia. Chamamos quando estamos abatidos, ou caindo! Chamamos freneticamente quando encontramos alguém com quem não conseguimos lidar, quando quebramos algo que não conseguimos consertar, ou quando alguma parte de nossa vida não está funcionando como desejamos. Se, por alguma razão, sentimos que não estamos sendo ouvidos, ou que a linha está ocupada, continuamos tentando. Sim, a maioria de nós usa o número da emergência porque se esqueceu de usar o de informações.

Quando você usa o número de informações para chamar Deus, você recebe tratamento preventivo, cuidado intensivo e manutenção regular. Você obtém todas as informações necessárias. Você se assegura que há uma linha aberta de comunicação entre você e seu *fabricante.* O número de informações atende logo, você não precisa esperar. Deus está sempre a postos! Quando você chama Deus regularmente nesse número, você tem menos chances de precisar chamá-lo no número de emergências!

Até hoje, você pode ter colocado Deus na sua lista de emergência. Hoje, tente contactar Deus apenas para pedir informações.

Hoje, eu me dedico a pedir a Deus as informações de que preciso para saber dar à minha vida as melhores orientações.

3 de Agosto

Tenho fé e não sinto medo porque... a lei está do meu lado.

Há uma lei do bem destinada a todos, mas que trabalha a favor das pessoas que estão dispostas a reconhecê-la. A lei não se importa com sua raça, idade, gênero, estado civil, profissão. A lei trabalha a seu favor *se você trocar sua forma habitual de fazer as coisas por uma forma divina de ser e fazer*. Se você se dispuser a isso, a lei de bondade funcionará para você, com você e através de você.

A lei do bem está presente em todas as coisas boas que você busca e lhe dá em retorno tudo de bom que você é. A lei do bem é a fonte de sua riqueza pessoal, da sua saúde e do seu bem-estar. Não coloque obstáculos para que a lei do bem possa agir. Vou lhe ensinar a forma de deixar o caminho livre para que a lei possa trabalhar por você: tome profunda consciência de que *você é um ser essencialmente bom*. Acredite de todo o coração que você merece experimentar coisas boas. Acredite que o bem está do seu lado, e o bem será feito para você.

Até hoje, você talvez não tenha percebido que tem a capacidade de experimentar todas as coisas boas que deseja. Hoje, alegre-se com a existência da lei do bem. Espere o bem! Acredite que o que há de bom em você trará o bem para o mundo e lhe dará o bem em retorno!

Hoje, eu me dedico a sintonizar minha vida com a lei do bem.

4 de Agosto

Tenho fé e não sinto medo porque... este dia pertence a Deus!

O Reverendo Michael Beckwith disse certa vez: "Quando você reza *O pão nosso de cada dia nos dai hoje...*, o dia não pertence mais a você. Seu dia pertence a Deus!" Seu dia e cada uma de suas ações do seu dia pertencem à bondade de Deus, por causa do amor que Deus tem por você.

Hoje, você não tem de se preocupar com coisa alguma. Este é o dia de Deus! E no dia de Deus você recebe orientação, proteção, apoio e tudo o que precisa para viver bem esse dia. Quando Deus está no comando do dia, você não precisa se preocupar. Deus sabe! Deus vê!

Quando você sabe que Deus está no comando, a melhor coisa a fazer é *entregar-se!* Porque este é o dia de Deus! Ouça o seu coração, para ouvir algo especial que Deus tenha para lhe dizer. Se o seu dia pertence a Deus, entregue-se sabendo que você pode depender de Deus. Sabendo que tudo o que vier, virá através de Deus, no momento certo, e, quando chegar, você saberá exatamente o que fazer ou dizer. Portanto, relaxe! Este é o dia de Deus! Você deu este dia de sua vida a Deus. Agora não queira tomá-lo de volta!

Até hoje, você pode ter relutado em entregar sua vida a Deus. Você pode ter tentado fazer aquilo que só Deus pode. Hoje, abra seu coração ao poder de Deus. Se as coisas não saírem do jeito que você acha que deveriam, Deus sabe por que saíram assim! Espere pelo dia de amanhã.

Hoje, eu me dedico a permitir que a presença de Deus controle todos os aspectos de minha vida.

5 de Agosto

Tenho fé e não sinto medo porque... sei que toda experiência abre meu coração para uma experiência maior e melhor.

Quando você faz questão de que as coisas sejam de uma determinada forma, você não confia em si para arriscar e experimentar qualquer coisa diferente do que já conhece. Você não confia que a vida pode lhe trazer as recompensas que deseja. Você não confia que terá capacidade para lidar com o que aparecer em seu caminho. Sem confiança não pode haver fé. Sem fé, você se agarrará ao que já conhece. E assim não fará nenhum progresso.

Quando nos *fixamos* em alguma coisa, é como se disséssemos: "Eu me sinto confortável com isso! Posso lidar com isso! Não tenho fé em nada mais!" Entramos então num processo de estagnação, que pode ser *extremamente doloroso!*

Fixação reflete uma falta de fé na nossa capacidade de aprender. Quando nos prendemos ao que já conhecemos ou ao que conseguimos controlar, chega sempre um momento em que somos forçados a fazer uma escolha. Temos duas alternativas: ficarmos fixados na dor e na confusão ou desapegar-nos e arriscar-nos, acreditando que nossa próxima experiência será exatamente o que precisamos para crescer e progredir.

Até hoje, você pode ter se fixado à forma como as coisas sempre foram. Hoje, abra seu coração para a possibilidade de que há algo melhor esperando por você. Tenha coragem de desapegar-se das coisas ou das pessoas que prendem você, acreditando que agradáveis surpresas lhe estão reservadas.

Hoje, eu me dedico a expandir minha fé para além do que conheço.

6 de Agosto

Tenho fé e não sinto medo porque...
sei que o momento é agora!

Pode ser que eu esteja errada. Talvez tenha confundido você com outra pessoa. Porque há muitas pessoas que falam e nunca mudam, que desejam e nunca agem, que dizem que vão fazer e nunca arriscam, que se sobrecarregam de tal forma, que acabam não fazendo nada. Se você não for uma delas, por favor, *perdoe-me!*

Mas se eu falasse com uma dessas pessoas saberia exatamente o que dizer. Diria que elas parecem ter sempre uma boa razão *para não fazer*, em vez de uma motivação para *fazer*. Diria que elas parecem mais satisfeitas quando fracassam do que quando precisam *se levantar para assumir o comando*. Desafiaria essas pessoas a começarem a cumprir seus compromissos! A colocar suas coisas em ordem! A fazer o *possível*, da melhor forma *possível*. Eu as estimularia para que não permitissem que o *ótimo* se tornasse inimigo do *bom!* Eu lhes falaria do *imenso alívio* que iriam sentir quando começassem a vencer as barreiras da preguiça e da inércia. Mais uma vez, perdoe-me se eu confundi você com outra pessoa. É que eu fiquei com a impressão de já ter ouvido suas desculpas para escapar do que tem de fazer.

Até hoje, você pode ter encontrado pretextos e justificativas para adiar o que tem de fazer. Hoje, escolha uma tarefa adiada e tome algumas providências. Comece a fazer o que precisa ser feito!

Hoje, eu me dedico a dar início às tarefas tantas vezes adiadas.

7 DE AGOSTO

Tenho fé e não sinto medo porque...
sei que sou capaz de vencer o mal!

O *mal* não vai deixar você em paz só porque você é uma *boa* pessoa. O mal vive tentando fazer você esquecer o que é bom! O mal não se importa se você cumpre seus compromissos, faz doações a instituições de caridade e se solidariza com o sofrimento dos outros. *Ah não!* O que você chama de tempos ruins, experiências ruins e, às vezes, pessoas ruins irá encontrar uma forma de entrar em sua vida. Invadir a vida de pessoas boas é o que faz o mal ser *tão mau!*

Por mais e melhor que você faça, o mal não vai ignorar você. Ele usará os mais variados disfarces, tentando surpreender, derrubar e atropelar você. Só há um jeito de derrotá-lo: é mostrando ao *mal* que sua essência é feita de bondade.

Sua essência é feita do poder divino! Da sabedoria divina! Do amor divino, generoso e cheio de compaixão. Sua essência é fundamentalmente boa! Mostre ao mal que o seu poder está na fé que você tem nessa essência divina. Afaste o mal mostrando que você tem tudo o que precisa, sempre que precisa, para fazer o que precisar ser feito. Mostre ao mal sua determinação de fazer o bem, fazendo! Preste atenção para reconhecer o mal, mesmo debaixo do mais caprichado disfarce. Olhe-o de frente, serenamente, como quem sabe que tem poder para vencer. Envolva-se na bolha de luz dourada da fé para proteger-se. Se sentir cansaço, faça um intervalo de oração. Permita-se uma pausa para meditar. Respire profundamente, levando o ar para todas as partes do seu corpo com a intenção de fortalecer sua fé.

Até hoje, você pode ter esquecido o seu poder para enfrentar tudo o que você chama de *mal*. Hoje, acredite no poder da bondade que é Deus dentro de você.

Hoje, eu me dedico a multiplicar os atos de bondade para enfrentar o mal.

8 de Agosto

Tenho fé e não sinto medo porque... Deus continua sendo Deus!

Deus continua onde sempre esteve: em todo o universo e *no mais íntimo do seu ser*. Deus continua fazendo o que sempre fez: *amar você*. Deus continua a ser o que sempre foi: *a fonte de tudo o que você precisa e deseja*.

Alguns se esquecem que Deus está sempre por perto, porque não O visitam há muito tempo. Com todas as mudanças e desafios, altos e baixos, atropelos e dispersões em nossas vidas, nossa fé em Deus pode ter esmorecido. No meio de tanta dor, confusão, descontentamento, desarmonia, violência e discórdia no mundo, alguns podem questionar a presença e a qualidade da intervenção de Deus, ficando até com a impressão de que Deus foi embora e que é impossível encontrá-Lo. Nada poderia estar mais longe da verdade! Deus continua no mesmo lugar: *no centro da sua necessidade*. Agindo da mesma forma: com misericórdia e compaixão. Pela mesma razão: *o amor*. Deus continua sempre esperando você reconhecer Sua presença dentro de você e no mundo e abrir-se para receber Sua proteção.

Até hoje, você pode ter se esquecido ou relutado em entrar em contato com Deus. Na realidade, há tanto tempo que você não estabelece esse contato, que pode estar pensando que foi Deus quem se afastou. Hoje, faça uma visita a Deus, no mais íntimo do seu ser, conte-Lhe o que está acontecendo em sua vida, agradeça os dons e peça o que estiver precisando.

Hoje, eu me dedico a fazer uma visita de amizade a Deus.

9 de Agosto

Tenho fé e não sinto medo porque...
sei o que fazer sem fazer nada.

Eis aqui uma notícia que fará você ganhar o dia: *você não precisa fazer nada para obter bem-estar na vida!* Basta se abrir para *receber*. Para muitos, *receber* é muito mais difícil do que *fazer*, porque estamos acostumados a fazer as coisas para obter o que queremos. Estamos convencidos de que quanto mais fazemos mais ganhamos. No entanto, você conhece muitas pessoas que, apesar de fazerem tudo o que podem, ainda não obtiveram o que precisam, merecem ou desejam. Por outro lado, há outras que fazem muito pouco e obtêm mais do que parecem precisar. A diferença entre aquelas que fazem e aquelas que recebem é a disposição. Você deve *se dispor a receber*.

Receber significa confiar que Deus sabe o que você precisa, deseja e merece. Para Deus, o merecimento decorre apenas do que somos! Seres abertos! Seres bondosos! Seres gratos! Seres comprometidos! Seres fiéis e dispostos. Seres confiantes que sabem que sempre terão o que precisam. Quando você se abre para receber o que Deus é capaz de fazer por e para você, você se entrega. Você faz o que pode e se entrega nas mãos de Deus! Você sabe que aquilo que é para o seu bem está a caminho e chegará no momento apropriado.

Até hoje, você pode ter achado que é preciso fazer para receber. Hoje, acolha um elogio. Permita que alguém faça algo por você sem sentir obrigação de fazer algo de volta. Peça a Deus tudo que deseja, com a maior confiança, acreditando que receberá sem falta o que for para o seu bem.

Hoje, eu me dedico a me abrir para receber a graça e a bondade de Deus.

10 DE AGOSTO

Tenho fé e não sinto medo porque... me disponho a testar o que sei.

As experiências da vida aparecem para nos tornar melhores. No momento em que você pensa que já tem tudo, coisas novas aparecerão em sua vida. Elas empurrarão, testarão e desafiarão você a *crescer* mais, *aprender* mais, *fazer* mais. Quando isso acontece, somos tentados a acreditar que cometemos algo errado ou perdemos algo. É difícil perceber que *obtemos coisas boas dos momentos difíceis.* No entanto, crescer, aprender, progredir, fortalecer-se são coisas boas que só obtemos nos momentos de desafios, em que somos testados.

A tenacidade fortalece o caráter e constrói a fé. À medida que sua fé cresce, torna-se mais difícil abalá-la. Você tem mais confiança em si, persiste com mais vigor na busca de seus objetivos, não desiste facilmente. Quando a vida nos testa, ela nos dá a oportunidade de avaliar nossas crenças. Você acredita que tem direito de receber o que for para o seu bem? Acredita que tem capacidade para resolver os problemas? Enfrentar os desafios? Superar as crises? Acredita que tem a quantidade de fé necessária para sustentar-se em todos os momentos? Só conseguimos saber tudo isso quando os acontecimentos nos testam. As provas mais difíceis são destinadas aos melhores alunos, porque eles têm capacidade para fazê-las! Talvez, por essa razão, à medida que avançamos e crescemos, os desafios parecem tornar-se maiores.

Até hoje, você pode ter achado que fracassou quando surgiu uma nova dificuldade. Hoje, seja um bom estudante. Confie em você! Confie no que sabe! Desta vez, faça melhor do que já fez! Disponha-se a dar os passos necessários para assegurar o desenvolvimento divino do seu ser.

Hoje, eu me dedico a saber que cresço e melhoro cada vez que enfrento um novo desafio em minha vida.

11 de Agosto

Tenho fé e não sinto medo porque... consigo ver no escuro.

Você já esteve em uma sala escura como um breu e cheia de coisas? Mesmo quando você sabe onde essas coisas estavam da última vez que as viu, no escuro tudo parece diferente. Você estica os braços porque espera bater em uma parede ou em um móvel. Mesmo em um lugar conhecido, quando as luzes se apagam, você espera que algo surja e ataque você. Em outras palavras, no escuro você espera se machucar.

Há momentos na vida em que ficamos totalmente no escuro, sem ver o que está bem à nossa frente ou o que nos espera depois da curva. Nesses momentos, você deve confiar em seus instintos e em sua memória. Também deve se dar conta de que *é Deus quem está no controle!* Quando você se encontrar no escuro de uma experiência desconhecida, não tateie, não se agarre, nem se assuste com fantasmas imaginários. Em vez de se encolher, protegendo-se da expectativa da dor, *entregue-se!* Deixe os braços caírem ao longo do corpo. Respire fundo. Concentre-se em algo que conheça. Lembre-se de que Deus ama você e protegerá você independentemente de quem você é. Lembre-se de que o que você não consegue ver Deus consegue! Quando você invoca a luz de Deus como guia e proteção, milagrosamente será capaz de enxergar o caminho ou uma saída.

Até hoje, você pode ter ficado com medo do escuro de seu passado, do futuro desconhecido ou da dificuldade do presente. Hoje, siga com serenidade e fé pelas *experiências em que não consegue ver o que irá acontecer.* Entregue-se a Deus e peça: "Que haja luz no meu coração. Que haja luz na minha mente. Que haja luz em todas as minhas experiências!"

Hoje, eu me dedico a acreditar firmemente que Deus iluminará os espaços escuros na minha mente e na minha vida.

12 de Agosto

Tenho fé e não sinto medo porque... quando jogo de acordo com os regulamentos, não posso perder o jogo da vida!

Em um sermão, a Dra. Barbara King afirmou: "Você está jogando na quadra da vida. Felizmente você veio para ganhar!" Ela queria dizer que, em vez de concentrar-se nos detalhes do jogo, quando você chega em qualquer campo do jogo da vida tem que ter certeza de que *veio para vencer!* O que não significa que não haverá faltas no seu caminho e que você não poderá errar ocasionalmente. Erros e faltas não significam que você perderá o jogo. Significam que você deve ficar alerta!

Não se surpreenda se empurrarem ou chutarem você. Não se decepcione se perder um ponto aqui ou ali. Lembre-se: as regras da vida não mudam. Embora todas as pessoas tenham as mesmas qualidades e as mesmas oportunidades, algumas acham que podem jogar sem obedecer os regulamentos. Mas essas pessoas só colocarão você para fora do jogo com a sua permissão. Só vencerão se você permitir.

As regras do jogo da vida são muito simples. Sempre diga a verdade. Nunca viva com medo de algo ou alguém. Esteja consciente dos seus pensamentos e pense positivamente. Coloque amor em tudo o que faz. Se você dedicar-se, dedicar seu tempo e sua energia a seguir essas regras, não tenha dúvida – você não pode perder!

Até hoje, você pode ter acreditado que tinha de trapacear e competir com os outros para ganhar o jogo da vida. Hoje, tente simplesmente seguir as regras.

Hoje, eu me dedico a jogar a vida de acordo com as regras do jogo da vida.

13 de Agosto

Tenho fé e não sinto medo porque... sei exatamente quem sou.

Quantas vezes você irá tentar e fracassar antes de desistir de tentar? Se você desiste, como espera ter sucesso um dia? Se você fez de tudo para conseguir algo e não obteve o resultado esperado, o que isso significa? Significa que você não deveria ter desejado aquilo? E se ainda o desejar? Essas são perguntas para as quais só há uma resposta: *saiba quem você é!* Só quando souber quem é que você encontrará a fé de que precisa para chegar onde deseja!

Quando você sabe quem é, abre-se para todas as experiências. Sabe que sempre há espaço para melhorar e que qualquer experiência é uma oportunidade. Quando você sabe quem é, abre-se sem medo para novas percepções e informações. Quando você se conhece, conhece suas forças, acolhe suas fraquezas. Quando você sabe quem é, sente muita gratidão por tudo o que tem visto, tudo o que tem feito, tudo o que perdeu e recebeu. Quando você se conhece, sabe dispor de todos os recursos para enfrentar problemas e desafios e construir aquilo que serve para o seu bem.

Até hoje, você pode ter procurado nos outros respostas para suas perguntas. Hoje, faça as perguntas e ouça suas próprias respostas. Elas lhe ensinarão muitas coisas a seu respeito.

Hoje, eu me dedico a fazer perguntas sobre minha vida e escutar minhas próprias respostas.

14 de Agosto

Tenho fé e não sinto medo porque... estou consciente de que o medo de fracassar leva ao fracasso.

O que você faz quando já fez tudo o que sabia e ainda não está na direção desejada? Como convencer-se de que está fazendo exatamente o que precisa fazer da forma certa? A resposta é curta: *você não sabe!* Você pára quando sente que não está indo a lugar algum! Se você esbarrou em um muro, não se agarre a ele! Recue! Olhe em volta. *Desapegue-se* de suas necessidades e desejos e *entregue-se.*

Quando bater no muro, não precisa desistir de tudo! Ah, não, de forma alguma! Quando bater no muro, basta se dar conta de que *há algo* em seu caminho que você não consegue ver ou desconhece.

O medo cria muros. *A fé destrói os muros do medo*. Se você está lutando para fazer algo sem conseguir, isso não significa que não esteja no caminho certo. Pode ser que o seu medo de não conseguir esteja evitando que seja feito. Sua impaciência com o fracasso de suas tentativas não esteja permitindo que seja feito. Sua *ansiedade* com relação aos resultados esteja bloqueando o caminho para que seja feito. Quando você bate no muro, não o ataque! Recue para entender o que está acontecendo.

Bater no muro talvez signifique que o Espírito da vida deseja mostrar, dar ou fazer algo que não consegue porque você não está deixando. Se esse for o caso, a única maneira de saber com certeza é desapegar-se, recuar e se render ao medo do muro.

Até hoje, você pode ter acreditado que era nobre ou necessário seguir em frente mesmo depois de bater no muro. Hoje, não avance contra qualquer ser humano ou qualquer outra coisa. Recue! Renuncie! Renda-se! Ouça suas novas diretrizes e siga-as!

Hoje, eu me dedico a entender o papel de qualquer obstáculo em minha vida!

15 de Agosto

Tenho fé e não sinto medo porque...
Deus sempre dá o que prometeu.

O salmo 138 da Bíblia nos lembra que "*A garantia das promessas de Deus é o próprio nome de Deus*". Isto significa que Deus está *com* você e *para* você, e que você pode se entregar a Ele. É muito tranqüilizador saber que há Alguém em quem você pode confiar incondicionalmente, sobretudo se esse alguém é o Criador de tudo. Saber que pode contar sempre com Ele abre um leque esplêndido de possibilidades e oportunidades à sua frente. Compreender que Deus *fará* o que *prometeu fazer* tira o peso de seus ombros. Deus nos prometeu muitas coisas, e a mais importante é: "Eu *nunca* os abandonarei nem os deixarei desamparados." Gente! Que maravilha!

Até hoje, você pode ter esquecido ou talvez nem soubesse das promessas que seu Criador fez a você. Hoje, pare um momento para refletir sobre o significado dessas promessas de Deus para a sua vida.

Hoje, eu me dedico a pensar naquilo
que Deus me prometeu.

16 de Agosto

Tenho fé e não sinto medo porque... nunca estou só.

Você se lembra do primeiro dia de escola? Naquele dia, você saiu de um ambiente familiar para o mistério do desconhecido. Aqueles que você amava e em quem confiava levaram você até a porta de um prédio grande, assustador e deixaram você lá. Embora não quisesse chorar, no momento em que ficou só seu mundo desabou. Você ficou lá, sentindo um medo enorme, tentando ser forte, desejando correr e se esconder. Ninguém parecia prestar atenção em você. Mas um dos grandes se aproxima e se curva, e nesse momento é como se a voz de Deus falasse diretamente ao seu coração: "Não tema, pois estou com você."

Cada novo dia e cada nova experiência são como o primeiro dia de escola. É uma renovação da promessa de Deus de nunca abandonar você. Se você parar e ouvir a promessa, alguém pegará na sua mão e conduzirá você à sala de aula da vida. E a alegria inundará todo o seu ser quando você perceber que realmente não há nada a temer, porque você nunca está só. Deus prometeu estar com você, e está.

Até hoje, você pode ter achado que o primeiro dia de escola ficou para trás. Hoje, perceba que toda vez que você enfrenta um novo desafio é como se entrasse na escola pela primeira vez. Lembre-se também do que Deus prometeu: se você der o primeiro passo, Ele dará dois por você.

Hoje, eu me dedico a lembrar da promessa de Deus de sempre estar ao meu lado.

17 de Agosto

Tenho fé e não sinto medo porque... sei que meu maior desafio me fortalecerá.

Quantas vezes você prometeu *não fazer* alguma coisa e se viu fazendo? Quantas vezes fez uma promessa sabendo que alguém dependia dela e, no entanto, por uma razão ou por outra, *deixou de fazer* o que prometera? Quantas vezes você fez uma promessa para impressionar alguém? Ou para livrar-se desse alguém? Quantas vezes você fez uma promessa sabendo que não tinha a força, a coragem, a energia ou os recursos para cumpri-la? Será que é por isso que muitas vezes não acreditamos que Deus irá cumprir suas promessas para conosco?

Graças a Deus, Deus não é como você! Graças a Deus, Deus não se esquece do que prometeu nem volta atrás em sua palavra. Graças a Deus, Deus não quer impressionar ou se livrar de ninguém com suas promessas. Graças a Deus, as promessas que Deus cumpre nos lembram que podemos também manter nossas promessas, pois Deus nos prometeu: "*Eu fortalecerei você. Eu ajudarei você.*" Graças a Deus, Deus está presente para ajudar você a cumprir as promessas que faz. Graças a Deus, Deus não se zanga ou se decepciona quando você não cumpre suas promessas.

Até hoje, você pode não ter percebido o poder de uma promessa. Hoje, tome consciência das promessas que faz e saiba que a ajuda de Deus está disponível para garantir que você as cumpra.

Hoje, eu me dedico a confiar na ajuda de Deus para cumprir todas as promessas que faço.

18 de Agosto

Tenho fé e não sinto medo porque... sei o que tenho de fazer.

As promessas de Deus são acompanhadas de determinados *mandamentos.* Não estamos nos referindo aos Dez Mandamentos. Estamos falando dos *mandamentos de amor* que Deus continua a sussurrar em nossos corações, mesmo quando não queremos ouvi-los. Estamos falando daquelas coisas que sabemos, no fundo da alma, que devemos fazer para o nosso próprio bem. Esses mandamentos nos dirigem, nos inspiram e motivam. Esses mandamentos amorosos nos ensinam a fazer coisas que sabemos serem as melhores para nós. Quando encontramos razões e desculpas para não fazê-las, os mandamentos do amor ecoam em nossos corações sempre que nos encontramos em apuros. Eles nos mandam fazer coisas que nos tornam orgulhosos de ser quem somos, coisas que nos estimulam a ter gestos generosos, mesmo quando os que nos rodeiam parecem não notar ou se importar. Só Deus reconhece e nos recompensa por fazermos coisas que exigem esforço e desprendimento, mas que são uma resposta direta ao mandamento que Ele colocou em nossos corações: "*Nunca se canse de fazer o bem!*" Nossas ações em resposta a esse mandamento são os únicos fundamentos sobre os quais conseguimos construir nossa fé em Deus, em nós mesmos e no processo da vida.

Até hoje, talvez você não tenha compreendido por que continua a fazer as coisas boas que faz, mesmo quando parece que ninguém nota ou se importa. Hoje, faça o bem sabendo que é uma resposta ao mandamento de Deus.

Hoje, eu me dedico a fazer o bem para mim e para os que me cercam.

19 DE AGOSTO

Tenho fé e não sinto medo porque... tenho algo para fazer e alguém para ser.

Há pessoas que nascem em um meio social e familiar inferior às suas possibilidades. Quando progridem, essas pessoas talvez se sintam culpadas por terem alcançado o que poderia ser considerado pelos incapazes como "*demasiado*". Elas ficam se perguntando por que têm tanta sorte, por que parecem tão abençoadas por terem sido capazes de se arrastar para fora do buraco negro da mediocridade que sempre consideraram "normal". Acham que estão sendo egoístas e duvidam de seus próprios talentos. Pobres criaturas! Não sabem que cada realização e cada sucesso são o resultado da ordem de Deus: "*Saia do meio deles!*"

Deus não deseja que permaneçamos com pessoas que não crescem. Na realidade, se não crescermos, corremos o risco de sufocar qualquer motivação que os outros possam ter para ir adiante. "*Saia do meio deles*" é a forma de Deus dizer "saia!". Siga em frente! Use os talentos que Deus lhe deu para fazer o melhor. "*Saia do meio deles*" é a maneira que Deus tem para lhe assegurar que você pode confiar nas Suas promessas. Se você não souber ao certo quais são essas promessas, *releia* as mensagens dos cinco últimos dias. Depois, transmita o que aprendeu para algum amigo que esteja paralisado.

Até hoje, você pode ter se perguntado por que parecia capaz de fazer o que nenhum dos seus conhecidos conseguia. Você pode ter sentido culpa por seu sucesso ou talvez tenha subestimado suas realizações. Hoje, tome consciência de que você é a encarnação viva das promessas de Deus. O que você faz ensina aos outros o que eles podem fazer também.

Hoje, eu me dedico a ir além do que é considerado normal e do que é esperado.

20 de Agosto

Tenho fé e não sinto medo porque... sei que não tenho de saber.

A maioria das pessoas fará tudo que estiver ao seu alcance para evitar admitir que *não sabe!* Quando você realmente admite que *não sabe,* alguns podem expressar desprezo ou espanto. No entanto, quando você *não sabe* e consegue admiti-lo, prepara-se para receber uma cura grandiosa ou uma bênção magnífica!

As pessoas que pretendem saber tudo têm pouca chance de aprender. Mas quando você se dispõe a reconhecer que não sabe abre-se para todos os tipos de informação e ajuda. Quem *sabe que não sabe* procura. Abre a mente e os olhos para coisas em que nunca pensou antes. As coisas que descobrir podem tornar-se verdadeiras bênçãos, autênticos instrumentos de cura e libertação!

Admitir que *não sabe* é sinal de fé e confiança. Significa acreditar que, mesmo quando não sabe, *você sabe que, quando precisar saber, saberá!* Admitir que *não sabe* é um ato de grande humildade que leva à cura da arrogância do ego. Quando você acha que tem obrigação de saber, sente como se tivesse que provar algo para alguém. Admitir que *não sabe* é uma forma amorosa de acolher o seu eu mais autêntico, de reconhecer que se aceita como é, tendo consciência de que pode sempre crescer e saber mais.

Até hoje, você pode ter acreditado que era sua obrigação e responsabilidade saber tudo. Hoje, disponha-se a admitir que não sabe. Abra-se para receber novas informações de fontes esperadas e inesperadas.

Hoje, eu me dedico a reconhecer que não sei,
encontrando novos caminhos de descoberta
e incorporando novas informações.

21 de Agosto

Tenho fé e não sinto medo porque... não temo olhar minha vida.

Às vezes, quando quer insultar você, alguém diz: "*Vai cuidar da sua vida!* Não é uma idéia má. Quando você não sabe o que fazer com a sua vida, a necessidade de ter que cuidar dela talvez cause medo.

Aos vinte anos, você tem o vago objetivo de *cuidar da sua vida.* Aos trinta, a forma de cuidar da vida já foi revista algumas vezes por causa das experiências vividas. Quando, no entanto, ficamos mais velhos, se alguém nos manda *cuidar da vida,* isso nos deixa perplexos. Afinal, será que não cuidamos dela? Ou simplesmente nos deixamos levar pelos acontecimentos, sem segurar as rédeas da vida e dar a direção que desejamos? Você pára e se pergunta: "Eu cuidei da minha vida?" "Como foi que eu cuidei da minha vida?"

Quando você tem consciência do bem precioso que é a sua vida, você a olha com atenção e cuidado, procurando descobrir *quem é* e o que *quer*. Você faz o que sente ser melhor para você, mesmo quando os que estão ao seu redor discordam do que você está fazendo. Você respeita a forma de os outros viverem e exige que respeitem a sua. Cuidar da vida é ter liberdade para mudar de rumo, abrir mão de condicionamentos antigos para refazer seus valores. É examinar seu desejo e planejar a maneira de realizá-lo. É saber que cada experiência – mesmo as dolorosas – traz uma lição e constitui uma bênção.

Até hoje, você pode não ter parado para ver se a vida que tem é a vida que realmente quer. Hoje, examine sua vida. Pergunte-se: "Estou fazendo as coisas que são importantes para mim?" "Estou aprendendo e crescendo com as coisas que estou fazendo?" "Eu me disponho a fazer as mudanças necessárias para construir a vida que desejo?"

Hoje, eu me dedico a cuidar da minha vida para obter a vida que desejo.

22 de Agosto

Tenho fé e não sinto medo porque... estou em uma missão de busca e salvamento conduzida por uma brigada divina.

Emergência! Emergência! Emergência! É hora de salvar seu *eu!* É hora de eliminar o medo, a dúvida e tudo o que promove a autosabotagem. É hora de redescobrir sua missão e objetivo na vida. É hora de recuperar sua confiança! É hora de recuperar sua alegria! É hora de recuperar sua fé!

Emergência! Emergência! Emergência! A brigada de salvamento divina está aqui com uma dose de perdão e fé que ajudará a destruir seus inimigos internos para recuperar sua divindade. É inimigo chamado raiva? Ou é o ódio? *Onde?* Estão ali, alimentados pelas lembranças do mal que certas pessoas lhe causaram. Destrua essas lembranças com o perdão! Você vê o inimigo chamado arrogância? Lá está ele, fortalecido pela comparação com os outros. Qual é o inimigo por trás da necessidade de agradar? A insegurança, a desvalorização. Chame as tropas! Você precisa de uma transfusão de amor-próprio e de auto-aceitação!

Emergência! Emergência! Emergência! Procure sua dignidade. Recupere-a do sentimento de fracasso. Busque sua honra. Recupere-a do sentimento de impotência. Busque seu objetivo. Recupere-o da descrença. Sua vida depende de *você!* É hora de recuperar a fé de que em nenhuma circunstância você sofrerá uma derrota.

Até hoje, você pode não ter percebido que nos seus próprios pensamentos há inimigos capazes de destruir sua fé e diminuir sua auto-estima. Hoje, execute uma missão de busca e salvamento. Examine seus pensamentos e aplique o tratamento adequado ao inimigo.

Hoje, eu me dedico a buscar os inimigos mentais e emocionais e a recuperar meu eu.

23 DE AGOSTO

Tenho fé e não sinto medo porque...
meu coração sempre sabe o que precisa saber.

Há algumas coisas que só o nosso coração sabe. Há perguntas que só o coração pode responder. Há coisas que só fazem sentido para nós quando são ditas pelo coração. Porque só o seu coração sabe o que é certo e o que é o melhor para você. *Tenha fé!* Seu coração tem a resposta que você parece não obter em lugar algum. Quando seu coração quiser que você saiba de alguma coisa, ele se fará ouvir. Preste atenção.

Até hoje, você pode ter acreditado que existe alguém que sabe ou algum lugar em que precisa ir para obter determinadas respostas sobre sua vida. Hoje, pergunte ao seu coração as coisas para as quais parece não haver resposta.

*Hoje, eu me dedico a perguntar ao meu coração
e a receber uma resposta divina dele.*

24 DE AGOSTO

Tenho fé e não sinto medo porque... tenho uma imaginação maravilhosa que visualiza coisas maravilhosas para a minha vida.

Você pode imaginar o que aconteceria se por apenas um momento, com todas as fibras do seu ser, você se permitisse acreditar que poderia ter uma vida exatamente como desejaria ter? Deixe o seu sistema nervoso central se encher com as visões de vida mais deliciosas que puder imaginar. Permita que essas visões desçam por sua coluna vertebral e se espalhem por todo o seu corpo. Deixe que elas fluam para dentro do seu coração. Se você pudesse imaginar sua vida dessa forma por apenas um momento, ela seria uma experiência cheia de possibilidades ilimitadas.

Sinta o pensamento de uma vida pacífica e amorosa alimentando seu corpo. Todos os seus órgãos e nervos. Sinta-o tomando conta de você. Sinta-o percorrendo todo o seu ser, crescendo em intensidade, inundando você de alegria! Pense! Sinta! Faça! Você consegue imaginar o que aconteceria?

Até hoje, você pode ter limitado seus pensamentos sobre as coisas boas que poderiam acontecer em sua vida. Hoje, envolva-se totalmente com esses pensamentos. Envolva seu ser inteiro. Depois, observe o que acontece.

Hoje, eu me dedico a me envolver totalmente com pensamentos e visões de felicidade.

25 de Agosto

Tenho fé e não sinto medo porque... toda a preocupação que tenho é uma preocupação de Deus.

Deus sabe tudo sobre seus problemas. Deus sabe por que você está chorando. Deus sabe com o que você está lutando e por que continua a lutar com as coisas que Deus já afastou de você. Deus também sabe por que você continua repetindo-as. Deus sabe onde você está, para onde está indo e por que acredita que deveria estar mais distante. Deus conhece seus desafios e seu potencial. Deus conhece seus grandes planos e compreende suas ações mesquinhas. Deus acolhe seu afastamento e sua negação da presença Dele. Deus conhece *você*. Não é importante que você conheça Deus. O que é importante é que você *saiba* que, por mais que pareça não haver ninguém ao seu lado, simplesmente não é verdade. Há sempre *alguém* tão voltado para tudo o que lhe diz respeito, tão pronto a ajudar, aceitar, compreender, apoiar, orientar quanto o pai e a mãe mais amorosos e dedicados.

Até hoje, você pode ter acreditado que seus problemas eram só seus. Hoje, considere que há *alguém* que se importa com suas preocupações. O nome que você dá a esse *alguém* realmente não importa. O que importa é que você saiba e acredite que há *alguém* que compartilha tudo o que é seu se você permitir que Ele o faça.

Hoje, eu me dedico a compartilhar meus problemas com ***alguém*** *com quem posso contar.*

26 DE AGOSTO

Tenho fé e não sinto medo porque... se houver um grão de verdade, ele erradicará um milhão de grãos falsos.

O que vem a seguir é uma afirmação. Uma afirmação é uma declaração que encarna a verdade. Se você deseja saber algo sobre si ou sobre sua vida, repita esta afirmação três vezes e faça as perguntas. Depois de repetir a afirmação e fazer a pergunta, fique em silêncio e ouça a resposta. Se a resposta não vier imediatamente, tenha fé! No momento certo, da forma certa, a verdade se fará conhecer por você.

Creio no poder da verdade.
Creio na presença da verdade.
A verdade não pode ser enterrada ou escondida.
A verdade deve ser revelada.
Sinto a essência da verdade quando ela se manifesta em mim.
O Espírito da verdade agora me envolve.
O Espírito da verdade agora me inspira.
A luz da verdade inunda meu ser.
O poder da verdade inunda meu ser.
A presença da verdade inunda meu ser.
A verdade é revelada para mim agora.

Até hoje, você pode não ter sabido como obter a verdade de uma questão urgente em sua vida. Hoje, peça que a verdade se revele. Lembre que o que você pede, receberá!

Hoje, eu me dedico a saber a verdade sobre mim e sobre minha vida.

27 DE AGOSTO

Tenho fé e não sinto medo porque... conheço o poder da verdade.

De repente, você percebe que sabe algo que deve ser dito a alguém, porque essa pessoa precisa saber do que você sabe. A sua intenção é a melhor possível, mas, para sua surpresa, essa pessoa reage como se você não tivesse falado, ou como se o que tivesse dito fosse uma *dose de veneno!* Se isso acontecer, *não se alarme!* Isso não significa que só porque alguém não ouviu, deixou de responder ou escolheu não aceitar a verdade que você apresentou, você fez mal em dizê-la. Quando você se dá conta de que a verdade muitas vezes obriga as pessoas a mudarem, é fácil compreender porque ela nem sempre é aceita. Não tem nada a ver com você!

Estamos falando aqui sobre *a verdade clara e dita com uma intenção amorosa.* Não *a sua verdade* ou a verdade que você conhece. *A verdade* sempre elimina a escuridão mental ou emocional e promove a cura. Embora *a verdade* possa ser chocante, ela nunca diminui ou desvaloriza uma pessoa. Somente quando alguém não se dispõe a crescer é que resistirá a ouvir e saber a verdade. Se for você quem tiver de revelar a verdade para uma pessoa que não está pronta para ouvi-la, tenha fé! Quando seu coração está puro e você revela a verdade, saiba que ela é ouvida. No entanto, o ouvinte pode escolher o que fazer com a essência do que você está dizendo.

Até hoje, você pode ter evitado dizer a alguém a verdade do que sabe a respeito dessa pessoa. Ou a verdade que você disse pode ter sido ignorada. Hoje, diga a verdade sem qualquer expectativa sobre a resposta.

Hoje, eu me dedico a dizer a verdade de forma clara e amorosa, sem me importar com a resposta.

28 de Agosto

Tenho fé e não sinto medo porque...
sou uma celebração do amor.

Debaixo de toda dor, decepção, ressentimento e medo de que a vida não corresponda ao que você quer há o *amor*. Há a lembrança do toque, do aconchego, da excitação do amor. Há uma ânsia por saber e experimentar aquela expressão do amor. Vá para lá! Fique lá! Descanse lá! Celebre o amor que você enterrou em seu coração.

Quando você celebra o *amor incondicional* presente em toda experiência vivida, você atinge um grau de compreensão que reduz a angústia. O amor que há sob a ferida e a dor de sua vida não permitirá que você culpe ninguém. Ele evitará que você se julgue e julgue os outros. O amor que há sob a sua dor e sob o medo da dor ajudará você a se dar conta de que todas as coisas que disse sobre o amor eram apenas fantasias. O amor trará à tona a verdade que você conhecia no fundo do coração. O amor que reside sob a dor e o ressentimento lhe dirá que não houve rejeição, abandono, ofensa ou derrota. Celebrar o amor é lembrar que há um lugar em você onde pode encontrar tudo que precisa ou pensava estar perdido. Vá lá agora! Fique lá agora! Descanse lá agora! A única coisa que você precisa fazer para encontrar o amor em você é lembrar: *o amor de Deus me trouxe até aqui.*

Até hoje, você pode ter esquecido que em tudo que você viveu há o amor de Deus. Hoje, procure o amor dentro de todas as experiências. Lembre-se de todo o amor que deu e recebeu. Encha seu coração e sua mente com pensamentos de amor. Depois celebre-se por reconhecer o amor.

Hoje, eu me dedico a lembrar e celebrar o amor independentemente do que esteja acontecendo.

29 de Agosto

Tenho fé e não sinto medo porque... sou à prova de fogo.

Há um procedimento simples que você provavelmente aprendeu no jardim-de-infância e que lhe será útil hoje. Esse procedimento ensinou o que fazer se suas roupas pegarem fogo. Ele consiste de três passos simples. Pare! Caia! Role!

Quando houver um incêndio em sua vida, um problema que você não foi capaz de evitar que progredisse, não faça nada. PARE! Pare todos os movimentos, todas as tentativas de consertar. Pare e depois CAIA! Deixe suas defesas e suas desculpas caírem! *Deixe todos os seus planos caírem!* Deixe a necessidade de saber tudo e de fazer tudo cair! Pare e caia de joelhos, rezando! Esta é a posição que você deve assumir se deseja que *o Corpo de Bombeiros* apague o incêndio. Deus é o corpo de bombeiros, e quando você entrega a situação nas mãos de Deus pode ter certeza de que a ajuda está a caminho.

Há alguns incêndios em sua vida que você simplesmente não pode apagar. Esses problemas são como incêndios que se espalharão, a menos que você faça algo rápido! Esses são os problemas que têm pegado fogo em sua vida por tanto tempo, que você está prestes a perder tudo. Você não consegue pensar! Você não sente! Você tem medo de sair! Quando um problema se transformar nesse tipo de incêndio, você sabe o que fazer! Pare! Caia! *Role o problema para Deus.*

Até hoje, você pode ter andado em círculos, acreditando que poderia apagar os incêndios em sua vida. Hoje, volte para o jardim-de-infância. Pare! Caia! E role! Tenha fé! Deus cuidará de tudo e você não se queimará.

Hoje, estou num treinamento contra incêndio.
Estou praticando como parar, cair e rolar.

30 DE AGOSTO

Tenho fé e não sinto medo porque... estou passando por uma transformação de dentro para fora.

Eis uma prece de fé.

Agora, convido o Espírito Santo para transformar amorosamente cada energia, cada crença, cada idéia, cada compreensão, cada decisão, cada expectativa, cada julgamento, cada motivação e cada comportamento, alinhando-os com o desejo perfeito *de Deus, de forma que eu possa dar o próximo passo na direção do plano divino para a minha vida.*

Agora, convido o Espírito Santo para transformar amorosamente cada energia, cada crença, cada idéia, cada compreensão, cada decisão, cada expectativa, cada julgamento, cada motivação e cada comportamento, alinhando-os com a paz perfeita *de Deus, de forma que eu possa dar o próximo passo na direção do plano divino para a minha vida.*

Agora, convido o Espírito Santo para transformar amorosamente cada energia, cada crença, cada idéia, cada compreensão, cada decisão, cada expectativa, cada julgamento, cada motivação e cada comportamento, alinhando-os com o amor perfeito *de Deus, de forma que eu possa dar o próximo passo na direção do plano divino para a minha vida. Por tudo que recebi e tudo que ainda está por vir, sinto enorme gratidão! Assim seja!*

Até hoje, você pode não ter sabido como elevar sua vida para o próximo nível. Hoje, coloque fé e confiança em suas preces.

Hoje, eu me dedico a permitir que o Espírito Santo me guie para o próximo passo de meu crescimento pessoal e desenvolvimento espiritual.

31 de Agosto

Tenho fé e não sinto medo porque... estou aprendendo com as experiências dolorosas.

Se você já viu uma criança aprendendo a nadar, você testemunhou a fé em ação. É óbvio que a criança, em pé na borda da piscina, pensa: "*Não vou entrar lá!*" Com algum apoio, a criança vai colocando os pés na água. Se a água estiver morna, ela talvez entre um pouco mais. Na próxima tentativa, a criança avançará, ficando com água até os joelhos. Passo a passo, dia após dia, com o tipo certo de ajuda e estímulo, a criança chegará a mergulhar o corpo inteiro na água. O teste real virá quando ela for empurrada para dentro da piscina. Nesse momento, o pequeno nadador deve decidir se pode ou não vencer o desafio e ter coragem para flutuar.

Aqueles que não estão vivendo completamente porque sentem medo das águas profundas da dor são como a criança aprendendo a nadar. Precisam aprender a fazê-lo passo a passo. Caso sejam empurrados, têm que decidir se serão capazes de sobrenadar ou não. Felizmente, a fé é o guarda-vidas de serviço. A fé pode tirar você da água. A fé pode ajudar você a secar o rosto. A fé encorajará você a tentar de novo e cuidará de você, passo a passo, até que aprenda a nadar por si só.

Até hoje, você pode ter permitido que experiências difíceis e lembranças dolorosas afastassem você das águas, às vezes turbulentas, da vida. Hoje, coloque uma parte de seu corpo na água. Tente uma coisa que jurou que nunca mais faria. Deixe a fé segurar você enquanto nada.

Hoje, eu me dedico a viver pela fé e a me abrir para uma experiência mais completa da vida.

SETEMBRO

CONFIANÇA

Se existir algo pelo qual vale a pena
se expor, exponha-se.
Se você se expuser demais, precisa
acreditar que sobreviverá.
Enquanto não tiver coragem de se expor,
você não confiará em si.
Quando encontrar uma forma de se expor
sem medo de sofrer invasão, compreenderá
o significado de confiar.

1 DE SETEMBRO

Eu sinto e exprimo o poder da confiança porque... estou aprendendo a confiar em mim.

Confiança é um processo simples. Ou você confia ou não confia. Se não confia em si, não confiará nos outros. Quando não confia nos outros, não consegue confiar no amor que liga as pessoas umas às outras. Se não confia no seu amor por outras pessoas, não consegue viver aberta e plenamente. Quando não se abre para viver plenamente, é porque tem medo de sofrer. Isso mostra que você acha que não sabe lidar com a dor. Acreditar que não é capaz de lidar com algo significa que você não confia em si. E aqui voltamos ao ponto de partida.

Até hoje, você pode ter acreditado que confiava ou não nos outros por causa das experiências que viveu com eles. Hoje, reflita sobre a sua autoconfiança e veja como ela afeta seu comportamento e suas escolhas.

Hoje, eu me dedico a desenvolver um nível mais profundo de autoconfiança.

2 de Setembro

Eu sinto e exprimo o poder da confiança porque... compreendo a conexão entre confiança e fé.

Os conceitos de confiança e de fé estão tão intimamente relacionados, que muitas vezes é difícil distinguir um do outro. Podemos afirmar que sem confiança não há fé. A fé é a capacidade de ver o invisível, é saber que uma coisa existe antes de vê-la. Confiar é saber que o invisível realmente existe. Fé é o poder do coração de atrair o que se deseja. Confiança é a capacidade de obter o que se deseja. Fé é a embalagem da confiança. Confiança é a substância que enche a caixa da fé. A fé é o bolo. A confiança é a manteiga que você usa para fazer o bolo.

Quando você tem fé em algo, a confiança lhe permite acreditar que sua fé dará frutos. Quando você tem fé, você desenvolve a confiança. Quando você confia, a fé não é mais necessária. Você já conhece.

Até hoje, talvez não tenha percebido a diferença sutil entre confiança e fé. Hoje, permita que a confiança e a fé fiquem lado a lado. Coloque sua fé em um desejo de seu coração, depois confie que ela obterá esse desejo.

Hoje, eu me dedico a confiar fielmente que obterei as coisas nas quais coloco minha confiança e fé.

3 de Setembro

Eu sinto e exprimo o poder da confiança porque... sempre começo a partir de dentro.

A confiança nunca está do lado de fora. Ela está dentro de nós. Confiança é uma decisão. É um reflexo daquilo em que você decidiu acreditar.

Confiar não é uma atitude tranqüila. Quem confia se dispõe a arriscar, mesmo quando não há prova que dê total segurança. Confiar não é procurar provas de que estamos dando os passos certos em direção ao resultado final. Confiar é persistir na meta, independentemente das dificuldades do caminho. Confiar é persistir na meta, apesar da discordância dos outros. Confiar é persistir no trabalho, mesmo quando parece não haver retorno.

Pense nisso: a confiança se baseia em sua capacidade de manter-se firme, sabendo que, aconteça o que acontecer, *você ficará melhor do que estava no começo.*

Até hoje, você pode não ter refletido sobre o que é confiança. Hoje, analise suas crenças sobre sua capacidade de confiar em si e no processo da vida. Verifique por que você confia mais em algumas coisas e pessoas do que em outras. Lembre-se de que a autoconfiança é a base da sua capacidade de confiar.

Hoje, eu me dedico a compreender o verdadeiro valor e significado da confiança.

4 de Setembro

Eu sinto e exprimo o poder da confiança porque... não quero mais me trair.

Você coloca sua confiança em alguém e descobre que essa pessoa não é digna de confiança. Isso causa mágoa, raiva, decepção. A pergunta é: a raiva é da pessoa que traiu sua confiança? Ou é raiva de você por confiar nessa pessoa? Se você pensar bem, vai descobrir que está com mais raiva de si, por ter se deixado enganar.

Há sempre uma lição na traição. *Aprenda a confiar em si!* Examine como foi o processo que resultou na traição. A pessoa deu algum sinal – por menor que fosse – de que não era digna de confiança? Você não quis ver? Negou quando alguém mais próximo alertou? Se foi isso que aconteceu, não fique se acusando de estupidez e ingenuidade. Aprenda com a experiência para não voltar a repeti-la!

Até hoje, você pode ter ficado com raiva de alguém que traiu você, quando, na verdade, foi você quem se traiu. Hoje, faça uma lista de todas as experiências em que você foi vítima de traição. Depois, pergunte-se: *Quando vi o sinal pela primeira vez? Por que ignorei o sinal?* Lembre-se do que viu e sentiu. Na próxima vez, confie em você!

Hoje, eu me dedico a compreender a diferença entre traição e autotraição, e a aprender a lição.

5 DE SETEMBRO

Eu sinto e exprimo o poder da confiança porque... confio nas pessoas certas pelas razões certas.

Embora muitos possam pensar que não confiam em si ou nos outros, estão sempre demonstrando algum grau de confiança. A confiança faz parte de nossas vidas. Confiamos que, ao dormirmos à noite, acordaremos pela manhã. Quando estamos doentes, confiamos nos médicos. Confiamos aos bancos nosso dinheiro. Confiamos aos professores nossos filhos, e aos mecânicos, nossos carros. No campo dos relacionamentos, embora a confiança pareça difícil, nós também confiamos. Infelizmente, às vezes colocamos nossa confiança nas pessoas *erradas*.

Quando alguém nos magoa, achamos que seremos magoados novamente. Achamos que os políticos mentem para nós. Andamos e vivemos protegidos por alarmes e cercas e atravessamos a rua quando vemos uma pessoa que parece *perigosa* vindo em nossa direção. A questão não é saber como se aprende a confiar. A questão é: *como aprender a confiar nas pessoas certas?*

Há uma luz de amor e compaixão em todos os seres humanos. Se cada um de nós decidir expressar esse amor e compaixão, nossas luzes começarão a brilhar. À medida que aprendermos a *ver* a luz que existe em todos e a *ser* a luz para todos, aprenderemos a confiar na luz. Aprender a confiar na própria luz não significa que nunca enfrentaremos dificuldades. Mas a nossa luz nos revelará as pessoas indignas de confiança e nos ensinará a lidar com elas.

Até hoje, você pode ter acreditado que tinha de aprender a confiar. Hoje, analise as coisas e pessoas em que você confia e se pergunte: "*Por quê?*"

Hoje, eu me dedico a permitir que o amor e a compaixão brilhem através de mim em todas as situações.

6 de Setembro

Eu sinto e exprimo o poder da confiança porque... tenho direito à minha própria confiança.

Você não tem de *saber com certeza* que está fazendo a coisa certa. Tudo que precisa saber é que está fazendo o que *sente que é* certo para você. Confie no que sente! Faça!

Você não tem de *saber* que está fazendo as coisas da forma certa. Tudo que precisa saber é que está fazendo o *melhor* que pode, baseando-se no que sente ser certo para você. Confie no que sente! Faça!

Você não tem de *saber* como fazer as coisas perfeitamente na primeira vez. Tudo que precisa saber é que seu *propósito* e suas ações são *dignas e honestas*, e que você está fazendo o melhor que pode, baseando-se no que sente ser certo para você. Confie no que sente! Faça!

Você não precisa da *aprovação* de sua família ou da comunidade! Tudo que precisa saber é que está fazendo o que sente ser o certo para você com um propósito honesto e digno, da melhor forma possível. Confie no que sente! Faça!

Quando você aprende a confiar no que sente, sua confiança cresce.

Até hoje, você pode ter esperado o momento certo, a forma certa e a aprovação das pessoas certas antes de agir. Hoje, confie no que sente! Aja!

Hoje, eu me dedico a confiar no que sinto e a agir como sinto que é certo para mim.

7 de Setembro

Eu sinto e exprimo o poder da confiança porque... sei como enfrentar as forças ocultas.

Você consegue se lembrar da vez em que, quando estava se alegrando por ter superado um problema ou uma crise, aconteceu algo que puxou de novo você para baixo?

Há uma força oculta, uma energia negativa, que consegue entrar na sua vida nos momentos mais inconvenientes, de formas muito destrutivas. Quando essa força entra em sua vida, você pode chamá-la de demônio, problemas, crise, desafio ou dificuldades. De qualquer forma, cuidado! Quando a força oculta entra em sua vida, ela só tem um propósito: derrotar e derrubar! A melhor coisa a fazer nesse caso é não revidar. Renda-se, cubra o rosto, reze e confie!

Não tente lutar contra a força oculta contando apenas com suas forças! Ela não tem medo de você! Não tente provar nada a ninguém! *Deite-se! Cubra seu rosto! Não reaja!* Reze em voz alta, acreditando que sua ajuda está a caminho e lembrando-se: "*Deus é minha defesa e meu defensor!*"

Até hoje, você pode ter pensado que era nobre tentar lutar contra as forças ocultas que entravam em sua vida. Hoje, pare de tentar provar que você é mais forte do que as energias negativas e as forças ocultas ao seu redor. Proteja-se com oração e fé.

Hoje, eu me dedico a chamar o Defensor Maior para me defender das forças do mal.

8 DE SETEMBRO

Eu sinto e exprimo o poder da confiança porque... tenho uma compreensão clara do que é necessário fazer para as coisas acontecerem!

As pessoas adoram dizer que a vida é desleal, injusta e desigual. Mas a verdade é: *A vida é um processo de semear e colher!* O tempo, os recursos e os esforços que você aplica são a *sua semeadura*. O que você obtém de volta é a *sua colheita*. O lavrador que trabalha no campo lhe afirmará: *se você quiser colher, deve aplicar um esforço disciplinado ao semear!* E ter paciência e fé para esperar o fruto brotar.

Quando você se dá plenamente ao processo de semear, *pode confiar* que o que deu retornará! O dia em que duvidar, sua colheita estará comprometida e sua energia enfraquecida. É preciso acreditar no processo para se comprometer a semear de uma forma disciplinada.

Não se preocupe se até agora você procurou evitar dificuldades, pegando atalhos! Sempre é tempo de recomeçar de forma disciplinada o que até então foi feito ao acaso. A colheita só não acontecerá se você se empenhar muito nos discursos e intenções, sem tomar medidas concretas para ir semeando.

Até hoje, você pode ter falado sobre o que quer, sem realizar o que é necessário para fazê-lo acontecer. Hoje, cultive seu solo mental com determinação. Fertilize seu solo emocional com palavras positivas. E plante as sementes do desejo do seu coração com esforços disciplinados.

Hoje, eu me dedico a confiar no processo de semear e colher e a ter disciplina em meu trabalho.

9 DE SETEMBRO

Eu sinto e exprimo o poder da confiança porque... coloco minha energia nas coisas em que confio.

Embora alguns fiquem horrorizados só de pensar em viver sem alguma ligação com Deus, muitas pessoas que se dizem *atéias* parecem passar pela vida razoavelmente bem. Apesar da falta de fé em Deus, elas levam vidas normais e saudáveis. Muitas são bem-sucedidas financeiramente e estáveis profissionalmente. São bem casadas, excelentes pais e mães, amigos leais e confiáveis. Na realidade, algumas parecem se sair muito melhor do que outras que conhecem, amam e temem a Deus.

Quando você coloca sua fé e a energia de sua crença naquilo que faz, seu trabalho será bem-sucedido. Se você acredita em si, se confia no seu julgamento e o sustenta com esforço sinceros, você tem muitas chances de acertar. Provavelmente sua tarefa será mais leve se você acreditar na graça, na misericórdia e no amor de Deus. O estresse será menor se puder erguer as mãos e a voz de vez em quando para reconhecer a presença divina e agradecer pelos dons recebidos. Porém, nada disso é indispensável.

Até hoje, você pode ter acreditado que "Eu confio em Deus!" era um pré-requisito para uma vida bem-sucedida. Hoje, permita-se e permita que os outros tenham a liberdade de escolher o nome daquilo em que acreditam. Valorize suas ações mais do que o seu discurso.

Hoje, eu me dedico a examinar a energia que coloco nas coisas em que confio.

10 DE SETEMBRO

Eu sinto e exprimo o poder da confiança porque... pressuponho que o que faço será um sucesso.

Uma vida bem-sucedida resulta da pressuposição de que ela *será* bem-sucedida. Alguns chamam isso de *pensamento positivo*. Parta do princípio de que você *sabe quem é* e *o que quer fazer*. Quando não tiver certeza, pressuponha que será capaz de descobrir. Pressuponha que *fará* o que quer fazer. Se confiar no pensamento positivo, *ele trabalhará a seu favor*.

Muitas pessoas adotam uma postura negativa ante a vida. Acreditam que as dificuldades do passado voltarão a repetir-se, que seus empreendimentos não darão certo, que as pessoas que as cercam querem prejudicá-las, que não serão capazes de erguer-se se caírem. E acreditam que irão cair. Ouvem as pressuposições negativas dos outros a respeito delas, e as assumem. Não tenha dúvida: se você cultivar um pensamento negativo, *ele também trabalhará, mas contra você*.

Se você se identifica com as pessoas que cultivam pensamentos negativos, já lhe ocorreu por que as coisas desagradáveis que você acredita que acontecerão, acontecem com tanta freqüência? Talvez, se você colocasse sua confiança em algumas pressuposições positivas, elas também ocorreriam.

Até hoje, você pode não ter percebido o poder de uma pressuposição. Na realidade, você pode ter se entregado a uma série de pressuposições negativas. Hoje, comece a acreditar em si, nas possibilidades e nas pessoas da sua vida.

Hoje, eu me dedico a acreditar em tudo que há de melhor em mim e em minha vida.

11 de Setembro

Eu sinto e exprimo o poder da confiança porque... confio na presença da Corte Divina que virá em meu auxílio.

Há uma presença poderosa que circunda você o tempo todo. Essa presença é chamada de *Corte Divina.* A Corte Divina abre portas de oportunidades e fecha os portais da autoderrota. A Corte Divina nutre seu espírito e sustenta sua mente. Quando você precisa ver alguma coisa, a Corte Divina são os seus olhos. Quando você precisa ouvir alguma coisa, a Corte Divina sussurra para você. Se necessitar entender algo, a Corte Divina tornará compreensível.

Pense na Corte Divina como uma legião de superseres cuja missão é apoiar suas intenções e esforços. Esses seres farão tudo que for necessário para que você atinja plenamente seu potencial.

É importante que você se familiarize com cada membro da Corte Divina. Quem a dirige é a *verdade.* Procure-a o tempo todo. Ela lhe dará todo o apoio através de suas assistentes – a *confiança* e a *fé.* O superintendente da Corte é o *perdão,* cuja assistente é a *renúncia.* Integrando a equipe estão a *perseverança* e a *gratidão.* Se você tiver problemas com uma dessas duas, apele para a *crença.*

Até hoje, você pode ter pensado que andava pela vida sem ajuda. Hoje, use a energia e o apoio da Corte Divina para sua proteção e defesa.

Hoje, eu me dedico a invocar o poder e a inteligência da Corte Divina.

12 DE SETEMBRO

Eu sinto e exprimo o poder da confiança porque...
sei que não posso pegar o caminho mais fácil.

Quando não souber por onde ir, não pegue a saída mais fácil. Evite pegar o atalho. Nunca deixe que a pressão do momento force você a fazer algo desonesto ou indigno. Antes de agir com raiva ou desespero, invoque a força, a energia e a presença da mente para fazer o que é melhor para você e para todos. Acredite em mim: quando não souber por onde ir, pegue a *estrada maior*.

A estrada maior é *qualquer ação* ou *qualquer palavra* dita com a intenção de restaurar a paz e aprimorar o amor. Pode ser difícil manter nossos olhos nessa estrada quando nos sentimos agredidos ou prejudicados. O medo da rejeição e do abandono também pode fazer você perder de vista a estrada.

Quando estamos estressados, pressionados ou assustados, é mais fácil sermos desonestos. Se estamos com raiva, é compreensível que desejemos atacar. Quando a mentira parece ser a única saída, talvez você *pense* em mentir. *Não faça! Há sempre uma forma melhor.* Quando você deliberadamente ultrapassa os limites do que é bom, honesto, amoroso e harmonioso, as conseqüências são sempre nefastas. Não deixe que isso aconteça com você!

Até hoje, você pode ter permitido que as pressões e o estresse levassem você a tentar o caminho que parecia mais fácil. Hoje, procure a estrada maior. Recuse-se a dizer algo ou a fazer algo que não crie a paz, a cura e o amor.

Hoje, eu me dedico a escolher a estrada maior mental, emocional e espiritual em todas as situações e experiências.

13 de Setembro

Eu sinto e exprimo o poder da confiança porque... acredito que saber quem sou é suficiente.

Quando você se desvaloriza, sua tendência é fazer mais do que o necessário para provar o que vale. Isso nunca funciona. Eu lhe aconselho: *coloque-se por inteiro* em cada experiência.

Colocar-se por inteiro não significa fazer tudo com perfeição, mas dar tudo de si para fazer de qualquer experiência uma contribuição valiosa para si e para o mundo. Significa doar-se de forma muito amorosa e positiva.

Quem se coloca por inteiro não está provando nada, não está competindo, nem tem medo de errar. Se você de fato se coloca por inteiro, sente tranqüilidade para dizer a verdade, estabelecer limites e fazer com que sejam respeitados. Quem quer apenas se afirmar não coloca limites nem respeita os dos outros. Atropela e se deixa atropelar.

Colocar-nos por inteiro permite sentir circulando em nós a plenitude da energia divina. E não há nada que nos faça sentir mais completos do que a certeza do amor de Deus por nós. Se a qualquer momento você sentir a tentação de desvalorizar-se, invoque essa presença. Insista até conseguir experimentá-la!

Até hoje, você pode ter negado ou ignorado os dolorosos sentimentos de desvalorização que levam você a fazer mais do que é necessário em qualquer situação. Hoje, sinta a plenitude do seu ser, dando-se por inteiro em cada ação do seu dia, e acredite que é mais do que suficiente ser apenas como você é.

Hoje, eu me dedico a me colocar por inteiro em cada uma das minhas ações.

14 de Setembro

Eu sinto e exprimo o poder da confiança porque... estou me preparando para ter as coisas que quero.

Este é seu dia de sorte! Este é o dia em que você pode ter tudo que deseja. *Basta pedir.* Vá em frente! Peça algo, grande ou pequeno, apenas peça. Ninguém vai pedir nada em troca. Se você acredita que a vida está a seu favor, vá em frente e peça. Se você se acha capaz de administrar o que deseja, peça. Se você acha que tem o direito de ter o que deseja, peça. Se você se ama o suficiente para ter o que deseja sem lutar para conseguir, peça. Se seu coração está aberto e livre de ódio, raiva, ressentimento ou medo, peça o que deseja. Se você acredita que merece, peça. Se você não tem medo do que as pessoas dirão a seu respeito quando você tiver tudo que deseja, peça. Pare e pense: qual é a coisa que você deseja e que se encaixa nesses critérios?

Até hoje, você pode não ter compreendido o que seria necessário para obter exatamente o que deseja na vida. Hoje, analise os critérios. Prepare-se para ter o que deseja.

Hoje, eu me dedico a fazer o que for preciso para obter exatamente o que desejo.

15 de Setembro

Eu sinto e exprimo o poder da confiança porque... percebo que nunca consigo provar quem sou com o que faço ou dou.

Há um momento na vida em que você deve saber que tudo que já deu ou fez é suficiente e que, se continuar tentando e insistindo em dar mais, vai atingir um ponto de déficit. Estou falando especificamente de relacionamentos.

Lembre-se, *a vida é um processo em que damos e recebemos.* Quando você dá com amor e alegria, precisa receber na igual medida. Isso não significa que deva fazer uma conta-corrente. Significa que sua doação deve ser acolhida com a mesma qualidade de afeto com que foi dada. Nos relacionamentos e situações em que você não sente alegria em dar talvez esteja dando por razões erradas, ou o que você dá esteja sendo negado ou desvalorizado.

Quando você dá mais do que recebe e continua dando, corre o risco de frustrar-se profundamente, sentindo-se vítima de exploração. Dê com amor. Dê com alegria. Dê de si pela alegria e pelo amor de dar. Mas saiba para quem dar.

Até hoje, você pode ter permanecido em relacionamentos doentios, dando sem receber em retorno. Hoje, dedique-se a examinar as experiências em que o desequilíbrio entre dar e receber gera um desgaste mental, emocional, espiritual ou físico.

Hoje, eu me dedico a analisar os relacionamentos em que não estou recebendo em retorno o que estou dando.

16 de Setembro

Eu sinto e exprimo o poder da confiança porque... me disponho a fazer o trabalho que preciso para aprender mais sobre mim.

Quando você está *num* relacionamento com *uma outra* pessoa, fazendo e sentindo as *mesmas* coisas que já fez e sentiu em outros relacionamentos, preste atenção! Isso significa que há algo que você precisa aprender sobre si e que não tem nada a ver com a pessoa com quem você está.

A verdade é que a maioria das pessoas não tem *muitos relacionamentos*. Elas têm *um relacionamento* com *muitas pessoas*. Você repete *em todos os relacionamentos* as mesmas questões e desafios. Qual é o seu aspecto que atrai o mesmo tipo de parceiro e que reproduz as mesmas situações que você enfrenta com seus pais, irmãos e amigos? Quando você começa a ser capaz de responder a essa pergunta, a mudança se torna possível. O problema não se encontra no parceiro, mas em você. Quando escolher mudar, seu comportamento mudará. Quando seu comportamento mudar, as feridas, medos, expectativas e julgamentos falsos serão curados.

Até hoje, você pode ter pensado que cada relacionamento em sua vida foi diferente dos outros. Hoje, procure os pontos problemáticos e as experiências que se repetem em todos os seus relacionamentos. Depois, disponha-se a investir na mudança.

Hoje, eu me dedico a analisar o papel que desempenho nas dificuldades que surgem em todos os meus relacionamentos.

17 de Setembro

Eu sinto e exprimo o poder de confiança porque... sei que tenho uma ligação espiritual com meu Criador.

Na Bíblia Sagrada, aprendemos com a história de Daniel o que significa uma *ligação espiritual*. Daniel tinha uma fé e uma ligação muito fortes com seu Criador, que reconhecia como fonte de sua notável sabedoria e profetismo. As pessoas ficavam com ciúmes por acharem que Daniel se considerava *especial*.

Quando temos consciência, como Daniel, do poder de nossa ligação com a fonte espiritual, as opiniões e o ciúme dos outros perdem a importância. Fazemos o que nos dita a fonte espiritual, sem nos deixarmos abalar ou pressionar pelas expectativas alheias ou por qualquer ameaça, pois sabemos que nada poderá atingir o que temos de essencial. Esta é a lição que aprendemos com a história de Daniel.

Quando Daniel se recusou a cumprir o que o rei ordenava, por ser contrário ao que lhe ditava seu Criador, as pessoas da corte convenceram o rei a jogar Daniel na cova dos leões No dia seguinte, quando o rei foi ver o que tinha acontecido, encontrou Daniel vivo, e a Bíblia nos conta: "Daniel foi tirado da cova e não se encontrou nele lesão alguma, *porque acreditou no seu Deus*."

Até hoje, você pode ter acreditado que era necessário ligar-se a pessoas capazes de sustentar você nas horas difíceis. Hoje, invista na ligação espiritual com seu Criador para ter proteção e orientação divinas.

Hoje, eu me dedico a experimentar
e a fortalecer minha ligação espiritual.

18 DE SETEMBRO

Eu sinto e exprimo o poder da confiança porque... se eu fizer a pergunta certa, obterei a informação que preciso.

Faça a pergunta certa para obter a informação que precisa. Não pergunte: "*Por que ele ou ela não faz isso ou aquilo?*" Pergunte: "*O que eu devo fazer?*"

Nos homens predomina a *mente*. Homem, você confia em suas *idéias*? Você acredita que as idéias que recebe vêm de uma *fonte divina*? Você sabe que tudo que precisa para manifestar uma idéia lhe é fornecido? Você tem medo de pedir o que precisa? Você confia em si e na sua divindade?

A energia feminina vem mais do *coração*. Mulher, você se vê como uma *pessoa amorosa*? Você tem consciência de que todos os que entram em sua vida se tornam seus *alunos?* Você sabe que, quando ensina, você aprende o que precisa saber? Você sabe como é bonita? Você entende que a beleza é uma qualidade divina que as mulheres possuem? Você confia em si e na sua divindade?

Reflita sobre as respostas que estas perguntas suscitam. Elas dizem respeito ao objetivo essencial de nossa vida. Nossa capacidade de agir a partir delas será capaz de criar famílias amorosas, comunidades solidárias e um mundo pacífico.

Até hoje, você pode ter tido idéias erradas sobre seu objetivo e sobre sua função na vida e nos relacionamentos. Hoje, dedique algum tempo para se fazer algumas perguntas em que você nunca tinha pensado.

Hoje, eu me dedico a fazer as perguntas certas sobre mim e sobre o meu objetivo.

19 de Setembro

Eu sinto e exprimo o poder da confiança porque... sei que estou tomando todas as providências necessárias.

Você vai enlouquecer! Tudo em volta está um caos. Tudo que poderia sair errado saiu ou sairá errado. *O que fazer?* Você dá um passo de cada vez em uma direção, confiando que tudo ficará bem. Não será fácil, mas se você confiar que tudo sairá bem, tudo ficará bem.

Quando as coisas parecem não estar dando certo, um ser perverso entra em sua mente e aponta cada pequeno detalhe do que está aparentemente dando errado. Depois, anuncia que as coisas só vão piorar e que você não será capaz de resolvê-las. Em vez de aceitar o ser perverso, *o que você faz?* Dá um passo de cada vez, caminhando em uma única direção, fazendo uma coisa por vez. E manda o ser perverso calar a boca e ir embora. Ele terá de perceber que em sua vida você só faz o que está dentro das suas possibilidades, no tempo possível, com os recursos de que dispõe. Você só pode dar um passo de cada vez.

Até hoje, você pode ter tentado fazer muitas coisas ao mesmo tempo, num esforço superior à sua capacidade. Hoje, escolha uma coisa à qual você sabe que deve se dedicar. Focalize essa coisa. Priorize seus passos. Dê um passo de cada vez.

Hoje, eu me dedico a ir devagar, com cuidado, em uma única direção, para fazer uma coisa de cada vez.

20 DE SETEMBRO

Eu sinto e exprimo o poder da confiança porque...
há um lugar divino para colocar tudo o que me desafia.

Escolha uma caixa bem bonita. Não precisa ser nova, nem luxuosa, basta que você goste dela. Limpe bem a caixa, pois ela vai ser um instrumento precioso para você. Chame-a de Caixa de Deus. Vou lhe dizer como ela funciona.

Comece priorizando todas as tarefas e responsabilidades em que você esteja trabalhando ou onde está encontrando dificuldade. Liste os seus desejos. Agora, selecione as tarefas e desejos que lhe parecem mais importantes e complicados e coloque-os dentro da caixa. A maneira de colocá-los é escrevendo do que se trata em vários pedaços de papel, um para cada coisa. Use o mínimo de palavras possível e, sobretudo, *evite a tentação de dizer a Deus como deseja que a situação se resolva*. Coloque os pedaços de papel na Caixa de Deus. Durante o dia e nos dias seguintes, cada vez que se lembrar do que está na caixa, simplesmente pense: “Deus está tomando conta!”

Se por alguma razão algo que está na Caixa de Deus não se resolver, escreva novamente. Tenha certeza de que você está entregando seus problemas a Deus e receberá orientação sobre o que fazer.

Até hoje, você pode não ter encontrado uma forma de lidar com a pressão crescente de determinadas situações em sua vida. Hoje, faça uma Caixa de Deus. Use-a para entregar a Ele algumas das coisas que você é incapaz de lidar neste momento.

Hoje, eu me dedico a perceber que, quando não consigo fazer alguma coisa, Deus consegue.

21 DE SETEMBRO

Eu sinto e exprimo o poder da confiança porque... reconheço a diferença entre fato e ficção.

Um fato é uma situação temporária. A verdade é uma presença constante. Um fato está sujeito a mudanças ou alterações. A verdade é imutável. Um fato pode representar a verdade ou pode se basear somente na especulação. A verdade representa o poder e a presença do Espírito. Os fatos estimulam o intelecto. *A verdade abre o coração*. Um fato começa com uma premissa que exige mais fatos para provar uma conclusão. *A verdade é a conclusão*, cuja compreensão é capaz de modificar os fatos. Pode-se resistir, ignorar ou negar um fato. A verdade é inquestionável. Você não deve confiar cegamente nos fatos. Você sempre pode confiar na verdade.

Passamos a vida tomando decisões e fazendo escolhas baseadas em fatos. Quando um novo fato ocorre, ou nos é relatado, mudamos o nosso rumo, correndo o risco de nos desviarmos e nos perdermos. Enquanto não compreendermos que existe uma verdade sobre nós que até agora desconhecemos, ficaremos à mercê dos fatos.

Examine sua vida para descobrir como os fatos têm determinado suas escolhas. Qual é sua verdade mais profunda e essencial? Qual é a verdade do seu objetivo de vida? Dos valores que determinam suas ações? Pense. Reflita com calma. Faça as perguntas e espere que as respostas cheguem no correr do dia ou dos próximos dias. Confie nisso: há um nível mais profundo de verdade que existe e está disponível para você.

Até hoje, você pode ter aceitado como verdade determinados fatos sobre você e sobre a vida. Hoje, disponha-se a saber a verdade a seu respeito. Peça que o poder da verdade lhe permita ir além dos fatos.

Hoje, eu me dedico a viver a verdade do meu ser.

22 DE SETEMBRO

Eu sinto e exprimo o poder da confiança porque... me disponho a vencer o medo.

Isso acontece com todas as pessoas: quando você precisa ir em frente, superar obstáculos, enfrentar desafios novos, lançar mão da sua força, *você sente muito medo*. A menos que se disponha a reconhecer e enfrentar o medo de cabeça erguida, você não será capaz de se mexer. Se não confiar que será capaz de vencer o medo, preferirá paralisar-se.

Todos temos pequenos medos que ficam adormecidos até que a vida exija que você os enfrente e os vença. É um momento de teste, porque o medo pode atacar sua energia e sua capacidade para se mover. O medo do fracasso, da rejeição e até do sucesso invadirá seu ser no momento em que seu potencial for exigido. Não se preocupe, é assim mesmo e acontece com todo mundo. Em momentos como esse, *olhe o medo de frente* sabendo que você tem capacidade de vencê-lo. Você pode sobreviver às situações mais desafiantes, às ameaças que lhe parecem mais assustadoras, às situações mais dolorosas. Você pode errar e refazer a experiência. A forma como você reage ao medo quando ele surge tem o poder de aumentar sua confiança. E essa confiança adquirida ao enfrentar os *pequenos medos* fará com que você seja cada vez mais capaz de enfrentar os *grandes desafios*.

Até hoje, por ignorar os medos adormecidos em sua consciência, você achou desculpas e justificativas para não viver de acordo com seu potencial e para não aproveitar as muitas oportunidades que teve. Hoje, reconheça a presença do medo e enfrente-o. Não importa se você sabe do que tem medo. O que importa é ter confiança suficiente para enfrentá-lo, vencê-lo e sobreviver.

Hoje, eu me dedico a confiar em mim o suficiente para vencer o medo conhecido e o desconhecido.

23 DE SETEMBRO

Eu sinto e exprimo o poder da confiança porque... Deus sabe o que tenho de fazer.

Se você realmente quer investir para aprender como confiar, eis o que tem de fazer:

1. Pense em algo bom para ser feito.
2. Acredite que este é o pensamento certo.
3. Desenvolva um plano para realizar o que pensou.
4. Imagine Deus olhando amorosamente para o seu plano.
5. Entregue o plano a Deus para que Ele faça as alterações.
6. Peça direção e orientação para seguir com o plano.
7. Agradeça porque a orientação que precisa está a caminho.

Se você está prestes a perguntar como saberá quando irá receber a orientação e a direção necessárias, volte para o passo 1.

Até hoje, você não sabia como desenvolver um nível mais profundo de confiança. Hoje, confie no processo.

Hoje, eu me dedico a aprender como confiar no processo.

24 de Setembro

Eu sinto e exprimo o poder da confiança porque... me disponho a reconhecer aspectos diferentes de mim.

Você sabia que tem dupla personalidade? Estou falando dos dois aspectos muito distintos e diferentes que existem em todos nós e que em geral estão em conflito, nos deixando perturbados!

Em geral, há um aspecto seu que se considera verdadeiramente capaz de fazer aquilo que se dispõe a fazer. Mas há outro aspecto que sempre consegue encontrar uma razão para não fazer o que você sabe que é capaz de fazer. Fica a pergunta: "*Como posso alinhar esses meus dois aspectos para que possa dar os passos certos em minha vida?*" Vou lhe dar uma sugestão.

Quando você se encontrar no meio de um conflito interno, respire bem fundo. Feche os olhos. Reze esta prece.

Querido Espírito Santo,

Neste momento, não consigo me mexer. Não sei o que fazer. Por favor, mexa-se através de mim, levando-me na direção que atenderá a sua vontade com relação a mim. Encha minha mente com os pensamentos que me guiarão naquela direção. Se eu tiver de falar, fale por mim. Se eu precisar ver algo, mostre-me onde olhar. Se há algo que devo escutar, por favor sussurre em meu coração para que eu possa entender. Se eu parar, me empurre suavemente para além do medo e da dúvida. Confio em você para poder agir da forma mais adequada para meu bem maior. Eu te agradeço. E assim seja.

Até hoje, seus conflitos internos podem ter impedido você de seguir em frente. Hoje, entregue-se à ação do Espírito Santo para encaminhar-se na direção do seu maior bem.

Hoje, entrego-me à ação divina para guiar-me para onde preciso ir.

25 de Setembro

Eu sinto e exprimo o poder da confiança porque... vivo no presente momento.

Não permita que o lixo de ontem influencie a experiência de hoje. Não permita que seus medos do amanhã roubem os bens que estão disponíveis para você *neste momento.* Cada vez que você se prende ao passado ou se preocupa com o futuro, perde o que está acontecendo no *momento presente.* Neste exato instante você tem a oportunidade de começar algo novo, mesmo que seja uma pequena atitude. Limpe a sua corrente de pensamento, libere-a das coisas do passado e dos medos do futuro! Abra-se para receber agora todos os bens que estão ao seu redor! Confie que, quando chegar o amanhã, o bem estará esperando por você. E você terá mais capacidade para acolhê-lo.

Até hoje, você pode ter reciclado o lixo em sua mente, remoendo experiências passadas ou temendo o futuro. Hoje, liberte-se dele!

Hoje, eu me dedico a me libertar do lixo do passado e do medo do amanhã.

26 DE SETEMBRO

Eu sinto e exprimo o poder da confiança porque... não tenho medo de admitir meus limites.

De que adianta achar que você tem total segurança e equilíbrio? De que adianta afirmar que é capaz de enfrentar qualquer desafio, superar qualquer dificuldade? Para que acreditar que sabe tudo? As pessoas que agem assim ficam extremamente vulneráveis. Como não tomam contato com seus limites e deficiências, não se preparam para saber com que recursos podem contar quando vem o desafio, o sofrimento ou o problema. A vida nos testa inevitavelmente, e nesses momentos é importante ter consciência daquilo de que somos capazes. *É fundamental lidar com a verdade.*

Quando alguém pergunta algo que você desconhece, você diz que não sabe? Quando não se sente capaz de fazer algo que lhe pedem, admite a verdade ou finge que pode? Você dá o melhor de si ou tenta trapacear? Você admite que não sabe as respostas e pede ajuda, ou age como se soubesse e culpa os outros quando se torna evidente que você não sabe? *Qual é a sua relação com a verdade*?

Até hoje, você pode ter achado que era importante mostrar total segurança. Hoje, diga a verdade clara e serenamente e valorize-se com isso.

Hoje, eu me dedico a dizer a verdade sobre as minhas possibilidades e limites.

27 de Setembro

Eu sinto e exprimo o poder da confiança porque... sempre consigo tudo que preciso.

Muitas vezes pedimos coisas ao universo, dizendo que precisamos delas. Não há nada de errado em ter um desejo e fazer um pedido. Mas quando esse desejo não é satisfeito perdemos um pouco de confiança no universo, achando que ele não apoiou nosso pedido. Confundimos nossas *necessidades* com nossos *desejos*. Para você entender melhor, vou dar um exemplo.

Imagine que você mora a oitenta quilômetros da cidade. Você pode *pensar* que *precisa* de um carro para chegar lá. É claro que um carro seria mais conveniente e confortável. No entanto, a verdade é que para chegar à cidade você não *tem necessidade* de um carro. Você *deseja* um, mas há várias outras maneiras de responder a essa necessidade.

Há anjos ao seu redor o tempo todo, protegendo você e dando o que é essencial para o seu crescimento. Esses anjos não interferem em suas escolhas. Quando você pede ajuda, os anjos respondem, dando-lhe aquilo que você *necessita*. Talvez você se frustre, porque não compreende, no momento, o sentido daquela experiência em sua vida.

Até hoje, você pode não ter percebido a diferença entre o que deseja e o que necessita para seu crescimento. Hoje, sabendo a diferença, quando apelar para seus anjos, peça o que for para o seu maior bem.

Hoje, eu me dedico a pedir o que for para o meu maior bem.

28 de Setembro

Eu sinto e exprimo o poder da confiança porque...
Deus me ama incondicionalmente.

Há três mensagens muito profundas que o Cristo crucificado nos transmite. Quando as compreendemos, a vida assume um significado completamente diferente.

Sofro para que você não tenha de sofrer. Você nunca precisará ter medo de pessoas ou de circunstâncias. Você nunca precisará ter medo do que as pessoas possam lhe fazer ou de como você sobreviverá ao que lhe acontecer. Você nunca terá de temer a ignorância, a perseguição ou a morte. Porque a vida sempre vence a morte.

Pai, perdoai-os, pois eles não sabem o que fazem. Eles não sabem como desrespeitam você com o medo e a dúvida. Eles não sabem como entristecem seu coração quando se recusam ao amor. Eles não sabem que desonram você ao se desonrarem. Pai, perdoai-os por não saberem como perturbam o equilíbrio do universo quando confiam em si mesmos em vez de se apoiarem em você.

Está feito. Vocês são filhos de Deus e podem contar sempre com o amor e a proteção incondicional do Pai. Confiem em mim.

Até hoje, você talvez não tenha pensado no que significa um amor incondicional. Hoje, tome consciência de que, em qualquer circunstância, Deus nos ama e a vida sempre vence a morte.

Hoje, eu me dedico a refletir sobre o amor incondicional e a vitória da vida sobre a morte.

29 DE SETEMBRO

Eu sinto e exprimo o poder da confiança porque... sei que não tenho nada com que me preocupar.

Por que se preocupar? Nesta altura do ano, eu gostaria que você tivesse aprendido que não adianta nada se preocupar. No entanto, você se preocupa, perde o sono, sente uma enorme ansiedade, chega a adoecer. Mas, pense bem: *se suas preocupações servissem para resolver alguma coisa, valia a pena se preocupar.* Ocupe-se das coisas que precisam ser resolvidas, e confie! Quando a *preocupação* voltar a ameaçar, mande-a embora e substitua-a pela *confiança* de que tudo o que serve para o seu maior bem está disponível. É só *ocupar-se, confiar, entregar-se e esperar.*

Até hoje, você deve ter se deixado dominar pelas preocupações que geram angústia e ansiedade. Hoje, substitua qualquer preocupação pela confiança.

Hoje, eu me dedico a substituir
a preocupação pela confiança.

30 DE SETEMBRO

Eu sinto e exprimo o poder da confiança porque... finalmente percebo que não preciso entender nada!

Por que você não admite que não tem absolutamente nenhuma idéia do que está acontecendo? Admita e abra-se para receber as bênçãos, mesmo de uma situação que você não compreende. Basta fazer isso: *confiar.*

Para alimentar sua confiança, vou lhe dar algumas sugestões. Olhe a beleza ao seu redor. Pense nas árvores, nas flores e em tudo o que, no universo, funciona movido por um poder invisível. Pense nos acontecimentos da sua vida que você não compreendeu, mas que fizeram você crescer. Pense no que aprendeu com as experiências. Pense em como superou problemas, mesmo quando não sabia ao certo o que fazer ou para onde estava se dirigindo. Pense nas *perdas* que teve e nos *ganhos* que essas perdas trouxeram. Pense nas pessoas que foram colocadas em sua vida e no papel que desempenharam. Pense no grande milagre que é a vida e nos pequenos milagres que chamamos de coincidências. E descubra que na maioria das vezes você não compreendeu o que estava se passando, assim como hoje muitas vezes continua não entendendo o que acontece. *Confie e entregue-se.*

Até hoje, você pode ter se preocupado em tentar entender o que não sabe. Hoje, confie que o que quer que esteja acontecendo será para o seu maior bem.

Hoje, eu me dedico a não me preocupar com a minha vida. Confio em minha vida.

OUTUBRO

VALOR

O que dizemos a nós que somos, será.
O que nos permitimos ser reflete
o que dizemos a nós que somos.

1 de Outubro

Perceberei o meu próprio valor quando me aceitar... exatamente como sou.

Auto-apreço significa que eu sei quem sou!
Auto-estima significa que eu sou quem digo que sou!
Amor-próprio significa que eu acredito
que sou quem digo que sou!

Até hoje, você pode não ter tomado consciência de que, para gostar de si, você precisa conhecer seu próprio valor. Hoje, assegure-se de que você diz o que acredita a seu respeito. Porque o que você diz a seu respeito influencia o que você acredita que é.

Hoje, eu me dedico a saber, dizer
e acreditar no melhor sobre mim.

2 DE OUTUBRO

Perceberei o meu próprio valor quando aceitar... que as condições e as circunstâncias não conseguem me limitar e não me definem.

Não confunda as condições e situações da sua vida com a verdade sobre você. As condições podem influenciar, mas não são imutáveis. As situações podem ter um efeito, mas não são os fatores determinantes em sua vida. Não permita que o que acontece ao seu redor determine as suas ações. Não acredite que o que acontece com você possa de alguma forma alterar *a verdade do que você é.*

Você não é o que acontece com você. Você é a *forma como lida* com o que acontece. Você não é o que está acontecendo ao seu redor. Você é a *forma como passa por* todas as coisas que estão acontecendo ao seu redor. Você não precisa se prender ou deixar paralisar por qualquer circunstância. Você é o poder e a energia capazes de enfrentar da melhor maneira possível as circunstâncias. Além disso, nada é realmente importante, a não ser que você dê importância.

Até hoje, você pode ter acreditado que o ambiente, as condições, as circunstâncias ou situações de sua vida poderiam alterar, determinar ou mudar sua identidade. Hoje, analise a forma como você vive as circunstâncias para saber como você é.

Hoje, eu me dedico a examinar
o que acredito sobre mim e minha vida.

3 de Outubro

Perceberei o meu próprio valor quando aceitar... que preciso me conhecer melhor para tomar posse do meu valor.

Por quanto tempo você vai se agarrar a coisas que não funcionam a seu favor? Coisas que não satisfazem, que não são mais produtivas? Por quanto tempo você vai continuar ignorando o que deseja para satisfazer as demandas e expectativas dos outros? Por quanto tempo você vai ter que se empenhar tanto para tentar se convencer, e aos outros, de que tem valor? Talvez hoje seja um bom dia para deixar os outros de lado e apossar-se do seu *eu*. Talvez hoje seja o dia em que você encontrará a coragem e a força para entrar em contato com sua própria dignidade.

Não são os outros que vão dizer quem você é. O seu valor não depende da opinião deles. É você quem tem que tomar posse de si, da sua dignidade, do seu valor. É você quem, ao viver cada experiência, tem que ir se conhecendo melhor. Quais são suas reações mais profundas? Qual é o seu desejo mais autêntico? Aquilo que *você* quer, não o que *os outros* querem ou esperam de você.

A vida é um processo em que avançamos, amadurecemos e crescemos com cada experiência. A vida é avaliação, eliminação e recriação. Dedique o dia de hoje para observar-se, para conhecer-se melhor, para descobrir se você respeita seu *eu* mais profundo, ou se está sempre olhando em volta para saber se recebeu aprovação dos outros.

Até hoje, você pode não ter se dado conta do quanto dependia da opinião dos outros para saber quem é. Hoje, aproveite cada oportunidade para renunciar a pensamentos, crenças, comportamentos, idéias e pessoas que impedem você de assumir seu valor.

Hoje, eu me dedico a me conhecer
e recuperar minha auto-estima.

4 de Outubro

Perceberei o meu próprio valor quando aceitar... que o que acredito me joga no buraco ou me levanta para a luz.

O sentimento de desvalorização é como um buraco aberto no seu coração. Você nunca parece conseguir ter ou fazer o suficiente para enchê-lo. Na realidade, quanto mais você *faz* para tentar enchê-lo, mais fundo, mais largo e mais doloroso ele parece se tornar. E você continua fazendo mais coisas sem nunca se satisfazer.

As pessoas que se sentem desvalorizadas estão sempre querendo *ser* melhores, *fazer* o melhor, *saber* mais e *fazer* mais. Mas como fazem *demais* não conseguem fazer nada bem feito, o que aumenta sua insatisfação e seu sentimento de desvalorização.

A única cura para o sentimento de desvalorização é *acreditar e amar*. Acredite que você é uma pessoa única, insubstituível exatamente pelo que é, pelo que sabe e pode fazer, nada mais. *Conheça-se, examine-se e ame-se*. Preencha esse buraco em seu coração com a alegria de ser quem é e com o amor que isso desperta em você. No dia em que você se amar *pelo que é* despertará amor nas pessoas capazes de amar você *pelo que é*, sem qualquer outra expectativa.

Até hoje, você pode ter procurado algo externo para saber o seu valor. Hoje, acredite no seu valor e ame a pessoa única que você é!

Hoje, eu me dedico a sair do buraco da desvalorização para a luz da verdade sobre mim.

5 de Outubro

Perceberei o meu próprio valor quando aceitar... que mereço minha própria companhia.

Você não pode permanecer em um relacionamento ou em qualquer experiência insatisfatória porque tem medo de ficar só. Fazer isso é se trair. Quando mantemos um relacionamento em que não somos apoiados, reconhecidos ou admirados, acabamos convencidos de que não podemos ter nada melhor. Se você estiver procurando uma desculpa para permanecer num relacionamento que tira sua alegria, sua paz e sua felicidade, você está investindo na sua autodesvalorização.

É difícil nos darmos conta de que a forma como nos tratamos determina o modo como seremos tratados. Muitos permitem ser maltratados, porque *sempre foram tratados assim* e não sabem que podem ser tratados de forma diferente. Alguns não se dão conta do quanto se desvalorizam quando preferem ser maltratados do que ficarem sozinhos. Não há nada de errado em permanecer ao lado de alguém quando verificamos que vale a pena investir no relacionamento. Há momentos em que ficar exige mais coragem do que partir. No entanto, quando a única razão para ficar é evitar a solidão, *você passa a ser responsável* pelo abuso, traição ou desonra de que está sendo vítima.

Até hoje, você pode ter acreditado que ficar só seria pior do que permanecer em um relacionamento desrespeitoso. Hoje, pergunte-se: "*Por que tenho tanto medo de ficar só?*" Escreva suas respostas. Leia-as e depois se pergunte: "*Por que escolho acreditar nisso?*" Quando conseguir uma resposta, faça outra escolha.

Hoje, eu me dedico a pensar nas vantagens que existem em ficar na minha própria companhia.

6 de Outubro

Perceberei o meu próprio valor quando aceitar... que a história que conto é a que vivo.

Desculpe-me, mas ninguém agüenta mais ouvir a sua história! Estamos cansados de ouvir você contar por que não consegue sair da situação em que se encontra, apesar de *dizer* que não quer mais ficar nela!

Por mais que você tente se convencer e convencer os outros de que algo ou alguém é responsável por tudo o que acontece com você, *ninguém acredita no que você está dizendo!* Obviamente, nem você!

Desculpe por falar com tanta veemência, vou tentar ser mais suave. Olhe a verdade de frente para o seu próprio bem. Não tenha medo dela. Pare de inventar uma história que atribui toda a culpa de seus fracassos aos outros e isenta você de responsabilidade. Você corre o risco de acabar acreditando nessa história, e aí não terá saída.

DIGA A VERDADE! Vamos lá, sem medo, sem constrangimento! Qual é sua verdadeira história? Como é que você contribuiu para que as coisas acontecessem da forma que aconteceram? Na hora em que você souber, vai poder agir para mudar. Vai sentir um enorme alívio, uma enorme alegria. E vai crescer em auto-estima e auto-respeito!

Até hoje, você pode ter contado a mesma velha história sobre si e sobre sua vida. Você pode ter dado desculpas, tentando se convencer de que algo ou alguém tem sido responsável pelo que lhe acontece. Hoje, comprometa-se em contar uma nova história. Respire fundo e encare a verdade de frente

Hoje, eu me dedico a reescrever minha história.

7 de Outubro

Perceberei o meu próprio valor quando aceitar... que sou a coisa mais valiosa que tenho na vida.

Quando alguma coisa – seus filhos, sua casa, seu carro – é importante para você, você cuida dela. Você é até capaz de arriscar-se e sacrificar-se para protegê-la e mantê-la. E faz tudo o que é necessário com a maior naturalidade.

A destruição da nossa auto-estima começa no momento em que *atribuímos um valor maior a algo fora de nós do que a nós mesmos*. A destruição continua quando – para manter algo que consideramos mais valioso do que nós – prejudicamos o que há de essencial em nosso ser. O cuidado com os filhos ou o parceiro não pode impedir nosso crescimento como um ser humano pleno e saudável. O trabalho profissional não pode absorver-nos a ponto de atentar contra o nosso desenvolvimento espiritual. Acumular riquezas não pode ir em direção inversa ao bem-estar da mente, do corpo ou do espírito. Toda vez que você atribuir a alguma coisa ou a alguém um valor maior do que o que você se dá, estará de certa forma se destruindo.

Até hoje, você pode ter considerado alguém ou alguma coisa mais importante do que você. Pode ter sacrificado aspectos essenciais do seu ser para cuidar de pessoas ou coisas. Hoje, e novamente amanhã, tome consciência da prioridade do seu próprio valor. Nos próximos dias, pense sobretudo em você e tome conta de você em primeiro lugar.

Hoje, eu me dedico a tomar conta da parte mais importante e valiosa da minha vida – eu.

8 de Outubro

Perceberei o meu próprio valor quando aceitar... que os rótulos que aceito nem sempre são apropriados.

A sociedade cria determinados rótulos que distorcem a verdade. Há pessoas que acreditam que as mulheres fortes não são femininas e que as mulheres afirmativas são agressivas e perigosas. Sem falar nos mitos de que as mulheres são menos inteligentes do que os homens, ou de que não conseguem bem lidar com dinheiro. O problema é que muitas das pessoas que acreditam nessas coisas sobre as mulheres *são mulheres!*

Os rótulos definem, criam expectativas, congelam a realidade. Você rotula uma determinada coisa ou pessoa, e ela passa a ser para você aquilo com que foi rotulada. Pois está na hora de tomar consciência disso e começar a tirar os rótulos. Para começar, os rótulos das mulheres. Está na hora de as mulheres tirarem seus próprios rótulos.

Para que uma mulher perceba que é mais do que uma mãe, mais do que uma esposa, mais do que o seu salário ou a sua profissão, ela precisa conhecer seu próprio valor. Precisa conhecer suas capacidades e seus limites. Seus desejos, seus sonhos e suas expectativas. Uma mulher deve se encorajar, se respeitar, gostar da própria companhia. Uma mulher deve estar disposta a dizer sua verdade, mesmo quando é um "não". Deve estar disposta a recusar os rótulos e os limites que lhe foram impostos.

Até hoje, você pode ter colocado rótulos definidores e limitadores que desvalorizam as mulheres. Hoje, olhe as mulheres – e se você for mulher, olhe para si – com curiosidade amorosa, procurando descobrir o que cada uma tem de original e valioso. Compare suas descobertas com os preconceitos com que você rotulava as mulheres.

Hoje, eu me dedico a eliminar os rótulos e olhar as mulheres com curiosidade amorosa.

9 DE OUTUBRO

Perceberei o meu próprio valor quando aceitar... que tenho o poder de me convencer de que sou uma boa pessoa!

Como aprender a acreditar em si, se não lhe ensinaram que vale a pena acreditar em si? Como encontrar palavras para dizer coisas positivas a seu respeito, se nunca ouviu essas palavras? Como fazer coisas em seu proveito, se nunca lhe disseram que você as merecia? Como reagir ao desrespeito, se só lhe ensinaram a submeter-se? Pois vamos começar a agir diferente, e sabe por quê? *Porque você merece!*

Para acreditar no seu valor, tome a decisão de que você *merece acreditar* nele. Diga isso em voz alta e ouça-se falar: "*Eu acredito no meu valor.*" Use as palavras que descrevam tudo o que você tem de positivo, sem falsa modéstia, com coragem de afirmar a verdade. Pergunte-se o que precisa ser feito para você se sentir mais forte, melhor, com maior posse do seu ser. Talvez, no princípio, você perceba poucas coisas, mas não tem importância, procure fazê-las. Se você descobrir, ao longo do caminho, que o que está fazendo não traz a ajuda que você deseja, pare! Faça algo diferente! Faça algo que contribua para você tomar consciência da verdade: *você é uma boa pessoa.*

Faça tudo isso porque você vale a pena! Faça-o porque você merece! Faça-o para acreditar em si! Faça-o para se amar mais e melhor!

Até hoje, você pode ter acreditado que não sabia como fazer o que precisava ser feito. Hoje, comece a fazer coisas capazes de convencer você do seu valor e de que merece o melhor.

Hoje, eu me dedico a começar a fazer coisas que me façam tomar consciência do meu valor.

10 DE OUTUBRO

Perceberei o meu próprio valor quando aceitar... que há um espírito puro e reto dentro de mim.

Está tudo lá. Tudo o que você precisa saber para se sentir em paz. A resposta para suas perguntas mais importantes: qual é o sentido da minha vida; o que fazer e como fazer para caminhar em direção à plenitude do meu ser? Qual é a razão das coisas que me acontecem; qual é a lição que vem com cada experiência, mesmo as mais dolorosas e negativas? Está tudo dentro do *coração da sua alma.* É lá que você encontrará a voz de seu espírito. É esse coração que deve estar limpo e cheio de paz para que sua mente, seu espírito e sua vida se expandam.

A voz do espírito chega tão suavemente em seu coração, que será difícil ouvi-la se você estiver com raiva. Um coração cheio de raiva fica endurecido e fechado para o espírito da cura. Será também difícil receber a direção divina do coração se você insistir em culpar os outros pelo que é ou não é, pelo que fez ou não fez. *Seu coração sabe a verdade.* Se você quer de fato ouvir o que seu coração já sabe, peça a ele para purificar-se de toda a raiva, ressentimento e medo. Peça ao seu coração para ser curado de toda a vergonha, culpa, desonestidade e dor. Com um coração limpo e aberto, você pode fazer tudo que quiser.

Até hoje, você talvez não tenha se dado conta do que seu coração tem a lhe ensinar. Hoje, dedique-se a ouvir seu coração. Peça que ele afaste você das coisas indesejáveis e oriente você na direção do que contribui para sua paz e crescimento. Peça muitas vezes e acredite no resultado.

Hoje, eu me dedico a ouvir a voz do meu espírito, purificando meu coração.

11 DE OUTUBRO

Perceberei o meu próprio valor quando aceitar... que já sei as respostas para as perguntas que tenho medo de fazer.

Perguntar é maravilhoso. As perguntas abrem a mente e o coração para níveis novos de consciência. As perguntas guiam nossos passos para o crescimento, a cura e a evolução. As perguntas revelam nossa inocência e fortalecem nossa sabedoria. Embora possamos pensar que as perguntas nos trazem respostas, a verdade é que as respostas já estão contidas nas perguntas.

Você pergunta qual é a hora certa de deixar um lugar, uma experiência ou uma situação. É bom fazer esta pergunta, mas, provavelmente, ao fazê-la, você já sabe a resposta. Quando você pergunta se deve deixar uma situação, há outras perguntas embutidas na primeira: como você se sente onde está? O que é que deseja sentir? Qual é a experiência que espera ter se ficar? Há outro lugar onde poderia ter uma experiência melhor? Ter uma experiência melhor depende de outra pessoa? Por que você dá tanto poder a essa outra pessoa? Como é que você pode *dar-se* o que espera de outra pessoa? Por que não fez isso até agora?

Muitas vezes, a pergunta que devemos nos fazer não é: "*Está na hora de partir?*" Ao contrário, a pergunta é: "*Como posso ficar aqui e criar uma experiência melhor para mim?*" Uma pergunta ainda melhor é: "*Vale a pena ficar onde estou?*"

Até hoje, você pode ter esperado que alguém desse uma resposta às suas perguntas. Hoje, dedique-se a descobrir o que você já sabe: seu medo ou resistência para sair das situações que lhe fazem mal.

Hoje, eu me dedico a reconhecer as respostas que já sei nas perguntas que faço sobre minha vida.

12 DE OUTUBRO

Perceberei o meu próprio valor quando aceitar... meu valor exatamente como sou agora.

Como é que tomamos consciência do nosso valor? É repetindo afirmações que nos convençam dele? É ouvindo elogios dos outros? De onde vem nosso valor? É dos bens que possuímos, do tamanho do nosso currículo, do brilho da nossa inteligência? Eu lhe digo: não é nada disso! *Você tem valor simplesmente porque existe,* e a única forma de tomar consciência do seu valor é aceitando profundamente esta verdade.

Saber profundamente que você tem valor só porque existe é acreditar, confiar, aceitar e compreender que não há nada inerentemente imperfeito ou errado com você. Em outras palavras, seu valor é comprovado por todos os elementos de sua existência. Sua respiração. Os batimentos de seu coração. A expansão de seus pulmões. Sua mera presença.

Quando você *compreender* que sua vida é um presente, *saberá que* tem valor. Quando *confiar* que você é uma expressão única e insubstituível da vida, *sentirá o seu valor*. Quando *sentir o seu valor* e *aceitar* que tem o direito de ser quem é, exatamente quem é, você *acreditará* que tem valor. Quando *acreditar* que merece a vida e o amor, não precisará mais provar seu valor aos outros para se convencer. Quando reconhecer e aceitar a presença do amor de Deus em você e para você, nunca mais questionará seu valor.

Até hoje, você dependia de fatores externos para saber o seu valor. Hoje, busque compreender que você é uma pessoa única e que seu valor vem do simples fato de você existir.

Hoje, eu me dedico a acreditar, compreender e aceitar que tenho valor pelo simples fato de existir.

13 de Outubro

Perceberei o meu próprio valor quando aceitar... que todos os aspectos de quem sou são importantes.

Qualquer um de nós tem aspectos e momentos em que nos sentimos *desvalorizados, mesquinhos e desagradáveis.* Nesses momentos, fica difícil reconhecer nosso valor e saber que somos dignos de amor, estima e respeito. Se isso acontece com você, relaxe! Todo mundo tem um *lado escuro* que não diminui o valor de ninguém.

Só podemos saber quem somos e reconhecer nosso valor se estivermos dispostos a analisar e explorar nosso *lado escuro,* com todos os seus aspectos. Só assim poderemos subir em direção à luz. Basta esse movimento em direção à luz para nos tirar da escuridão. Não desvie o olhar do seu lado escuro. Olhe-o de frente, reconheça-o em seus atos, hábitos, pensamentos, atitudes. Valorize-se por ter coragem de encarar a verdade. Aprenda com ela. Perdoe, peça perdão e repare se tiver havido dano ou ofensa a alguém. Ao fazer isso, você estará gerando energia e produzindo mais luz.

Até hoje, você pode ter acreditado que o seu lado escuro diminui o seu valor e impede você de buscar a luz ou ver a luz. Hoje, lembre-se de que as estrelas só brilham no escuro. Utilize a energia de seu lado escuro para aumentar sua luminosidade.

Hoje, eu me dedico a perdoar e a transformar em luz qualquer escuridão em minha vida.

14 de Outubro

Perceberei o meu próprio valor quando aceitar... que não tenho nada de que me envergonhar.

Pare com isso! Pare de se esforçar para ser alguém diferente do que você é! Além de cansativo, soa falso. Por favor, *seja exatamente quem você é.* Sorria naturalmente, ouça os outros com atenção, diga a sua verdade com serenidade, expresse suas dúvidas, não tenha medo de dizer "não sei", pergunte para saber, use seus talentos e reconheça seus limites. Basta isso: *ser você!* Não há nada mais encantador e valioso!

Pare de se torturar por causa dos erros que cometeu: procure aprender com eles. Não se desmereça por não ter correspondido às expectativas alheias: descubra seu próprio desejo e vá atrás dele. Pare de duvidar de si: há coisas de que você é capaz, outras, não, como qualquer ser humano. Não se culpe por causa da raiva que sente: desapegue-se dela. Seja quem é, sem desculpas, justificativas ou defesas. Não há nada mais encantador e valioso!

Seja quem é e usufrua a delícia de viver a própria verdade. Seja quem é e avance para superar os limites até onde você puder. Seja quem é e valorize seus avanços, sem se preocupar com o resultado final. Seja quem é e agradeça ao seu Criador.

Até hoje, você pode ter se preocupado em ser o que imagina que os outros esperam que você seja. Hoje, tente ser quem é com naturalidade, sem defesas ou desculpas.

Hoje, eu me dedico a descobrir minha verdade
e a perceber que ser quem sou é suficiente.

15 DE OUTUBRO

Perceberei o meu próprio valor quando aceitar... que o que faço para meu próprio bem será bom para todo mundo.

O que você faz para o seu bem maior será bom para todo mundo, pode ter certeza. É importante que fique claro para os outros que você procura seu próprio bem. É fundamental que você diga o que deseja, para que as pessoas não sejam obrigadas a adivinhar. Também é necessário que se manifeste quando alguém magoar ou agredir você, pois estará dando aos outros a oportunidade de mudar de atitude. Não finja que as coisas estão bem quando não estão. Peça ajuda quando for necessário. E, para seu próprio bem, *diga a verdade.*

Para o seu próprio bem e para o bem de todos é importante que você estabeleça limites claros. Deixe as pessoas saberem o que podem e o que não podem fazer com relação a você. Não deixe que elas invadam nem atropelem sua vida. Não faça isso com a delas. Conheça seu espaço e fique nele! Isso evitará discussões e mágoas. No final, todos se beneficiam.

Quando você começar a fazer e dizer o que sabe que é melhor para você, algumas pessoas se aborrecerão, porque não estão acostumadas a lidar com a franqueza. Talvez elas façam críticas, o que pode lhe causar uma certa insegurança. Não se preocupe, você superará! E elas também! Se não conseguirem superar, é sinal de que não vale a pena mantê-las em sua vida. Siga em frente!

Até hoje, você pode ter relutado em fazer o que é melhor para você. Hoje, defenda o seu maior bem-estar.

Hoje, eu me dedico a descobrir o que é melhor para minha vida.

16 DE OUTUBRO

Perceberei o meu próprio valor quando aceitar... que tenho permissão para gastar tempo comigo.

Eis uma proposta um tanto *arriscada* que talvez pareça simples à primeira vista, mas que exige coragem. O plano completo só levará vinte e quatro horas para ser realizado. A proposta é a seguinte:

Durante as próximas vinte e quatro horas, *você deve viver totalmente para si.* Concentre-se, absorva-se, focalize-se! Não estou sugerindo que você se gabe ou tente impressionar outras pessoas. Na realidade, você não deve falar com outras pessoas. Durante um dia inteiro, fale apenas com você! Elogie-se! Encoraje-se! Corrija-se com carinho! Descreva para si seus melhores aspectos e seus sonhos mais grandiosos! Faça apenas coisas de que gosta e que deseja. Suspenda todas as tarefas, responsabilidades e obrigações com as outras pessoas. *Cuide-se.*

Durante vinte e quatro horas, você deve se ninar. Tome um prolongado banho de banheira com sais perfumados. Lave o cabelo. Massageie sensualmente seu corpo com óleo morno. Vista-se bem. Ande na natureza ou vá ver vitrines. Tire um cochilo depois de um lauto almoço. Vá ao cinema à tarde. Vá ver o pôr-do-sol. Escreva uma carta de amor para você. Reze por você. Faça tudo que deseja fazer com você e para você durante vinte e quatro horas. Vai lhe fazer um bem enorme! Porém, só funciona se você acreditar que merece o investimento.

Até hoje, as pessoas, tarefas, responsabilidades e obrigações de sua vida podem ter absorvido totalmente você. Hoje, deixe-se absorver por você.

Hoje, eu me dedico a cuidar de mim com o maior carinho.

17 de Outubro

Perceberei o meu próprio valor quando aceitar... que o que digo para mim que sou, sou mesmo.

Sua auto-estima começa com a crença e a compreensão de que *você não é uma vítima!* Quando você sabe *quem é* e *de quem é,* não consegue ser uma vítima. Certamente, problemas acontecem com todo mundo. Há pessoas que nos agridem e tentam prejudicar. Talvez você tenha nascido em circunstâncias desfavoráveis. Você pode ter passado por fases de desequilíbrio mental, emocional ou espiritual. *Nada disso torna você uma vítima!* A não ser que você acredite que é.

A história bíblica de José do Egito é um caso exemplar. Os irmãos de José o atiraram em um poço e o venderam como escravo. No Egito, ele foi caluniado e preso. Mais tarde, porém, o faraó o nomeou superintendente para tirar o país da fome, e, nessa posição, ele foi capaz de salvar sua própria família. Durante todas as provações, José nunca se sentiu uma vítima. O que ele disse aos irmãos é um mantra para todos aqueles que se sentem vítimas: "*Vocês queriam o mal, mas Deus queria o bem!*"

Todos nós passamos por provações dolorosas. Em vez de deixar-se derrotar, sentindo-se uma vítima perseguida, pergunte-se: "*O que posso aprender com essa experiência e como usá-la para meu próprio crescimento?*"

Até hoje, você pode não ter percebido que tem o poder de redefinir qualquer experiência, por mais devastadora que pareça. Hoje, deixe a condição de vítima. Olhe para a sua experiência e peça ao Espírito Santo para mostrar como usá-la para seu crescimento.

Hoje, eu abro minha mente e meu coração para o poder de recriar as experiências dolorosas.

18 de Outubro

Perceberei o meu próprio valor quando aceitar... que não conseguirei escapar impunemente de um comportamento inadequado e indigno.

Talvez você tenha a impressão de que pode escapar impunemente de seus atos, mas, mais cedo ou mais tarde, terá que pagar o preço! Quando receber a conta, não se surpreenda como se não entendesse! *Tudo o que fazemos na vida provoca um efeito.*

Só se consegue escapar impunemente de uma ação desonesta durante algum tempo. Quando vierem as conseqüências, o melhor que você tem a fazer é reconhecer, perdoar-se, pedir perdão e reparar os danos causados, para então seguir em frente. Sabe por quê? Porque *você é uma pessoa digna* que, como qualquer ser humano, pode errar, mas que não escolheu o caminho que atenta contra sua essência divina.

Quando chegar o momento de reconhecer o erro, talvez você se ache incapaz de se perdoar. O orgulho pode impedir que você peça perdão. A reparação dos danos causados talvez tenha se tornado impossível. Se alguma dessas coisas, ou todas elas, acontecer, lembre-se disso: *a vida sabe do que você é capaz!* A única razão para que a vida tenha trazido conseqüências para seus atos indignos foi para lhe dar uma oportunidade de agir de acordo com quem *você mais profundamente é.*

Até hoje, você pode ter feito coisas que conflitam com o que a vida sabe sobre você. Hoje, entre em harmonia com a vida.

Hoje, eu me dedico a parar de fazer aquilo que não valoriza quem sou!

19 DE OUTUBRO

Perceberei o meu próprio valor quando aceitar... que tenho o poder e a capacidade de criar minha vida ideal.

Algumas pessoas agem como se não fossem responsáveis pela própria vida. Estão sempre apontando para quem as tornou infelizes e para os que as impediram de realizar o que desejavam. As histórias que contam até fazem sentido e são capazes de provocar nos outros um movimento de solidariedade. Mas, mesmo que sejamos solidários, lá no fundo do coração sabemos a verdade. A *única razão* pela qual a pessoa não tem a vida que deseja é porque *ela não acredita que a merece.*

Se você disser isso, muitas vão reagir, descrevendo todas as tentativas frustradas pelo momento errado e pelas pessoas erradas. No seu desejo de solidariedade, você procurará estimulá-las a adotar novas atitudes. Para sua surpresa, elas não querem ouvir isso! Colocarão todas as dificuldades e justificativas para permanecerem no lugar de vítimas. De repente, você percebe a verdade: essas pessoas preferem agarrar-se às suas limitações do que às suas capacidades para não assumirem responsabilidade por suas vidas. A única razão pela qual uma pessoa não tem a vida que deseja é que *em algum lugar no fundo do coração* ela não acredita que a merece! Ela não acredita que é digna de uma vida melhor! Por isso, ela não assume a responsabilidade para fazer essa vida acontecer.

Até hoje, você pode ter tentado descobrir como mudar sua vida. Hoje, analise as razões, desculpas e limitações, às quais pode ter se apegado. Responsabilize-se por se livrar delas.

Hoje, eu me dedico a tornar-me responsável em remover quaisquer limitações que venho me impondo.

20 de Outubro

Perceberei o meu próprio valor quando aceitar... que Deus me deu algo essencial e imutável.

Seu valor não é medido pelo que você faz nem pelo que possui. Seu valor decorre do seu *ser.* Seu ser não tem cor, gênero ou idade. Seu ser é um recipiente de amor e luz digno de honra, admiração e respeito. Como vivemos na superfície de nosso ser, perdemos de vista este *ser mais profundo* que devemos aprender a honrar, valorizar e respeitar. Vamos parar um instante para você entrar em contato com este *ser* e descobrir seu próprio valor.

Procure um lugar silencioso e tranqüilo. Relaxe seu corpo. Comece a respirar longa, vagarosa e profundamente, levando o ar para todo o corpo. Mergulhe para dentro de si enquanto respira e entre em contato com este ser de amor, luz, alegria, compaixão que você é. Repita, se possível, este exercício todos os dias e você sentirá a paz que irá inundando o seu ser e se refletindo em sua vida.

Não perca seu tempo se arrependendo de coisas que fez ou da forma como aconteceram. Ao aprender a aceitar seu ser, não olhe seus erros. Você, como qualquer ser humano, fará escolhas equivocadas por razões equivocadas. Elas não afetarão de forma alguma *seu valor.* Não importa o que diga ou faça, *nada pode diminuir o valor do seu ser.* Seu valor é um dom de Deus. Seu valor é um dom da graça.

Até hoje, você pode não ter percebido que Deus estabeleceu o valor de seu ser quando lhe deu o dom da vida. Hoje, concentre-se na idéia de que seu valor não é o que você faz ou tem. Aceite o valor do seu ser.

Hoje, eu me dedico a praticar para entrar em contato com meu ser e aceitar meu valor como um dom divino.

21 DE OUTUBRO

Perceberei o meu próprio valor quando aceitar... que não preciso me empenhar para agradar os outros.

Você não consegue agradar todas as pessoas o tempo todo. Você agrada seus pais, seus amigos ou colegas, seus filhos, seu parceiro durante alguns momentos ou períodos, mas logo alguma coisa acontece para perturbar a relação. Então, você vive uma sensação de fracasso e carência, achando que há algo errado com você.

Vou dizer uma coisa esquisita: você já pensou que as pessoas não querem que você as agrade? O que elas realmente querem é que você faça o que *elas* acham que as fará se sentirem bem. Muitas vezes elas querem que você faça o que *elas* consideram ser o melhor para você, de forma que, se você obtiver sucesso, *elas* se sentirão gratificadas. Elas lhe dirão o que fazer simplesmente para serem poupadas da dor que lhes pode causar uma ação sua que estiver em desacordo com a sensibilidade delas. Se você ficar tentando agradar essas pessoas sem compreender seus mecanismos, vai frustrar-se continuamente e acabar se desvalorizando.

Em vez de ficar tentando desesperadamente agradar todo mundo, opte pelo seguinte: faça o que você faz, o melhor que puder, com intenção amorosa de promover o bem de todos os envolvidos. Aja de acordo com a *sua* verdade para entrar em sintonia com o objetivo de sua vida. O importante é olhar para si no espelho *sabendo que fez o melhor que podia*. Não tente nada mais além disso.

Até hoje, você pode ter caído na armadilha de viver para agradar as outras pessoas. Elas podem ter convencido você que sua tarefa é fazê-las felizes e orgulhosas ou se sentirem bem com relação a você. Hoje, viva com a melhor das intenções para si e para os outros.

Hoje, eu me dedico a fazer da melhor maneira o que estou fazendo para ser quem sou.

22 de Outubro

Perceberei o meu próprio valor quando aceitar... que não preciso lutar para vencer.

Quando você tem uma auto-estima saudável, você valoriza as outras pessoas. Você percebe que elas são diferentes e compreende que elas vêem coisas e as interpretam de formas diferentes. Você não se compara a ninguém, nem sente necessidade de competir. Você sabe quem é, o que significa que consegue aceitar os outros como são.

Quando nossa auto-estima não é saudável, fazemos uma questão absoluta de ganhar cada discussão. De sempre provar que estamos com a razão. Temos medo das diferenças. Precisamos que concordem com nossos pontos de vista, valores e opiniões para nos sentirmos apoiados e reconhecidos. Precisamos provar que somos melhores do que os outros e chegamos a querer destruir o valor dos que se opõem a nós.

Quando você se surpreender atacando alguém, pare um pouco e pense. Será que o ataque não está refletindo seu sentimento de inferioridade? Quem ataca perde a razão. *Discordância não é sinônimo de ataque!* As diferenças de pontos de vista são enriquecedoras, se houver debate e negociação. Quando grita com alguém, quando critica seu físico, seus talentos, dons ou esforços, achando que a discordância do outro é um ataque que desvaloriza *você,* perceba que *você perdeu!* Você perdeu seu sentido de valor.

Até hoje, você pode não ter percebido que ataca, critica ou agride as pessoas quando elas não concordam com você. Hoje, utilize a força da sua verdade e ouça a dos outros. Quando se defrontar com um ponto de vista diferente, tome consciência de que os seres humanos são simplesmente diferentes.

Hoje, eu me dedico a compreender que ser diferente do outro não me diminui.

23 DE OUTUBRO

Perceberei o meu próprio valor quando aceitar... que a vida não tem de ser difícil.

Quando não estamos seguros de nosso valor, acreditamos que a vida tem de ser difícil. Se a vida corre mansa, sem grandes desafios ou problemas, parece que valemos menos. Pode ser complicado para você compreender que está *criando* inconscientemente essas situações difíceis só para provar sua capacidade.

Só porque você consegue agüentar um soco não significa que deva se tornar um saco de pancada! Quando valorizamos a nossa capacidade de nos desviar dos "socos" da vida, podemos começar a atrair continuamente, sem perceber, situações difíceis! Quando você espera receber um soco e está sempre procurando uma mão fechada, muitas vezes ela aparece mesmo.

A vida não tem de ser difícil! Não há nenhuma boa razão para deixar que as situações da vida nos espanquem. Se isso estiver acontecendo com você, verifique suas expectativas. Verifique-as para se certificar de que você não está esperando pelo próximo desastre, apenas para provar que consegue enfrentá-lo.

Até hoje, você pode não ter tomado consciência do papel que seus pensamentos, palavras e expectativas desempenham na criação de suas experiências de vida. Talvez você esteja provocando dor em sua vida para se valorizar. Hoje, abra a mente e o coração, pedindo que eles sejam preenchidos com a visão e a expectativa de um futuro pacífico e cheio de alegria.

Hoje, eu me dedico a esperar e experimentar uma forma de viver pacífica, sem violência.

24 de Outubro

Perceberei o meu próprio valor quando aceitar... que há em mim algo bom esperando para crescer e desenvolver-se.

Quando nos sobressaímos por algum tipo de qualidade ou posse, atraímos muitas vezes a animosidade dos outros. Essa animosidade se traduz em críticas, comentários maldosos e até calúnias. Se não estivermos muito seguros sobre quem somos, corremos o risco de nos tornarmos vítimas dos invejosos. Sabe o que pode acontecer? Você procurará uma posição desfavorável para aplacar a inveja dos outros e, dessa forma, passará a *depender da opinião deles*. A ser quem eles desejam que você seja.

Não é saudável impedir seu crescimento para satisfazer outras pessoas. Você tem um potencial que precisa se realizar o mais plenamente possível. Pouco importa que os outros não percebam isso. O importante é que você perceba e desenvolva toda a sua capacidade. Você não precisa exercer seu talento com arrogância para provar que é melhor que os outros, nem para dominá-los. Mas também não pode recusar-se a tomar posse dos dons que o Criador lhe deu. *Viva portanto a sua verdade* com naturalidade e gratidão. Use seus dons para ajudar na criação de um mundo melhor e mais feliz para todos. Assuma sua grandeza! Siga em frente, sem olhar para trás!

Até hoje, você pode ter negado seu potencial para satisfazer as outras pessoas. Hoje, supere a expectativa alheia. Ouse ser maior, melhor, crescer o mais possível. Mas faça isso por si, para exercer a sua verdade.

Hoje, eu me dedico a tomar posse do
meu potencial para desenvolvê-lo
sem me preocupar com a opinião dos outros.

25 de Outubro

Perceberei o meu próprio valor quando aceitar... que tenho acesso a uma fonte divina de informação.

Há um banco de informações divinas e universais disponíveis para você a qualquer hora e em qualquer lugar. Ele foi elaborado para satisfazer suas necessidades. Pode ser impresso em sua mente ou em seu coração. Pode ser recuperado por qualquer um que saiba que *Deus é o software! Você é o disco rígido!*

Sempre que houver algo que você precisa saber, clique no seu *botão da fé.* Deus fará o resto. Se houver algo que precise realizar, clique no *botão da confiança.* Deus o fará através de você! Se está quebrando a cabeça para lembrar de algo, deixe Deus programar você para *receber a graça.* Em um instante, o que você precisa será carregado em seus pensamentos. Se você precisa de reconciliação em um relacionamento, simplesmente tecle *perdão*. A misericórdia gerará um novo programa. Se você se deparar com uma enfermidade ou doença de qualquer tipo, coloque um arquivo de poder, força ou plenitude em um disco zip de sua mente. Programe uma nova dieta, um novo padrão de pensamento, uma conexão melhor para a sua fonte. Tecle uma oração. Peça que seus pensamentos sejam reformatados. Espere para ver o que virá!

Como um computador humano com programação divina, você tem todas as informações que precisa. Cada botão está em seu coração, basta clicar. Todos os fios conectores estão na sua mente. O manual de instruções está em suas ações. Você tem uma *garantia vitalícia* de que nunca poderá haver uma avaria irreparável quando *Deus é seu software!*

Até hoje, você pode não ter tido idéia de que era um instrumento divino, repleto de informações úteis e valiosas. Hoje, certifique-se de sua conexão à sua Fonte. Peça tudo que precisa para baixar os arquivos do Divino.

Hoje, eu me dedico a ser um computador humano para receber informações divinas.

26 de Outubro

Perceberei o meu próprio valor quando aceitar... que a minha vida é uma expressão valiosa da energia e do objetivo divinos.

De acordo com a astróloga Dora Jones, "*Cada um de nós entra na vida com uma promessa, um dom, uma paixão e um profundo e sincero desejo*". Vamos pensar em cada um desses termos

A promessa é aquilo que você veio dominar na vida. Você prometeu aproveitar qualquer experiência para aprender e crescer desenvolvendo seu pleno potencial. À medida que enfrenta as experiências da vida, você tem oportunidade de cumprir essa promessa..

O dom é aquilo que você trouxe para dar à vida quando nasceu. São os seus talentos e capacidades – o que faz de você uma pessoa única. O dom é realçado quando você o coloca a serviço dos outros ou do seu próprio crescimento. Se você não o usa, ou usa com um propósito egoísta, ele é reduzido.

A paixão representa a energia e a alegria que você coloca no que faz. A paixão nos faz sentir vivos, vibrantes e valiosos. A paixão dá sentido ao menor de nossos atos. Muitos olham a paixão com desconfiança, outros a censuram como se fosse uma vaidade indevida ou inútil.

O desejo profundo e sincero é a coisa que mais queremos experimentar na vida. Alguns querem amor. Outros, aceitação e reconhecimento. A maioria de nós quer os três. O risco que corremos é de sacrificar nossa integridade na busca do que desejamos.

Até hoje, você pode não ter se dado conta do significado e objetivo verdadeiros em sua vida. Hoje, peça ao Espírito Santo, aos seus protetores, anjos e guias que revelem a você como a promessa, o dom, a paixão e o desejo estão presentes em sua vida.

Hoje, eu me dedico a cumprir a promessa e a exercer meus dons para criar um mundo melhor para todos.

27 de Outubro

**Perceberei o meu próprio valor quando aceitar...
que o que faço revela quem eu acredito ser.**

Reflita sobre esta afirmação que talvez você já tenha ouvido: "*Sua vida dá testemunho de quem você é.*" A forma como você vive cada experiência revela sua personalidade e seu caráter. Como você reage? Com raiva? Ou de maneira amorosa? Como você se trata? Você cuida bem de si, ou você se maltrata? Como trata os outros? Você os acolhe com compaixão? Ou os julga impiedosamente e os condena? Você se abre para novas idéias, ou se aferra às antigas? Ouve com atenção o que lhe dizem, ou se agarra aos seus preconceitos? Você consulta o seu desejo, ou vive na dependência dos desejos dos outros?

Às vezes temos um discurso a nosso respeito que camufla a realidade de quem somos. Mas nós acreditamos nele porque damos muito valor às *palavras*. Comece a prestar mais atenção nos seus *atos* para descobrir quem você é. Decida se é assim que você quer ser. Se achar que o que seus atos expressam não lhe satisfaz, não julgue nem condene. Apenas constate e comece a investir para mudar, não seu discurso, mas suas ações, sua forma de se relacionar consigo e com o mundo. Sua vida dará então testemunho do seu esforço e das mudanças que se forem processando.

Até hoje, você pode não ter tomado consciência de como as condições em sua vida e como você vive a sua vida demonstram o que você acredita a seu respeito. Hoje, examine os seus atos e compare-os com o seu discurso. Qual é sua conclusão?

*Hoje, eu me dedico a examinar meus atos
e a compará-los com o que digo a meu respeito.*

28 de Outubro

Perceberei o meu próprio valor quando aceitar... que é importante a forma como cuido de mim.

Você pode estar tentando descobrir por que não é capaz de fazer as coisas que deseja. Por que não consigo fazer dieta? Por que não descanso mais? Por que não gasto mais tempo fazendo coisas que me dão prazer? Por que não me exercito mais? Por que não trabalho menos? Por que espero até o último minuto para cumprir meus compromissos? Por que me deixo estressar tanto? Por que digo sim, quando quero dizer não? Por que permaneço nas situações em que me desrespeitam e desvalorizam? Por que não consigo expressar meus sentimentos? Por que não me defendo quando sei que tenho direito? Por que duvido de mim? Por que saboto meus projetos? Por que abuso de mim? Por que deixo que me usem? Por que não estou ganhando o que acho que mereço? Por que gasto e esbanjo tanto dinheiro? Por que coloco os outros antes de mim? Por que estou constantemente enfrentando essas perguntas?

Se você estiver se fazendo algumas dessas perguntas, é provavelmente porque não tem consciência do seguinte: *você não se acha importante*. Por isso, não se esforça para cuidar de si.

Até hoje, você pode não ter compreendido como a baixa autoestima se revela no seu comportamento. Hoje, comece a cuidar de si como cuidaria de alguém importante na sua vida. Comece a se dar conta da sua própria importância.

Hoje, eu me dedico a cuidar de mim como cuidaria de alguém que considero importante.

29 de Outubro

Perceberei o meu próprio valor quando aceitar... que tudo que planejo fazer começa dentro de mim.

Para realizar qualquer coisa na vida, você precisa da cooperação de todas as forças envolvidas. A mente deve cooperar com o corpo. O corpo deve cooperar com o coração. O coração deve cooperar com o desejo. O desejo deve cooperar com a força de vontade. A força de vontade deve cooperar com a capacidade. A capacidade deve cooperar com a oportunidade. A oportunidade deve cooperar com o momento. O momento deve cooperar com a ordem. A ordem deve cooperar com o produto. O produto deve cooperar com a mente.

A questão é que você deve ter cooperação *interior* assim como *exterior* para realizar qualquer coisa na vida. A cooperação interior depende da sua auto-estima. Isso significa que *o que você pensa que consegue fazer, você acredita que fará.* Mas quando você alimenta uma crença consciente ou inconsciente de que não consegue fazer alguma coisa, descobrirá que se sente incapaz de ir em frente.

O desejo de fazer alguma coisa é divino. As idéias que recebe são *idéias de Deus para você.* Quando você acreditar que, apesar de suas falhas, você é capaz de seguir a inspiração divina, será fácil fazer sua cabeça, seu coração e seu corpo se moverem em conjunto numa mesma direção.

Até hoje, você pode não ter sido capaz de fazer com que os diversos aspectos de seu ser cooperassem com seu desejo. Hoje, examine onde está a resistência. Quais são seus medos, suas inseguranças? Quando identificar, peça ao Espírito Santo para eliminar as resistências e apoiar a crença na sua capacidade.

Hoje, eu me dedico a aprender como cooperar comigo.

30 de Outubro

Perceberei o meu próprio valor quando aceitar... que milagres acontecem todo dia.

Você acha que merece um milagre? Você acredita em milagres, ou você chama de coincidências os fatos extraordinários que acontecem cada dia? Um encontro inesperado que mudou o rumo de sua vida. Uma informação ouvida ou lida ao acaso que trouxe solução para um problema complicado. Um objeto perdido há muito tempo e que apareceu de repente, quando você já tinha desistido de procurar. Quantos fatos milagrosos já aconteceram na sua vida sem que você tivesse feito explicitamente um pedido! Pois agora peça o milagre que deseja e abra seu coração para recebê-lo. Milagres acontecem o tempo todo, mas eles somente acontecem para aqueles que acreditam que merecem.

Imagino que você sente dificuldade em pedir um milagre. Pode achar ridículo ou pretensioso. Isso é normal! Peça novamente. Talvez você se decepcione se, ainda desta vez, ele não acontecer e volte a pensar que sua pretensão era ridícula. Isso é normal! Peça novamente. A terceira vez que pedir um milagre, o milagre terá acontecido. Você terá *aberto seu coração* e lançado para o universo o seu pedido. Tenha certeza de que o universo o acolherá, talvez não exatamente da forma como você imagina, mas com algo que servirá para o seu maior bem. Um milagre.

Até hoje, você pode ter relutado em abrir seu coração e pedir ao universo algo que você realmente precisa ou deseja. Hoje, acredite em milagres. Peça um, acreditando que você o merece.

Hoje, eu me dedico a me abrir
para pedir e receber um milagre.

31 de Outubro

Perceberei o meu próprio valor quando aceitar... que mereço as bênçãos divinas.

Para aqueles que se desvalorizam, as bem-aventuranças de Jesus no Evangelho oferecem esperança. Se elas tivessem de ser reescritas para falar desse sentimento humano tão comum, poderiam ser assim:

Abençoados aqueles que fizeram tudo que sabiam fazer.
Quando eles param, Deus começa.
Abençoados aqueles que duvidaram de sua importância para Deus.
Deus nunca desistirá deles.
Abençoados aqueles que compreendem que
a vida é um processo de crescimento e cura.
Eles crescerão e suas mentes serão curadas.
Abençoados aqueles que não se castigaram
por terem cometido erros.
Eles terão paz em suas vidas.
Abençoados aqueles que perceberam que
fazem o melhor que podem.
Eles buscarão dentro de si uma forma melhor.
Abençoados aqueles que não se fecham.
Eles estarão abertos a novas idéias e percepções.
Abençoados aqueles que continuam trabalhando para
compreender melhor a verdade sobre quem são.
Eles finalmente encontrarão a verdade.

Até hoje, você pode não ter compreendido as coisas simples que você pode fazer para eliminar seu sentimento de desvalorização. Hoje, lembre-se das palavras divinas e do amor divino de um Ser Divino que conhece a verdade sobre você.

Hoje, eu me dedico a lembrar e experimentar as bênçãos da vida que tenho recebido.

NOVEMBRO

SERVIÇO

Quando se sabe a verdade,

não se pode mais deixar de saber.

Viver a verdade é o maior serviço

que se pode oferecer ao mundo.

1 DE NOVEMBRO

O maior serviço que posso oferecer é... não esperar reconhecimento ou recompensa.

Serviço significa ajuda, doação de si. Servir significa dar o que você tem para oferecer sem esperar reconhecimento ou recompensa. Significa estar disponível e dedicar-se inteiramente sem, porém, prejudicar-se. Qualquer coisa além disso é uma tentativa de obter controle.

Servir é algo extremamente delicado. É preciso estar disponível sem impor-se. Ter sensibilidade para perceber o que é solicitado, para não ir além do que está sendo pedido. Ter sabedoria para distinguir o que é uma necessidade justa, que merece ser atendida, de um mecanismo de exploração e, neste caso, ter firmeza para dizer não. Muitas vezes o maior serviço que podemos prestar a alguém é dizer "não" quando sentimos que a pessoa tem capacidade para fazer o que nos está pedindo e irá se diminuir se nos delegar a tarefa que lhe cabe. Servir é respeitar o outro, dizendo-lhe a verdade, por mais dura que pareça, se for para o seu crescimento.

Dê o que você tem para oferecer sem esperar recompensa ou reconhecimento. Dê com amor. Dê com alegria. É esta a recompensa que você receberá por servir.

Até hoje, você pode não ter pensado no que é servir. Hoje, esforce-se para servir com gestos e palavras.

Hoje, eu me dedico a respeitar
e amar os outros, servindo.

2 de Novembro

O maior serviço que posso oferecer é... uma bênção.

Abençoe as pessoas difíceis! Aquelas pessoas cujo convívio é desagradável. Aquelas que parecem ignorar o impacto que seus atos causam nos outros. As pessoas que não têm escrúpulos de demonstrar, com palavras ou atitudes, que não querem estar onde estão, fazendo o que estão fazendo. As pessoas de cara amarrada. As pessoas que se atrasam sem dar explicações, as pessoas ásperas, as pessoas prolixas. Disponha-se a ver pessoas difíceis de uma forma nova. Não acredite que elas estão agindo deliberadamente contra você. Não se impaciente. Não lhes dificulte a vida. Mantenha-se acima disso. *Abençoe-as!*

Abençoe as pessoas difíceis silenciosamente em seu coração. Faça isso porque você sabe que cada pessoa é uma criação divina. Algumas se esquecem de sua divindade. Outras nunca a conheceram, porque ninguém lhes ensinou. Outras, por insegurança, disfarçam sua divindade com temperamentos desagradáveis, atitudes hostis ou indiferença para com os que as cercam. O maior serviço que você pode oferecer a Deus, a si e à energia do universo é uma bênção. Quem sabe a sua bênção será exatamente aquilo de que uma pessoa difícil precisa para abrir o coração. Abençoe as pessoas difíceis, porque pode haver um dia em que você passe por um momento difícil e precise receber a bênção de alguém.

Até hoje, você pode ter simplesmente rejeitado as pessoas difíceis. Hoje, abra seu coração para elas. Não espere que mudem. Ao contrário, mude a sua visão sobre elas e entregue-as a Deus, abençoando-as.

Hoje, eu me dedico a transformar pessoas difíceis com uma bênção silenciosa.

3 de Novembro

O maior serviço que posso oferecer é... uma mensagem clara e amorosa.

As pessoas não são obrigadas a ouvir sua mensagem. Quando você recebe uma mensagem, uma percepção ou uma revelação, sua única obrigação é passar adiante o que recebeu. A partir daí, o que acontece com a sua mensagem NÃO É responsabilidade sua. Se você for julgar o valor ou o poder de sua mensagem pela forma como ela foi recebida, estará se enganando.

Algumas pessoas sabem que Deus nos usa para realizar Seus trabalhos. Mas a maioria dos seres humanos não tem consciência disso e pensa que a idéia e o trabalho foram só deles. Por isso gastam seu tempo e energia tentando fazer as pessoas compreenderem ou aceitarem o que estão dizendo ou fazendo. Se não obtêm apoio e concordância das pessoas que receberam a mensagem contida em seu trabalho, duvidam da própria capacidade. Começam mesmo a duvidar da própria mensagem.

É importante ter consciência de que somos mensageiros de Deus. *O objetivo da mensagem ou do trabalho que fazemos pertence a Deus.* Quando você tenta determinar quem deve receber a mensagem, como deve recebê-la e que resposta deve dar, o objetivo, o poder e a eficiência da mensagem podem se perder.

Até hoje, você pode ter julgado a importância do que estava fazendo na vida a partir da aprovação das pessoas. Hoje, limite-se a transmitir a mensagem divina através dos seus atos e palavras. Faça de sua vida a própria mensagem.

Hoje, eu me dedico a transmitir a mensagem com toda a fidelidade, sem me importar com a aprovação de quem a recebe.

4 de Novembro

O maior serviço que posso oferecer é... lembrar que meu coração é forte.

Seu coração é um músculo muito forte. O que você acha que seu coração não pode agüentar, ele agüenta. Seu coração costuma saber as coisas que você acha que ele não sabe. Seu coração é precioso, por isso é importante que você aprenda a cuidar dele.

No início de um relacionamento já percebemos intuitivamente se ele será ou não proveitoso. Escolha se envolver ou não nesse momento. Ao tomar a decisão mais sábia, você preserva a força de seu coração. Não insista tentando *consertar* as pessoas! Acredite no que vê e sente e escolha o que for melhor para você. Isso preserva a força de seu coração.

Nas ocasiões abençoadas em que você se frustra e se decepciona, não sobrecarregue seu coração com medo, raiva, desapontamento ou ressentimento. Use um pouco de fé e perdão para construir a força de seu coração. Aceite qualquer pequeno fragmento de bondade que tenha recebido. Esta é a única forma de construir a capacidade de seu coração para sustentar sua vida.

Até hoje, você pode ter vivido com a noção falsa de que seu coração pode ser partido. Hoje, lembre-se de que seu coração é um músculo que vai ficando mais forte à medida que você vive. Preserve a força de seu coração seguindo a orientação que ele lhe der.

Hoje, eu me dedico a utilizar e construir a capacidade de meu coração.

5 de Novembro

O maior serviço que posso oferecer é... eliminar minhas dúvidas a meu respeito.

Você tem o direito de acreditar no que quiser. Também é normal querer que os outros concordem com você. Mas quando você se vê dependendo excessivamente do apoio externo, preste atenção. Você está pedindo que alguém lhe diga: "*Você tem razão em acreditar nisso*", o que significa que a sua autoconfiança não é suficientemente forte. Quando você tenta extrair a sua força dos outros, você se prejudica.

Quando souber algo, saiba! Quando acreditar em alguma coisa, acredite! Se suas experiências lhe trouxerem alguma lição, acredite no que elas lhe ensinam. À medida que for continuando, mais experiências lhe darão maior clareza. À medida que suas experiências lhe derem maior clareza, sua visão se ampliará. A visão ampliada guiará você na direção certa. À medida que passar de uma experiência para outra, entre em contato com sua própria força interior. Fuja da tentação de duvidar de si quando outras pessoas não conseguirem ver ou não compreenderem o que você está dizendo ou sentindo. O segredo é dispor-se a buscar a verdade, deixando-se ajudar pelos outros, mas sem depender da aprovação deles.

Até hoje, você pode ter buscado apoio naqueles que simplesmente não sabem o que você sabe. Ou naqueles que não concordam com aquilo em que você acredita. Hoje, saiba e aceite o que você sabe sem tentar obter o apoio ou a aprovação dos outros.

Hoje, eu me dedico a aprovar e apoiar o que sei.

6 de Novembro

O maior serviço que posso oferecer é...
uma comunicação aberta, honesta e atenciosa.

Quando duas ou mais pessoas são abençoadas por estarem na presença umas das outras, o maior serviço que podem se oferecer é a comunicação. *A comunicação é mais do que apenas falar!* A comunicação é a interação entre almas servindo a um objetivo maior. A comunicação é um processo de ingestão, digestão, assimilação e utilização da luz, do amor e da sabedoria das almas que nos cercam. É um processo através do qual aprendemos a ser autênticos e a confiar na sabedoria de nossos corações.

A comunicação honesta, aberta e sincera é um dos maiores dons que podemos oferecer a nós mesmos. É um meio de aprender a *ouvir os outros* e de *transmitir nossa mensagem.* Quando você se comunica verdadeiramente com outra pessoa, tem a oportunidade de expor as próprias necessidades, desejos e intenções e de ouvir as expectativas dos outros a seu respeito. Numa comunicação verdadeira, você consegue ter mais clareza sobre os julgamentos e as decisões que toma, os medos que sente, as mudanças necessárias, o perdão que precisa conceder para si e para os outros. A comunicação aberta e honesta é um instrumento inestimável para a cura e a evolução da alma

Até hoje, você pode não ter percebido o valor e a importância da comunicação. Hoje, procure se comunicar verdadeiramente cada vez que abrir a boca e os ouvidos.

Hoje, eu me dedico a me curar e a evoluir
com os outros através da comunicação.

7 de Novembro

O maior serviço que posso oferecer é... sair do caminho e deixar Deus entrar na vida de alguém.

Quando você decide o que alguém *pode* ou não fazer, *deve* ou não fazer, aquilo de que *precisa* ou não, você está se colocando entre essa pessoa e Deus. Quando você decide o que é certo ou melhor para alguém, ou como essa pessoa deveria fazer o que você considera certo e melhor, você está se colocando entre essa pessoa e o que Deus tem reservado para ela. Deus sabe exatamente do que cada um de nós necessita e sabe como entregá-lo. Quando os seres humanos aprendem a sair do caminho de Deus, crescem da forma como precisam crescer. São capazes de fazer o que precisam fazer. Movimentam-se em paz e na direção que melhor os serve. A razão pela qual Deus deu a cada um de nós uma vida é para que possamos tomar conta dela. Se alguém precisa da sua percepção, espere até que ele a peça. Antes de responder, pergunte ao Criador o que você deve fazer ou dizer.

Querido Deus,

O que o Senhor gostaria que eu fizesse?
O que o Senhor gostaria que eu dissesse?

Até hoje, seu amor ou sua preocupação com outra pessoa talvez tenha levado você a acreditar que sabe o que é melhor para ela. Hoje, cuide de sua própria vida. Não invada a dos outros!

Hoje eu estou amando e apoiando os outros sem interferir em suas vidas.

8 de Novembro

O maior serviço que posso oferecer é... decidir-me.

Não permita que os outros tomem decisões por você. Poucas coisas destruirão sua auto-estima tão completamente quanto fazer algo simplesmente porque alguém deseja que você o faça. Quando você se convence de que alguém pode decidir quem você é ou como deve proceder na vida, você está investindo na própria impotência e sentimento de inutilidade.

Há uma grande diferença entre cooperação e coerção. Quando você coopera ou aceita cooperação, está misturando seus pensamentos, escolhas, necessidades e desejos com os dos outros. Você diz sua verdade, ouve a dos outros, e cada um escolhe de acordo com o que é. *Cooperação envolve negociação e concordância.* Coerção é ser forçado a concordar, ou concordar para evitar confronto. Concordar com medo de retaliação. Concordar em vez de assumir a responsabilidade pelas próprias escolhas. A coerção leva você a acreditar que o outro sabe *mais a seu respeito do que você!*

Acredite que o que você sabe e sente é confiável. É preferível arriscar-se e depois recomeçar do que permitir que os outros tomem decisões por você.

Até hoje, você pode ter concordado com os planos que outras pessoas têm para a sua vida. Hoje, tome a decisão de dirigir sua vida.

Hoje, eu me dedico a me arriscar e tomar algumas decisões sobre meu futuro.

9 de Novembro

O maior serviço que posso oferecer é... abrir-me para aprender mais, fazendo mais e sendo mais.

No meio de uma situação difícil e desafiadora, não se feche, *abra-se!* Na hora em que pensar que não agüenta mais ou não pode fazer mais, não desista! *Abra-se!* Quando sentir que está prestes a cair no precipício, *pule!* Quando parecer que tudo está se desintegrando, comece a reconstruir do que sobrou. A única maneira para chegar ao próximo nível é *seguir em frente.*

Há momentos em que não reconhecemos que é hora de ir em frente. Em outros, sabemos que temos de seguir, mas não sabemos ao certo como agir. E há ainda momentos em que adiamos o que sabemos que precisa ser feito e nos conformamos em permanecer onde estamos, esperando que a oportunidade certa apareça. De qualquer forma, quando resistimos, mas a vida está pronta para que sigamos adiante, ela nos fará ir em frente *de qualquer maneira!* O que pode às vezes parecer um *desastre* é na realidade uma *promoção.*

Quando algo em sua vida não der certo, não se feche. Não resista quando a vida lhe disser que é hora de seguir adiante. A resistência fecha a mente e o coração, e o que você precisa não entrará em sua consciência. Abra-se para aprender o que fazer em seguida. Abra-se para aprender novas coisas e testar o que já sabe. Abra-se para receber apoio, orientação e proteção do universo. Quem sabe o desafio é justamente aquilo de que você precisa para crescer?

Até hoje, você pode ter permitido que as dificuldades e os desafios, os momentos difíceis e dolorosos fechassem a sua mente. Hoje, abra a mente e o coração para a vida. Se tiver que sair de uma situação familiar, abra-se para ouvir e aprender o que fazer em seguida.

Hoje, eu me dedico a tirar a poeira de minhas asas e voar.

10 de Novembro

O maior serviço que posso oferecer é... ser uma luz no caminho.

À noite, o oceano pode ser um lugar enorme, escuro e assustador. É por isso que existem faróis. Quando os navios perdem a direção, são guiados pelos faróis. Quando há perigo no mar, eles procuram refúgio guiando-se pela luz dos faróis. Melhor ainda, há sempre alguém no farol.

Seja um farol. Permita que sua vida seja uma luz brilhante para os outros. Permita que seus atos sejam úteis para alguém. Tome consciência desse seu poder. Saiba que quem você é e o que tem para oferecer podem ser uma luz no escuro para alguém que está perdido.

Seja um vigilante do farol. Fique alerta para aqueles que estão em dificuldade, sem encontrar o caminho. Seja um farol para uma criança, protegendo-a, guiando-a. Dê-lhe segurança, fazendo-a saber que você está ao seu lado se ela precisar. Seja um farol para os mais velhos, alguém que já viajou pelos mares da vida e agora precisa de um pouco de atenção e conforto. Lembre-se que o vigilante é alguém que acolhe o viajante, conforta-o, encoraja-o a retomar o caminho.

Até hoje, você pode ter imaginado como poderia servir melhor à sua família, à sua comunidade ou ao mundo. Hoje, seja o vigilante de um farol.

Hoje, eu me dedico a ser a luz de apoio e de compaixão para os que estão precisando.

11 de Novembro

O maior serviço que posso oferecer é... a renovação do meu coração, da minha mente e da minha vida.

Você já esteve em uma cerimônia de renovação espiritual? Estou falando de um evento com muita gente batendo palmas, cantando e *renovando a alma*. Se você nunca esteve, precisa organizar um hoje mesmo. Pare tudo o que estiver fazendo! Cancele seus compromissos! Desligue o telefone e a televisão! Tranque as portas! Cerre as cortinas! Tire os sapatos e renove o seu espírito! Eis o que você tem de fazer.

Invoque *pelo nome e com detalhes* todas as coisas que estão testando, desafiando, tirando você do seu eixo e causando desequilíbrio. Invoque-as para o centro de sua vida. Bata o pé e diga: CHEGA! Em seguida, invoque para a sua vida tudo aquilo que você deseja, as coisas que levantarão seu astral. Quando sentir que essas coisas são reais na sua mente e no seu coração, bata palmas, dando graças por elas. Depois jogue fora aquilo a que você quer renunciar. Ajoelhe-se, peça orientação e perdoe alguém. Fique de pé. Peça proteção contra os seus inimigos *internos* e *externos*. Sacuda então o corpo para livrar-se dos maus hábitos, dos maus sentimentos, das más atitudes e das pessoas que têm energia negativa. No final, deite-se e entregue-se! Entregue a sua vontade à Vontade Divina. Entregue a sua mente à Mente Divina. Entregue sua vida ao Plano Divino e permaneça assim até saber, no fundo do seu coração, que o seu espírito foi renovado.

Até hoje, você pode ter procurado um jeito de fazer uma faxina na sua vida. Hoje, renove-se. Renove sua fé. Renove suas forças. Renove sua mente, seu coração e sua alma.

Hoje, eu me dedico a criar uma energia renovada na minha vida.

12 DE NOVEMBRO

O maior serviço que posso oferecer é... ser uma estrela ou um astro de cinema com um bom elenco que me dê apoio.

Luzes! Câmera! Ação! Sua vida está no palco central, e você é o astro ou a estrela. Você montou o palco com aquilo em que acredita. Escolheu o elenco para cada papel que representa o que você pensa a seu próprio respeito. Escreveu o roteiro com as palavras que já falou e as ações que já realizou. A questão é: *que papel você representará no seu próprio show?* Você será a vítima ou o personagem vitorioso? Aquele que conquista ou o perdedor? Um herói, uma heroína? Um vilão, uma vilã? É o *seu show*, o que significa que você tem de escolher o papel que representará em sua vida.

Diversas pessoas acreditam que suas vidas têm mais a ver com os personagens do que com a forma como elas próprias se dirigem. Outras acreditam que a responsabilidade é do *produtor*, que contrata pessoas que lhes fazem mal e demite as que lhes fazem bem. Acreditam também que foi o produtor quem escreveu o roteiro de suas vidas, colocando-as em um papel para o qual não estavam preparadas. Poucas compreendem que o que acreditamos sobre quem somos determina o papel que representamos na vida.

Você pode atuar de forma desamparada ou eficiente. Como vítima ou como alguém capaz de se defender. Sofrendo derrotas e desistindo ou dando a volta por cima e seguindo em frente. Qualquer que seja a cena ou a circunstância, você sempre representará o papel que vem ensaiando em sua mente. Viverá o roteiro que acredita valer a pena viver. Terá um elenco inteiro de personagens que lhe darão apoio ou se virarão contra você, baseando-se apenas no que você acredita.

Até hoje, você pode ter achado que dependia de um produtor para fazer o *show* da sua vida. Hoje, decida se o roteiro que está seguindo agora lhe serve ou lhe causa prejuízo. Lembre-se de que é você quem está dirigindo o *show*.

Hoje, eu me dedico a dirigir meu show
e a produzir uma vida melhor.

13 de Novembro

O maior serviço que posso oferecer é... aceitar o valor e a importância de quem sou e de onde estou na vida.

Você é exatamente quem é porque *é valioso e importante ser quem você é.* Você é importante para si e para os outros. Se você não fosse exatamente quem é, alguém muito importante estaria faltando no mundo.

Você está exatamente onde está porque tudo que tem para dar e receber se encontra exatamente no lugar onde você está neste momento. *Onde você está é valioso e importante.* Tudo o que você sabe é necessário bem no lugar onde você está. Tudo que pode fazer é *possível* bem onde você está. Se você estivesse em outro lugar, haveria um grande vazio no lugar onde você está agora.

Você passou por tudo o que passou por ser quem é. Por causa do que precisava saber. *Tudo o que você tem feito e tem passado é valioso e importante.* Para ser quem é, saber o que sabe, estar onde está neste momento, você precisou viver as experiências por que passou.

Quem você é, onde está e o que sabe valorizam você. Acreditar em si, servir ao local onde se encontra e usar o que sabe vão construindo a pessoa que você se tornará em qualquer outro lugar.

Até hoje, você pode ter ignorado, negado ou subestimado a importância e o valor de quem é, de onde está e do que sabe. Hoje, tome consciência de tudo isso!

Hoje, eu me dedico a aceitar o valor e a importância de todos os aspectos de minha vida como ela é agora.

14 DE NOVEMBRO

O maior serviço que posso oferecer é...
fazer o que precisa ser feito.

Você certamente merece ter as coisas que deseja na vida. Você, certamente, merece tê-las. Isso é óbvio. A questão é: você se dispõe a fazer o que for necessário para obter o que deseja? Não estou falando de trabalho físico. Ah, não! Se fosse físico, seria mais fácil. Estou me referindo ao trabalho mental, emocional e espiritual. Quando realmente você quer realizar algo, há uma coisa que deve fazer – CONCENTRAR-SE! Concentre-se em seus pensamentos. Concentre sua energia. Quando você realmente deseja se concentrar em algo, há uma coisa que deve desenvolver e manter – DISCIPLINA! Disciplina no que pensa. Disciplina no que faz. E quando estiver trabalhando para dominar a arte da disciplina, há algo que você precisa ser – PERSISTENTE! Persista no pensamento em que se concentrou. Persista nas ações disciplinadas que realiza. Com concentração, disciplina e persistência você alcançará qualquer objetivo com sucesso.

Até hoje, você pode ter acreditado no trabalho físico para conquistar o que deseja. Hoje, focalize sua energia e atenção no trabalho mental, emocional e espiritual para alcançar seu bem maior.

Hoje, eu me dedico a me concentrar, me disciplinar e persistir naquilo que desejo ser e fazer.

15 DE NOVEMBRO

O maior serviço que posso oferecer é... aprender a reconhecer a raiz do problema.

A *raiz de um problema* é a *causa do problema.* A raiz alimenta e nutre a planta inteira. O mesmo acontece com um problema que se repete em sua vida. Você não consegue resolver um problema podando os galhos. Tem de chegar à raiz do problema para *erradicá-lo.* Quando você chega à raiz, desvenda a questão central, o alicerce sobre o qual o problema foi construído.

A questão central pode ser uma crença inscrita na sua consciência. Digamos, por exemplo, que você acredita que a vida tem de ser difícil. Por mais que tente fazer a vida fácil, pacífica ou cheia de alegria, você estará sempre atraindo experiências e situações que apoiarão a crença central. O que você talvez não perceba é que a sua raiz *apodreceu!* Há uma crença podre no seu sistema de pensamento.

Todas as crenças centrais se manifestam nas suas experiências. Quando algo desagradável acontece em sua vida, examine a crença central. Relaxe, respire profundamente e pergunte-se: "O que está no centro dessa experiência? O que é que eu penso, digo ou faço que apóia a existência desse problema?" Talvez seu primeiro movimento seja culpar alguém. *São eles! A culpa não é minha!* Este pensamento fará com que o apodrecimento de sua raiz se espalhe. Lembre-se: *você é responsável por todas as experiências de sua vida.* As experiências vêm para lhe mostrar em que você realmente acredita. Arranque a raiz do problema e ele morrerá.

Até hoje, você pode ter arrancado pequenos pedaços de um problema apenas porque não compreendeu que tinha de arrancar tudo pela raiz. Hoje, analise os desafios de sua vida. Peça ao Espírito Santo para lhe revelar a raiz, a causa do problema. Em seguida, peça orientação sobre como plantar uma nova crença que promova um bem maior em sua consciência.

Hoje, eu me dedico a eliminar as raízes podres de minha própria consciência.

16 DE NOVEMBRO

O maior serviço que posso oferecer é... viver minha vida em estado de graça.

Alguma vez você, de repente, se cansou de fazer alguma coisa que lhe deu prazer durante um período de tempo prolongado? Sem razão alguma aparente, você se sente infeliz por estar onde está ou fazer o que está fazendo. No seu íntimo há uma convicção de que o lugar onde você está não lhe serve mais. Você se sente mal porque não tem *explicação lógica* para isso. Vou lhe dizer: a razão talvez seja o fato de que a *graça e a bênção foram retiradas.*

Quando a graça e a bênção de Deus são retiradas de uma situação, você não consegue mais ficar nela. Ao viver uma experiência, depois de atingir seu objetivo, depois de aprender, crescer e doar *tudo* que lhe é pedido de acordo com o objetivo de Deus, a graça é suspensa. Quando a situação em que você se encontra é boa, a retirada da graça pode ser extremamente perturbadora. Você desejar ficar porque, afinal, não tem uma *boa razão* para sair. Eis aqui uma boa razão: *a graça de Deus está em outra situação, em outra experiência que você deve viver.*

Há muitas formas de saber quando a graça é retirada de uma situação. A vibração, o entusiasmo e o sentimento de realização recebidos podem ter desaparecido. Talvez a sua energia e o seu esforço não estejam mais rendendo frutos, ou você esteja tendo um *retorno menor* para toda a energia despendida. A graça torna o seu caminho fácil. A graça abre portas fechadas. Mas quando o objetivo de Deus foi atingido é hora de partir para outro lugar, para outra experiência.

Até hoje, você pode ter pensado que precisava de uma boa razão para deixar uma situação boa quando não se sentia bem em estar nela. Hoje, peça ao Espírito Santo que lhe diga se a graça de Deus foi retirada da experiência que você está vivendo. Talvez você não goste da resposta, mas ela pode servir para o seu crescimento se você se dispuser a aceitá-la.

Hoje, eu me dedico a confirmar onde devo estar e o que devo fazer para receber a graça divina.

17 DE NOVEMBRO

O maior serviço que posso oferecer é... seguir a luz do Espírito Santo.

O *Espírito Santo* é a atividade de Deus. É a luz de Deus que brilha em sua vida, guiando para experiências amorosas, alegres e pacíficas. Há momentos em que aquilo que você pensa ser bom para a sua vida e o que o Espírito Santo *sabe* que é bom para você são duas coisas diferentes. O que você *pensa* está, em geral, baseado nas suas experiências. O que o Espírito Santo *sabe* está sempre baseado no plano e no propósito de Deus para a sua vida. A questão é: *você está disponível para seguir a luz do Espírito Santo?*

Na hora certa, da forma certa, o Espírito Santo enviará o brilho de sua luz para a sua vida, mostrando aonde ir e o que fazer. Você pode vê-la e não acreditar, senti-la e resistir, por julgar a sensação incômoda. Você decide não seguir a orientação do Espírito Santo. Mas, lembre-se: *seu conhecimento não se compara ao do Espírito Santo!* E Deus lhe dará tudo o que você precisa para realizar o desejo que sirva para o seu maior bem.

Aquilo que você precisa para o seu maior bem lhe chega através da luz do Espírito Santo. Basta que você abra seu coração e se coloque disponível. Se você tomar as providências materiais, a luz do Espírito Santo fará o restante.

Até hoje, você não se dava conta de que o Espírito Santo sabe mais a seu respeito do que você. Talvez tenha achado que não possuía os recursos necessários para realizar seus sonhos e desejos mais profundos. Hoje, peça que a luz do Espírito Santo ilumine o caminho que você deve seguir para a realização de um sonho.

Hoje, eu me dedico a pedir e seguir a luz do Espírito Santo.

18 de Novembro

O maior serviço que posso oferecer é... a disposição para fazer as coisas de forma nova.

Alguns de nós nascemos com a tarefa de guiar nossa família para uma nova forma de pensar, viver e ser. Por isso, a família pode pensar que somos *estranhos* ou diferentes. Ela pode até acusar-nos de fazer coisas *erradas*. E aí achamos que estamos mesmo *errados*. Se todos vão *pela direita*, por que você resolve ir *pela esquerda?* Se todos os membros de sua família sempre fizeram as coisas de determinada maneira, *quem é você* para fazer diferente? Se for este o seu caso, pare de tentar convencê-los. *Mostre-lhes!*

Estamos vivendo uma nova era, um novo tempo em que as coisas devem ser diferentes. Você não pode continuar a fazer o que sempre fez. *Algo ou alguém tem de mudar!* Esse alguém pode muito bem ser você! Você tem a intuição, o movimento de mudança, a oportunidade. A única coisa de que precisa é a força e a coragem de reconhecer que você foi a pessoa escolhida para a tarefa assustadora de implementar a mudança. Se você seguir seu movimento interior, seu crescimento será a única prova de que precisa. Sua vida fornecerá uma nova direção para as próximas gerações. Seu trabalho consiste apenas em realizar a mudança de uma forma amorosa, gentil e harmoniosa. Talvez você tenha que deixar algumas pessoas para trás. Se for assim, abençoe-as e continue andando.

Até hoje, você pode ter sido obediente aos padrões familiares e não tenha ido além do que lhe ensinaram a acreditar. Hoje, ouse ser diferente! Ouse introduzir um nova forma de viver e ser.

Hoje, eu me dedico a reconhecer que os padrões da tradição familiar podem ser uma cilada.

19 de Novembro

O maior serviço que posso oferecer é...
permitir que me usem para servir a um bem maior.

O Espírito Santo pode usar você? Do seu ponto de vista, você sempre se esforça para fazer o melhor possível para o bem de todos? É importante saber que a disposição de *fazer o bem é um trabalho de tempo integral!*

Você tem vontade de dizer uma palavra amável a alguém, mas, quando chega a oportunidade, decide que a outra pessoa não merece o elogio ou que você não sabe como fazê-lo da forma certa? Sente o impulso de ajudar outra pessoa, mas acaba desistindo por preguiça? Expressa seus pontos de vista de forma agressiva, querendo impô-los, e não aceita uma opinião diferente da sua? Acha que deve desculpar-se ou reparar um dano e deixa-se vencer pela arrogância? Se você opta por esses comportamentos, não está disponível para o Espírito Santo.

Mas se, apesar desses comportamentos, você deseja mudar para ser uma pessoa mais amorosa, mais suave, generosa e cheia de compaixão, peça insistentemente ajuda ao Espírito Santo. Esta é uma excelente forma de abrir-se e colocar-se disponível para a ação Dele.

Até hoje, você pode não ter parado para pensar no seu comportamento. Hoje, pense em todo o bem que *não* fez, não para acusar-se e culpar-se, mas para mudar. E peça ajuda ao Espírito Santo.

Hoje, eu me dedico a colocar-me
disponível para o Espírito Santo.

20 de Novembro

O maior serviço que posso oferecer é... não praticar crimes contra mim.

Uma pessoa estressada não conseguirá ser útil para si, para os outros ou para Deus. Muitos acreditam que, para serem úteis ou estarem disponíveis para ajudar os outros, devem se dar completamente para todos o tempo todo. E assim se transformam em pessoas *sim*. Dizem *sim* quando estão cansados, *sim* quando estão ocupados fazendo outras coisas. Dizem *sim* mesmo quando sabem que não dá para assumir mais nada. Você pode acreditar que para ser digno de amor, admiração ou respeito dos outros deve sempre dizer *sim*. O que talvez você não entenda é que há momentos em que dizer *sim* resulta em fazer sacrifícios desnecessários.

Dar de si a ponto de se sacrificar transforma a outra pessoa em um ladrão! Quando você permite que os outros tomem aquilo que você precisa, que ganhou, que merece, está fazendo um sacrifício. Quando você se sacrifica, não está dando livremente. Também não está servindo aos outros quando se prejudica. Além do mais, quando você se prejudica, fica um ressentimento. Você se ressente de si e daquele que recebeu o seu sacrifício. O ressentimento é um caminho certo para a raiva e a desvalorização.

Para servir, apoiar, dar aos outros, você deve primeiro ser capaz de se servir, se apoiar e dar para si. Deve dispor-se a compartilhar o seu excedente, não as suas necessidades essenciais. Isso se chama *amor-próprio*.

Até hoje, você pode não ter percebido que permitiu que os outros se tornassem cúmplices de um crime contra você. Pode ter permitido que eles estimulassem você a se sacrificar, acreditando que estava ajudando ou servindo a eles. Hoje, não seja uma pessoa *sim!* Cuide-se! Não dê o que não tem ou o que precisa. Proteja-se e ame-se o suficiente para dizer *não*.

Hoje, eu me dedico a não fazer sacrifícios desnecessários. Hoje, eu me disponho a dizer não.

21 de Novembro

O maior serviço que posso oferecer é... tomar consciência de tudo que percebo em minha vida.

Eis aqui algumas coisas sobre as quais você pode refletir em seu caminho para o crescimento pessoal:

SAIBA TUDO QUE PUDER A SEU RESPEITO! Saiba o que faz você funcionar, o que faz você rir, o que faz você chorar. Saiba o que abre o seu coração. Saiba o que acontece quando seu coração está aberto. Compartilhe o que descobrir com o máximo de pessoas possível.

SAIBA O QUE É A VIDA! O que é importante na vida. Saiba o que é sagrado e santo na vida. Saiba o que é e o que não é a vida. Saiba de onde vem a vida e por quê. Saiba o que dá sentido à sua vida. Compartilhe o que você descobrir com o máximo de pessoas possível.

SAIBA POR QUE VOCÊ EXISTE! Saiba que você é essencial. Saiba que você tem valor. Saiba que toda experiência é um passo importante para ajudar você a descobrir o seu objetivo. Compartilhe o que descobrir com o máximo de pessoas possível.

Quanto mais você aprende sobre a vida, mais aprende sobre si. Quanto mais aprende sobre si, mais claro fica seu objetivo na vida. Algumas pessoas passam a vida inteira sem nunca compartilhar o que descobrem sobre elas ou sobre a vida. Outras nunca refletem sobre essas questões e nunca sentem o que as respostas podem revelar. Não seja uma delas!

Até hoje, você pode ter se perguntado como desenvolver uma visão maior de si e da vida. Hoje, passe mais tempo refletindo sobre esses três pontos simples e compartilhando suas descobertas com os outros.

Hoje, eu me dedico a compartilhar as minhas descobertas sobre a vida e sobre mim.

22 DE NOVEMBRO

O maior serviço que posso oferecer é...
uma análise corajosa de tudo o que vejo, sei e acredito.

Mergulhe fundo numa experiência para procurar entendê-la. Eleve-se alto o suficiente para vê-la de uma nova perspectiva. Enquanto não chegar ao âmago da experiência, ou a vê-la de um novo ângulo, não será capaz de determinar como essa experiência serve ao seu bem maior.

Até hoje, você pode ter passado por várias experiências, sem procurar descobrir o sentido delas. Hoje, investigue corajosamente cada ângulo possível de uma experiência e disponha-se a entender o sentido dela em sua vida.

Hoje, eu me dedico a ir fundo e a voar alto.

23 de Novembro

O maior serviço que posso oferecer é... estar sempre observando.

Observe a sua vida detidamente. *Não deixe nada de fora!* Observe cada experiência, cada pessoa e o papel que cada uma desempenha em sua vida. Observe os detalhes de seu corpo. Observe o estado de sua saúde. Depois, examine cada pensamento, cada sentimento, cada crença. Quando tiver acabado de observar, pergunte-se: "*Por que reverencio a crença de que não tenho valor? De que não tenho direito ao amor? De que não tenho importância? De que sou insignificante?*"

Em nossa vida, devemos *primeiro* acreditar. Aquilo em que acreditamos atrai ou cria, consciente e inconscientemente, as pessoas, as situações, os comportamentos que irão confirmar nossa crença. Se você acredita que não tem direito ao amor, construirá relacionamentos para fortalecer essa crença. Se acredita que é um fracasso, atrairá ou criará experiências que provarão aquilo em que você já acredita. Se você acredita que não tem importância, isso será provado de algum modo em sua vida pelas pessoas que encontrar e pelas experiências que tiver. A única forma de criar ou atrair novas experiências e pessoas é examinar aquilo em que você acredita agora.

Até hoje, você pode não ter tido consciência das provas que reuniu para alimentar suas crenças conscientes e inconscientes. Hoje, sabendo disso, olhe à sua volta. Se não se orgulhar do que construiu em sua vida, releia a mensagem de ontem.

Hoje, eu me dedico a observar e examinar as crenças que construí a meu respeito.

24 DE NOVEMBRO

O maior serviço que posso oferecer é...
ser o melhor que posso ser.

Você vai além do limite? Faz mais do que o esperado? Ou você faz apenas o suficiente para passar? Você espera o melhor? Essas perguntas dizem respeito não só ao seu relacionamento com o mundo, como também à maneira *como você* se trata. Você procura sempre superar seus próprios limites, ou se contenta com o mínimo?

Ir além do limite significa reconhecer o que você tem e procurar formas de expandi-lo. Ir além do limite significa fazer apenas um pouco mais do que é esperado, ser apenas um pouco mais do que é esperado, ter um pouco mais do que até você esperava. Significa superar as crenças limitantes e os comportamentos restritivos. Ir além do limite não significa que você é arrogante, mas que quer sentir-se melhor consigo. Aos poucos, se respeitando, obedecendo ao ritmo do processo de crescimento, mas investindo sempre no processo.

Até hoje, você pode ter feito apenas o suficiente para sobreviver e ir tocando a vida caminhando. Pode ter esperado apenas o suficiente para não ficar infeliz. Hoje, ultrapasse os limites. Faça um pouco mais. Tome uma iniciativa concreta em relação a algo que deseja há algum tempo.

Hoje, eu me dedico a ultrapassar de alguma maneira os limites em que me acomodei.

25 de Novembro

O maior serviço que posso oferecer é... ter carinho comigo enquanto mudo.

Mudar a sua vida nem sempre significa *parar de fazer* determinadas coisas. Pode significar *começar a fazer* determinadas outras coisas. Pode significar usar o tempo e energia que você está dedicando a atividades e pessoas para fazer ou relacionar-se com coisas e pessoas que lhe façam bem. Comece definindo o que não quer mais fazer. Você estará abrindo espaço para saber o que quer de fato fazer.

Mas não se obrigue autoritariamente a mudar. Não se culpe pelas coisas indesejáveis que vem fazendo, nem se pressione severamente em direção ao seu desejo. *Trate-se com o carinho* que você dedicaria a um ser amado. Se você se tratar com hostilidade, será difícil aprender. Se fixar expectativas absurdas, não conseguirá corresponder. O aprendizado funciona melhor quando existe uma atitude e um ambiente de aceitação.

Olhe-se com carinho, conheça-se melhor, perceba suas limitações e descubra suas capacidades. Abra-se e aceite-se. Escolha um novo rumo de ação que mudará a forma como você se experimenta.

Até hoje, talvez você não tenha se dado conta de como se trata com severidade e aspereza. Hoje, comece mudando de atitude! Carinhosamente, comece a tomar os passos necessários para sua mudança.

Hoje, estou mudando a forma como estimulo as mudanças que desejo fazer.

26 de Novembro

O maior serviço que posso oferecer é... confiar em meu poder.

Ninguém presta um serviço a si ou ao mundo quando se comporta como se não tivesse poder. Fomos criados à imagem e semelhança de Deus, e *este é nosso maior poder*. Por isso, quando nos submetemos, nos diminuímos ou nos declaramos incapazes, estamos negando o poder de nosso Criador.

Você tem muitos dons. É só parar e pensar na forma como, a cada dia, você enfrenta desafios, toma decisões, realiza uma multiplicidade de tarefas, administra uma série de situações diferentes. Você se defende, se encoraja, aprende coisas novas, ensina, se corrige. *Tudo isso é poder*. No seu coração você sente amor, tristeza, compaixão, empatia, alegria, paz e uma gama de emoções com as quais você se relaciona com os outros e os ajuda a viver. Seus gestos de amor, por menores que sejam, contribuem para a felicidade de sua família, de sua comunidade e têm repercussões no mundo. *Tudo isso é o maior poder que existe.*

Até hoje, você pode ter acreditado que dinheiro é poder, que posição social é poder, ou que as coisas que você pode fazer lhe dão mais ou menos poder. Hoje, tome consciência do seu próprio poder. Assuma o seu poder! Aceite o seu poder! Sirva o mundo exercendo o seu poder. Comece agradecendo por todo o poder que recebeu do Criador!

Hoje, eu me dedico a entrar em contato com o meu poder.

27 DE NOVEMBRO

O maior serviço que posso oferecer é...
libertar-me para viver livremente.

Você já viu uma criança pequena brincando sozinha? Ela fala e responde. Canta e dança. Uma criança pequena totalmente sozinha é capaz de se entreter com muita liberdade. Ainda não está consciente das censuras dos outros, de suas expectativas, e por isso não se sente inibida para se expressar espontaneamente. Não tem nada a provar e ninguém a satisfazer, a não ser ela mesma. *Ela se sente livre!*

À medida que crescemos, vamos perdendo essa espontaneidade, essa liberdade de expressão do nosso ser e do nosso desejo. Estamos sempre olhando em volta, em busca de aprovação, com medo da repreensão. Hoje, viva seu dia de acordo com seu desejo mais profundo. Consulte-se a cada momento para saber o que *você* realmente quer. Diga apenas as palavras em que acredita, faça gestos verdadeiros. Faça as coisas que lhe dão prazer e feche a boca quando se vir querendo se justificar para alguém. Cante, dance, ande sem sapatos, vá ao cinema de tarde. Neste dia, viva como se fosse totalmente livre para ser o que você escolher. Diga a você algo que nunca repetiria em voz alta. Seja exatamente quem é e viva como se tudo estivesse bem – porque realmente está.

Até hoje, você pode ter vivido olhando em volta para obter aprovação. Hoje, permita-se a liberdade infantil de viver como se não tivesse que dar satisfações a ninguém.

Hoje, eu me dedico a viver minha vida com liberdade e alegria.

28 de Novembro

O maior serviço que posso oferecer é... me dispor a viver a dor que sinto.

Há diversas maneiras de se suicidar. Algumas pessoas se matam de uma vez. Outras vão se matando aos poucos, abandonando partes da vida e de si mesmas pelo caminho. Outras ainda se anestesiam para evitar o sofrimento. Vão se tornando mortos ambulantes que fingem viver. Não estão vivas porque precisam descobrir *as bênçãos da dor*.

Talvez você se espante, mas sentir dor mental ou emocional é um *presente da vida*. No centro da sua dor há sempre uma lição, uma resposta que servirá para o seu crescimento. A tendência é rejeitar a dor, negá-la, atordoar-se para ignorá-la. *O suicídio não é a saída para a dor!* Por incrível que pareça, a coisa mais amorosa que podemos fazer é aceitar a nossa dor. Isso requer uma arte que não nos ensinaram. Requer que *continuemos plenamente presentes* no meio de uma experiência dolorosa.

Todas as formas de dor vêm nos ensinar, nos fortalecer, aumentar nosso autoconhecimento, descobrir nosso objetivo verdadeiro. Muitas vezes, a dor entra em nossa vida para acordar as partes e os pedaços entorpecidos, mortos. Aceitar a dor pode nos tornar mais solidários com a dor do mundo, mais generosos, mais abertos. Essas são as bênçãos da dor!

Até hoje, você pode não ter tido consciência dos benefícios das experiências dolorosas. Hoje, abra o seu coração para estar presente na sua própria dor. Quando você tiver a impressão de que a dor é insuportável, repita para si: "Um dia vou entender a bênção dessa dor."

Hoje, eu me dedico a permanecer completamente presente para cada pensamento e sentimento causado pela dor.

29 DE NOVEMBRO

O maior serviço que posso oferecer é... resistir à tendência de ficar contra.

Há um processo de vida que poucos conhecem, mas muitos praticam. É uma forma de viver e de ser que gera hostilidade e maus sentimentos. Trata-se de um processo que atira o seu bem contra o bem de outra pessoa. Para se engajar nesse processo é preciso acreditar na existência do certo *contra* o errado. Do bem *contra* o mal. Da minha maneira *contra* a sua maneira. Durante este processo, pessoas são feridas, às vezes vidas são perdidas, e não se chega a qualquer conclusão.

Colocar-se contra algo é julgar essa coisa indigna de consideração ou mesmo condená-la. Nós nos colocamos contra quando achamos que algo nos ameaça ou ameaça nossas crenças. Quando acreditamos que, se alguém conseguir o que queremos, nós não conseguiremos. Se nos sentimos donos da verdade, quem pensar diferente está errado.

A maneira de não viver *contra* é viver *a favor de*. Em vez de usar sua energia *contra* algo, use-a *a favor de* alguma outra coisa. Invista o seu tempo, sua capacidade e sua dedicação agindo para realizar as coisas que deseja. Quando se deparar com algo que desafie aquilo pelo qual você está lutando, não se posicione contra! Permita que outras coisas existam. Simplesmente escolha colocar a sua energia em outro lugar.

Até hoje, você pode ter gastado tanta energia lutando contra determinadas coisas, que não tinha tempo para lutar a favor de mais nada. Hoje, abandone essa postura *contra*. Concentre sua atenção e energia naquilo que você deseja para o seu bem.

Hoje, eu me dedico a concentrar minha energia e atenção nas coisas que desejo.

30 DE NOVEMBRO

O maior serviço que posso oferecer é... rezar.

Eis uma oração para você hoje.

Abençoado e Divino Espírito Santo:

Eu lhe agradeço pela manifestação de todas as minhas boas intenções. Agradeço-lhe pelas boas intenções que, ao se manifestarem, contribuíram para o meu amor-próprio. Agradeço pela luz e pela energia de seu amor que apóiam minha intenção de saber, experimentar e expressar a verdade de quem sou. Agradeço pela graça e pela misericórdia de seu amor que apóiam a minha intenção de me tornar uma luz de inspiração para o mundo e para os que fazem parte de minha vida. Agradeço pela sua sabedoria que apóia minha intenção de acolher os outros com mais carinho. Agradeço-lhe por me lembrar de que não é amoroso agarrar-se à dor ou negar o perdão para mim e para os outros. Agradeço-lhe por permitir que eu tome consciência de coisas a meu respeito que tenho sido incapaz de curar. Agradeço-lhe por me mostrar que sou capaz de experimentar alegria e felicidade, e que a maior alegria de todas é ser capaz de me aceitar exatamente como sou, bem onde estou. Eu agradeço, Espírito Santo, por se expressar através de mim como força, amor e sabedoria. Por isso, eu agradeço muito!

Até hoje, você pode não ter percebido o poder de uma oração afirmativa. Trata-se do poder que você tem de transformar o que ainda não é em realidade. Hoje, afirme suas intenções para a sua vida na forma de uma oração.

Hoje, eu me dedico a rezar por
uma experiência mais elevada e pela expressão
das intenções que desejo para mim.

DEZEMBRO

PAZ

Você sobreviveu a crises e desafios apenas

para provar que pode, e conseguiu sobreviver.

Fique em paz com o que você fez para sobreviver.

1 de Dezembro

Eu ficarei em paz quando... escolher ficar em paz, independentemente do que estiver acontecendo.

Perdoe,
por favor,
todas as experiências loucas!

Essas experiências que lhe pareceram loucas foram a forma que a vida usou para lhe ensinar que tudo pode e irá melhorar.

Até hoje, você pode ter achado que era necessário eliminar todas as loucuras de sua vida. Pode ter acreditado que a loucura do mundo era uma coisa negativa. Hoje, olhe além da loucura. Use a sua mente para encontrar a presença da paz e transformar a energia que cerca você.

Hoje, eu me dedico a levar a paz a todas as situações e experiências da minha vida.

2 de Dezembro

Eu ficarei em paz quando... aprender a me concentrar em uma coisa de cada vez.

Há um local em sua mente onde vários pensamentos disputam sua atenção. Todas as responsabilidades e expectativas começam a falar ao mesmo tempo, criando dentro de sua cabeça um coral que diz: *Tudo precisa ser feito agora, neste exato momento!* Tudo é importante! Faça *já! Neste instante!* Dar ouvidos a esse falatório só causa estresse e atordoamento.

Quando o falatório da urgência invade a nossa mente, ficamos completamente zonzos, sem fôlego. Sensações de medo, incompetência, desvalorização e até desespero nos invadem, impedindo-nos de agir ou atrapalhando nossa ação. Nesses momentos, o maior favor que podemos fazer por nós mesmos é respirar fundo, relaxar e lembrar-nos de que *só podemos fazer uma coisa de cada vez!* O segredo é estabelecer prioridades.

Faça uma lista de tudo que precisa ser feito. Elimine da lista aquilo que você constata que não será capaz de fazer. Verifique o que é mais importante. Trace um plano para cada coisa. Depois, entregue o resto a Deus. Quando as mil providências voltarem a atordoar sua cabeça, respire de novo, relaxe e lembre-se: *faça o que der para fazer*. Deus cuidará do resto.

Até hoje, você pode ter tentado fazer tudo ao mesmo tempo. Hoje, organize-se, faça o que puder e conte com a ajuda perfeita de Deus.

Hoje, eu me dedico a definir prioridades,
fazer o que é possível e entregar o resto a Deus.

3 de Dezembro

Eu ficarei em paz quando... parar de encontrar desculpas para aquilo que não venho fazendo.

Você pode enganar algumas pessoas durante algum tempo, mas nunca vai conseguir se enganar. Você pode arranjar desculpas para justificar seus medos e talvez, num primeiro momento, acredite no que disse. Mas vai chegar a hora em que as desculpas não terão força suficiente para camuflar o seu medo e você encontrará dificuldade em se convencer, ou a quem quer que seja, de que são verdadeiras. Quando esse momento chegar, não fique na defensiva. Disponha-se a encarar de frente aquilo que lhe mete medo.

Coisas que nos amedrontam perturbam nossa paz de espírito. Quando procuramos negá-las, estamos negando o alicerce sobre o qual a paz é construída. *A verdade!* Sem a verdade não existe paz de espírito.

Até hoje, você pode ter criado justificativas para não ter de enfrentar aquilo que teme. Pode ter arranjado uma excelente desculpa para permanecer num relacionamento, num trabalho ou numa situação que não lhe satisfaz. Hoje, livre-se de todas as suas desculpas. Pergunte-se: "Que grande medo é esse que me faz ficar aqui?" Faça uma lista das respostas que vêm à sua mente. Ofereça a lista ao Espírito Santo, pedindo para lhe mostrar uma saída. Repita esse processo quantas vezes for necessário, até que as verdadeiras respostas apareçam.

Hoje, eu me dedico a eliminar todas as desculpas que camuflam o meu medo.

4 DE DEZEMBRO

Eu ficarei em paz quando... me permitir aprender.

Há uma forma muito simples de criar espaço para a paz em sua mente: *admitir que você não sabe.* Chegamos a uma idade, em geral em torno dos trinta, em que começamos a nos cobrar por coisas que achamos que devíamos saber e não sabemos. Isso nos causa constrangimento e vergonha. Muitas vezes mentimos para fingir que sabemos e para escapar do medo, da vergonha ou do constrangimento.

Não há nada de errado em não saber uma determinada coisa. Você só pode se prejudicar se tentar fingir que sabe. Porque não estará lidando com a verdade, que é o alicerce sobre o qual a paz é construída. Quando você mente, a sua vida se transforma num inferno. No inferno do medo de que descubram. Se você simplesmente disser "não sei" e se abrir para aprender, as pessoas provavelmente terão grande respeito pela sua coragem.

Até hoje, você pode ter tido medo de reconhecer, admitir ou aceitar que existem algumas coisas que você simplesmente não sabe. Você pode não ter se dado conta de que a única maneira de se prejudicar é tentando esconder que não sabe. Hoje, disponha-se tranqüilamente a admitir que não sabe e que irá aprender o que lhe interessar ou o que for necessário. Esse simples gesto abrirá o seu coração e a sua mente para que você aprenda o que precisa aprender.

Hoje, eu me dedico a abrir a minha mente para aprender o que preciso aprender.

5 de Dezembro

Eu ficarei em paz quando... aprender a me perdoar.

Perdoar os outros é difícil, mas talvez o maior desafio seja perdoar-se. Pode ser que você considere que perdoar-se significa dizer que está tudo bem e não concorde com isso porque acha que um erro merece sempre *castigo*.

O erro faz parte da natureza humana, e não é com castigo que pode ser reparado. Só com o perdão é que somos capazes de crescer, aprender e nos curar. *Nunca com o castigo*. Cada uma de nossas ações é motivada por algo que precisamos receber, ou algo de que queremos nos libertar. Os erros que cometemos mostram que estamos prontos para nos libertarmos de alguma crença falsa, de atitudes pouco amorosas, de algum medo injustificado. Os erros demonstrarão como e por que aquela crença não nos serve mais. Eles demonstrarão onde precisamos crescer e o que estamos prontos para aprender ou curar. Quando nos perdoamos, o crescimento, a aprendizagem e a cura vêm como resultado.

Até hoje, você pode ter achado que era muito difícil se perdoar por certos comportamentos ou certos atos. Hoje, disponha-se a crescer, a aprender e a se curar. Prepare-se para se livrar do medo que controla a sua mente. Perdoe-se.

Hoje, eu me dedico a criar uma oportunidade divina de crescimento, de aprendizagem e de cura, ao me perdoar.

6 de Dezembro

Eu ficarei em paz quando...
aceitar e reconhecer a verdade.

Algumas pessoas têm relações sexuais com um monte de outras, apesar dos riscos físicos e emocionais envolvidos. Muitas tomam álcool ou usam drogas num processo autodestrutivo. Há pessoas que sentem imenso prazer em roubar. Tem gente que mente por puro divertimento ou por compulsão. As pessoas fazem inúmeras coisas prejudiciais e autodestrutivas. Normalmente, fazem essas coisas quando se esquecem da *verdade de quem todos nós somos.*

A verdade é que todos nós somos *portadores da esperança* uns para os outros. Quando você vive de acordo com essa verdade, oferece esperança aos outros. Quando vive a verdade, leva os outros a tomarem consciência da verdade a seu próprio respeito e a desejarem viver a paz que reconhecem em você.

Não há nada que você possa fazer para apagar a verdade de quem é. Um dia, quando menos esperar, uma sementinha de verdade, enterrada em algum lugar de seu ser, será acordada. Nesse dia, que pode ser hoje, todas as suas falsas crenças desaparecerão!

Até hoje você pode ter tido comportamentos autodestrutivos, desconhecendo a verdade de quem é. Hoje, aceite o fato de que você é importante e capaz de levar os outros para uma vida digna e plena. Permita que a sua vida e a sua decisão inspirem os outros a viverem a verdade de seu ser.

Hoje, eu me dedico a viver a minha vida de uma forma que inspire os outros a viver sua própria verdade.

7 de Dezembro

Eu ficarei em paz quando... tomar posse do meu ser inteiro.

Se você tem a impressão de que sua vida não está funcionando, é possível que esteja se dando demais. É possível que tenha feito concessões demais, se submetido e se entregado tanto, que já não se sinta uma pessoa inteira. Você se empenhou ao máximo, achando que precisava fazer isso para receber amor, obter reconhecimento e aceitação. E acabou verificando que esse processo é interminável e que, por mais que faça, nada será suficiente para você se sentir uma pessoa valorizada. Você *se deixou invadir* pelos "vampiros da alma".

Esses vampiros que invadem nossa alma, *porque deixamos*, distorcem a verdade a nosso respeito. Eles nos fazem sentir culpados quando cuidamos de nós e atendemos nossos desejos. Eles apontam para o engano de nossas escolhas, para os perigos de nossas decisões, para a impossibilidade de nossos sonhos e zombam de nossas crenças.

Há uma forma de livrar-se dos vampiros da alma. Examine todas as vezes em que você deu aos outros o direito de tomarem as suas decisões, em que esperou que os outros fizessem por você aquilo que só você tinha o poder de fazer e quando se desrespeitou para agradar os outros. Quando você se lembrar do que fez, *perdoe-se!* E, o mais importante, diga: "*Nunca mais!*"

Até hoje, você pode não ter se dado conta de que permitiu a invasão dos vampiros da alma. Hoje, proteja-se! Conscientize-se daquilo que você faz para diminuir e distorcer a sua identidade, o seu valor e a sua capacidade de fazer as próprias escolhas.

Hoje, eu me dedico a me livrar dos vampiros da alma e a tomar posse do meu ser.

8 de Dezembro

Eu ficarei em paz quando... organizar a minha mente e a minha vida de acordo com a verdade.

Qual é a verdade que se encontra em sua mente? Há pedaços da verdade que você só usa quando lhe é conveniente? Há partes da verdade que você não foi capaz de aceitar? Existe:

Uma verdade verdadeira?
Alguma verdade?
Uma grande verdade?
A sua verdade?
A verdade deles?
Uma verdade mundial?
Uma verdade religiosa?
Uma verdade espiritual?
Uma verdade social?
Uma verdade econômica?
Uma verdade parcial?
Uma verdade absoluta?

A verdade é que só existe uma verdade. *Deus é a verdade!* Você é a encarnação do amor de Deus em busca da verdade sobre você e sobre todo o mundo. A vida é um processo em que vamos, aos poucos, crescendo, tomando consciência dessa verdade e distinguindo-a do que vem disfarçado de verdade.

Até hoje, você pode ter perdido de vista a verdade que lhe dará a paz de espírito e a força necessárias para ir construindo sua vida de forma pacífica. Hoje, lembre-se da verdade de quem você é. Lembre-se da verdade sobre a sua vida. Lembre-se de que é conhecendo essa verdade que nos preparamos para viver plenamente.

Hoje, eu me dedico a viver a única verdade sobre mim e sobre a minha vida.

9 DE DEZEMBRO

Eu ficarei em paz quando... transformar a minha riqueza espiritual em prioridade.

Muita gente luta ou dá um duro danado para ter riquezas materiais. Depois, luta e dá um duro danado para manter essa riqueza e para proteger o que alcançou. No meio de tanta luta e de tanto trabalho, é fácil perder de vista o fato de que a riqueza material só lhe servirá nesta vida.

Quanta riqueza material você acha que os grandes líderes espirituais deixaram para seus herdeiros? Eles se deram conta de que a liberdade da mente, do corpo e do espírito era o maior bem que podiam legar. Deram-se conta de que não é necessário possuir muito para realizar muito. Deixaram como herança a forma como viveram suas vidas.

As coisas pelas quais lutamos podem nos trazer conforto e alegria, mas podem também nos escravizar. Nossos desejos e realizações no domínio material não têm o menor significado no reino espiritual. Repito: todos os seres humanos deveriam usufruir de conforto e dos bens que lhes permitissem desenvolver seu potencial. Mas o excessivo apego à riqueza material muitas vezes cria desarmonia mental e emocional e nos afasta do bem que responde *ao que temos de essencial.* O único bem capaz de nos dar a paz que, mesmo inconscientemente, todos buscamos. Um bem que dinheiro algum pode comprar.

Até hoje, você pode ter sacrificado a sua paz de espírito e o seu equilíbrio espiritual pela busca da riqueza material. Hoje, examine se a sua busca é uma bênção ou uma escravidão. Pergunte-se qual é o maior legado que você pode deixar para seus descendentes.

Hoje, eu me dedico a viver uma vida plena de espiritualidade e de paz, deixando um legado mais valioso do que o dinheiro.

10 de Dezembro

Eu ficarei em paz quando... me permitir confiar em minhas vulnerabilidades.

A maioria das pessoas reage quando a palavra *vulnerabilidade* se refere a elas. Acham que, se ficarem vulneráveis, serão necessariamente prejudicadas. Por não reconhecerem que *a vulnerabilidade faz parte da condição humana*, essas pessoas não aprendem a administrá-la para proteger-se. São pessoas que não vivem de acordo com a própria verdade, que é feita de força e fraqueza, capacidades e limitações, entrega e precaução.

Quando você aceita sua própria vulnerabilidade, está assumindo o poder de seu eu autêntico. Vivemos em contínua situação de risco, nos menores atos e situações cotidianas, nos relacionamentos, nos grandes e pequenos empreendimentos. *O seu eu autêntico é o alicerce do seu poder.* Ele congrega sua inocência e sua sabedoria, sua força e compaixão, sua coragem e seus medos. O seu eu autêntico sabe que, a despeito do que puder lhe acontecer, você há de sobreviver. Conseqüentemente, o seu eu autêntico sabe da sua vulnerabilidade. Confia no processo da vida e na energia de seu espírito.

Até hoje, você pode ter acreditado que por ser vulnerável poderia sofrer prejuízo de alguma maneira. Hoje, reconheça sua própria vulnerabilidade e saiba que o poder de seu eu autêntico protege você em todas as situações vulneráveis que você enfrenta a cada dia.

Hoje, eu me dedico a abraçar o poder
e a presença de meu eu autêntico.

11 de Dezembro

Eu ficarei em paz quando... descobrir que dar e receber amor é uma necessidade essencial.

Receber amor é uma necessidade humana básica. Mas receber amor de quem? Muitos passam a vida em busca de reconhecimento e aceitação por parte dos outros, achando que isso é amor. No entanto, por mais que recebam reconhecimento e aceitação, sentem-se insatisfeitos. Porque esqueceram ou ignoraram que o amor de que necessitam é o *amor-próprio*.

O amor-próprio só existe, porém, quando transborda e se *dá*. Ao se dar, ele cresce e se reforça. Quando você se fecha, quando desconhece a necessidade dos outros ou priva alguém de amor por causa de um ato que lhe desagradou, você se diminui como ser humano e interrompe o fluxo de amor que alimenta você e o mundo.

Todo ser vivo, independentemente de seus atos, merece o seu amor. O seu amor é o reconhecimento de que, apesar do comportamento do outro, você o reconhece como uma criação divina. O espírito da vida sabe que quando você nega aceitação, reconhecimento e amor deixa de experimentar aquilo que não é capaz de oferecer.

Até hoje, você pode ter buscado aceitação e amor nos outros, apesar de negá-los a pessoas que lhe desagradam. Hoje, abra o seu coração para amar-se e para amar aqueles que excluiu. Isso não significa que eles tenham razão. Apenas significa que você se dispõe a se curar.

Hoje, eu me dedico a abrir o meu coração, a reconhecer e a aceitar que eu tenho amor-próprio suficiente para me sustentar e para oferecer a outra pessoa.

12 de Dezembro

Eu ficarei em paz quando...
procurar alívio junto à Fonte verdadeira.

Há algumas coisas que você precisa discutir apenas com Deus. Você não precisa deixar que *todo mundo* saiba *de tudo* a seu respeito. Na verdade, talvez seja sábio de sua parte não deixar que isso aconteça. Há certos detalhes que não precisam ser expostos aos olhos e às opiniões alheios. Há certas coisas que os outros não poderão ajudar você a descobrir ou resolver. Há certos aspectos de sua personalidade que não devem ser revelados aos outros porque precisam de cura. *Ninguém pode curar você!* Só Deus é capaz disso. Há alguns pontos da sua vida tão confusos, que você não pode correr o risco de deixar alguém entrar e tornar as coisas ainda mais difíceis do que já estão. Há certas particularidades a seu respeito e a respeito de sua vida para as quais você precisa de *Conselhos Divinos.* Leve essas coisas até o santuário de seu coração e peça a Deus que lhe mostre o que fazer.

Até hoje, você pode ter contado às outras pessoas certos detalhes a seu respeito e a respeito de sua vida que você só precisa compartilhar com Deus. Hoje, recolha-se ao seu santuário em busca de Conselhos Divinos.

Hoje, eu me dedico a receber conselhos de Deus sobre determinadas áreas de minha vida.

13 DE DEZEMBRO

Eu ficarei em paz quando... conseguir examinar o que sinto de verdade por baixo do que estou sentindo.

Sentir e expressar raiva pode ser assustador. Quando alguém nos agride, achamos que a raiva que sentimos é direcionada à pessoa que nos machucou. A verdade é que a raiva é sempre direcionada para nós mesmos. Ficamos com raiva por ter confiado em alguém que acabou demonstrando ser a pessoa errada. Sentimos raiva por termos amado demais. Por termos nos dedicado demais. Mas, como é difícil admitir essas coisas para nós mesmos, apontamos o dedo *para fora, para eles!* Preferimos ficar sentindo raiva de outra pessoa do que dizer para nós mesmos: "Você me machucou." Porque, quase tudo o que acontece conosco, nós, de certa forma, deixamos que acontecesse.

Sofrer agressão é sinal de que existe um comportamento seu que deixa que os outros agridam você. Se simplesmente ficar com raiva do seu agressor, você deixa de se dar conta da sua participação na agressão, do seu ponto fraco que se expõe, que se desvaloriza ou que provoca a agressão. Um aspecto seu que precisa ser curado.

Você sente raiva por não ter pressentido que aquilo ia acontecer, ou porque, no fundo, sabia que ia acontecer. Fica com raiva porque acredita que deveria ter agido com mais esperteza. Quando sentir raiva por uma agressão, rejeição ou abandono, não aponte o dedo para o outro, nem se culpe. Aprenda com a experiência e transforme a raiva em energia para seu crescimento.

Até hoje, você pode ter acreditado que alguém em quem confiava ou que amava fez algo para deixar você com raiva. Hoje, respire fundo quando sentir raiva e examine o que há de verdade por trás dela.

Hoje, eu me dedico a examinar minhas atitudes que provocam agressões e abandono.

14 de Dezembro

Eu ficarei em paz quando...
começar a fazer o trabalho de Deus.

Se você pudesse usar de total sinceridade, provavelmente admitiria que há um bom número de coisas que deixam você com raiva. Talvez, se tivesse muita coragem, também admitisse que tem raiva de Deus. Mas quando você já se cansou de sofrer com o que viu, ouviu e aturou, talvez não se importe em deixar que Deus saiba que você está com raiva dele.

Quando pensamos nas guerras, nas drogas, nos estupros e nas calamidades, a pergunta é quase inevitável: se Deus é tão poderoso assim, onde está o seu poder quando tudo isso acontece? Onde está Deus quando pais abandonam seus filhos? Onde está Deus quando as mães abusam de drogas ou de álcool e espancam seus filhos? Onde está Deus quando furacões matam pessoas e destroem casas? Isso tudo não deixa você com raiva?

Mas sabe onde Deus está? Onde sempre esteve: no seu coração. Acho que, se você soubesse disso, começaria a espalhar um pouco mais de Deus pelo mundo afora. Caso você tenha esquecido, *Deus trabalha através das pessoas.*

Até hoje, você pode ter sentido muita raiva de Deus por tudo o que Ele parece estar fazendo ou deixando de fazer. Hoje, seja Deus na Terra. Ame alguém. Ajude alguém. Solidarize-se com alguém. Guie alguém. Alimente alguém. Apóie alguém. Perdoe alguém.

Hoje, eu me dedico a realizar o trabalho de Deus.

15 DE DEZEMBRO

Eu ficarei em paz quando...
parar de me deixar consumir pela raiva.

Você já sentiu tanta raiva de alguém a ponto de parar de pensar nessa pessoa e não pronunciar o nome dela?

Quando você fica com tanta raiva de uma pessoa, a ponto de negar sua existência, você precisa saber que há algo ocorrendo com *você* que não tem nada a ver com o *outro*. A raiva é provavelmente uma reação às suas insatisfações, às suas frustrações, ou é uma reação inconsciente ao medo.

Aquilo que causa raiva em um relacionamento é geralmente algo que vem se construindo há algum tempo com a participação dos dois. Talvez você tenha idéias muito rígidas e não se abriu ao diálogo. Talvez tenha esperado do relacionamento algo que ele não poderia lhe dar. Talvez não tenha colocado claramente seus limites, nem respeitado os limites do outro. Talvez tenha exagerado na necessidade de controlar. Talvez não tenha usado suficientemente a verdade com você e com seu parceiro. A raiva pode surgir em determinadas situações, mas ser logo superada quando há amor, tolerância, respeito e compaixão de parte a parte.

Até hoje, você pode ter achado que a sua raiva com relação a uma outra pessoa tinha justificativa. Hoje, abra as portas de seu coração. Encare o seu papel nos fatos. Examine atentamente o que aconteceu para aprender valiosas lições.

Hoje, eu me dedico a usar amor, compreensão e compaixão para apagar o fogo da raiva.

16 DE DEZEMBRO

Eu ficarei em paz quando... tiver clareza com relação ao que estou fazendo e sentindo.

Existe uma diferença clara entre *distância* consciente e *indiferença*. A distância é uma *escolha*. A indiferença é um sentimento, uma *reação*. Muitas vezes você quer controlar um ser amado e interfere em sua vida. Quando a sua energia e os seus esforços não produzem o resultado esperado, é possível que o medo e a raiva que isso causa levem você à indiferença. *Você não quer mais se importar com aquela pessoa!*

A distância é completamente diferente. Distância aqui não significa afastamento, mas consciência de que o ser amado é alguém diferente de você, com suas próprias características, seu processo, seu ritmo, sua forma de ver as coisas e reagir. Você procura *respeitar* tudo isso, mas *dialoga e negocia* quando o modo de ser do outro lhe causa perturbação. Confia e respeita o suficiente para permitir que ele viva a sua própria vida. Confia que a ordem divina o guiará. Relaciona-se com amor e compaixão.

Em vez de permitir que a indiferença feche o seu coração e a sua mente para situações e para pessoas, aprenda a criar distância. Dessa forma, você se fará disponível para oferecer o que puder, quando puder.

Até hoje, você pode ter permitido que um envolvimento excessivo se transformasse em indiferença. Hoje, pratique a distância. Confie que as pessoas conseguem crescer dentro de suas características próprias. Confie que você saberá o que fazer em todas as situações. Esteja disponível nos momentos em que você puder apoiar, sem determinar como deverá ser o processo.

Hoje, eu me dedico a me relacionar respeitando as diferenças e mantendo uma saudável distância.

17 DE DEZEMBRO

Eu ficarei em paz quando... aprender a me desapegar.

Quando algo já cumpriu o seu objetivo, ele irá embora. Quando uma coisa não tiver mais razão em sua vida, ela azedará. Ou fugirá. Quando algo já cumpriu o seu objetivo divino na sua vida, ele não poderá permanecer mais nela. E se você tentar se apegar a algo que já cumpriu o seu objetivo, você vai se machucar. Se esse apego estiver atrapalhando a sua paz de espírito, deixe essa pessoa ou essa situação partir.

Até hoje, você pode ter se apegado a algo ou a alguém sem se dar conta de que o objetivo dessa experiência ou dessa pessoa em sua vida já foi cumprido. Hoje, desapegue-se das pessoas e das coisas que você tem lutado para segurar.

Hoje, eu me dedico a me desapegar de tudo e de todos que não servem a um objetivo divino em minha vida.

18 DE DEZEMBRO

Eu ficarei em paz quando...
minha aprendizagem se refletir nos meus atos.

O seu processo de aprendizagem e o seu crescimento não podem ser medidos por um *ritmo* específico. Não importa a sua rapidez. O que importa são os *atos* – grandes e pequenos – que manifestam esse crescimento. Talvez você saiba fazer muitas coisas. Talvez tenha a sensação de compreender mais as coisas e as pessoas. Talvez tenha crescido em autoconhecimento e detenha muitas informações. No entanto, sabedoria, compreensão, conhecimentos só revelarão seu crescimento se sua presença no mundo for mais amorosa, solidária, generosa e cheia de compaixão. Se o que você aprendeu só serve para afirmar-se, exibir-se, controlar e dominar, é porque a sua aprendizagem e o seu crescimento ainda não estão completos. Tome consciência disso. Verifique como seu crescimento vem se refletindo em atos concretos. Invista no processo e confie nos resultados.

Até hoje, você pode ter acreditado que só precisava aprender uma determinada coisa. Hoje, examine como a sua aprendizagem se reflete nos seus atos.

Hoje, eu me dedico a examinar como
coloco em prática o que sei.

19 de Dezembro

Eu ficarei em paz quando...
reconhecer que posso sofrer provocação.

Não é incrível como somos capazes de ser amáveis com uma pessoa e querer esganar outra dali a minutos? É claro que você vai dizer que a culpa foi dele ou dela. Foi por causa do jeito que essa pessoa *falou* com você ou *olhou* para você. Pode parecer verdade que, embora algumas pessoas provoquem o que você tem de melhor, outras pareçam provocar o seu pior lado. Algumas pessoas realmente sabem provocar você! É isso mesmo! *Você* está *se deixando* provocar. A forma como você reage não tem nada a ver com ninguém. Tem tudo a ver com você.

O seu maior adversário é, também, o seu maior professor. Quer você goste ou não, o papel de certas pessoas em sua vida é provocar o pior que existe em você. Porque o que ele ou ela fizerem disparar já existia em você. Essas pessoas surgem em sua vida para mostrar isso e para lhe dar a oportunidade de se curar. Talvez não seja uma experiência agradável, mas o simples fato de saber que alguém pode mobilizar você de tal forma é sinal de que há algo que precisa ser curado. Não gaste o seu tempo sentindo raiva dessa pessoa. Preocupe-se em se curar!

Até hoje você pode ter acreditado que não havia nada de errado em ser amável com umas pessoas e desagradável com outras. Hoje, agradeça a toda e qualquer pessoa que provoque você. Conscientize-se de que ela está lhe proporcionando uma oportunidade maravilhosa e divina de se curar.

Hoje, eu me dedico a curar os aspectos doloridos, sensíveis e feridos de meu coração e de minha mente.

20 de Dezembro

Eu ficarei em paz quando...
aceitar que as coisas são do jeito que precisam ser.

Pare de tentar atingir a perfeição! *Pare neste instante!* Pare de tentar mudar e se aperfeiçoar. Pare de tentar aperfeiçoar cada detalhe, para que tudo a seu respeito seja perfeito. Pare de tentar impressionar os outros com a sua perfeição. Pare de inventar histórias para provar como sua vida é perfeita. Pare de procurar as pequenas imperfeições para aperfeiçoá-las. Pare de criar desculpas para justificar aquilo que considera imperfeito. *A busca da perfeição é uma perda de tempo e de energia.* É uma busca que fecha a sua mente e o seu coração para o que há de bom em você e para a beleza que nos rodeia. Você acaba se preocupando tanto em aperfeiçoar as suas pequenas rachaduras, que se esquece que *a luz brilha justamente através de rachaduras.* Lembre-se das palavras do famoso escritor Ernest Hemingway: "Nem tudo o que parece estar quebrado precisa ser consertado. Na verdade, alguns são mais fortes nesses locais, quebrados!" Em outras palavras, nem tudo precisa ser perfeito para ser divino. Isso inclui você!

Até hoje, você pode ter visto a perfeição como um ideal a ser atingido. Hoje, aceite que você é uma pessoa perfeita exatamente como é. Acolha as rachaduras existentes na sua vida e no seu coração como pontos através dos quais a luz divina poderá brilhar.

Hoje, eu me dedico a me libertar da necessidade de perfeição e a usufruir o que sou.

21 DE DEZEMBRO

Eu ficarei em paz quando... o medo deixar de determinar minha vida.

Há quanto tempo você vive com medo de sofrer agressão, abandono, rejeição? O que é que esses medos fizeram com você? Quando você vive com medo da agressão, é muito difícil sentir paz. Quando deixa de amar com medo do abandono, não encontrará paz. Quando caminha pela vida com medo da rejeição, também evita a paz do amor.

O ser humano fará de tudo para não ser machucado, abandonado ou rejeitado. Para se proteger, há pessoas que evitam qualquer proximidade maior. Algumas chegam a atacar primeiro, agredindo os outros antes de poderem ser agredidas. Quando você tem medo, é capaz de passar grande parte da vida vigiando a dor, esperando a agressão. Há algo que você precisa lembrar. *Nós sempre acabamos recebendo aquilo que esperamos receber!*

Enquanto viver para evitar a dor, você não conseguirá experimentar a plenitude do seu eu autêntico ou da vida. Você jamais conhecerá a alegria do amor ou a plenitude de dar e receber amor, se ficar se escondendo da dor. Quando você se concentra na dor, o seu coração se fecha e se defende. *Deixe disso!* É o seu medo da dor que está destruindo a sua paz de espírito e a sua chance de receber amor.

Até hoje, você pode ter acreditado que se pudesse evitar agressão viveria uma existência pacífica. Hoje, pense em todo o amor e paz que vem perdendo nesta vida por se concentrar em evitar a dor.

Hoje, eu me dedico a abrir o coração para a plenitude da vida e do amor sem a expectativa de sofrer agressão.

22 de Dezembro

Eu ficarei em paz quando... puder usufruir as bênçãos da reflexão e do aprendizado.

Muitas vezes passamos a uma situação nova sem concluir a antiga. Saltamos em direção ao novo antes de compreender o velho. Começamos um relacionamento novo quando ainda não resolvemos bem o antigo. Acreditamos que podemos encontrar um emprego novo e mais bem pago enquanto ainda estamos ressentidos com o tratamento que recebemos no anterior. Você não pode ir em frente, fazer algo maior, melhor e mais brilhante do que o que fazia, até resolver o que foi vivido, para descobrir o que aprendeu. *Sem concluir o que estava começado, os vícios da situação anterior vão seguir você.*

Toda e qualquer experiência na vida serve para nos conhecermos melhor e sermos mais donos de nossas escolhas e decisões. Se não aprendermos com as experiências vividas, seguiremos repetindo atitudes e comportamentos que nos prejudicam. Voltaremos a nos envolver com pessoas que nos desvalorizam, que nos maltratam, que nos traem, sem compreender qual é o nosso movimento interior ou a visão que temos de nós mesmos e que nos leva a ligar-nos com esse tipo de pessoa. Tornaremos a deixar que um chefe prepotente nos humilhe. A única forma de ter sucesso numa nova experiência é fazendo um esforço para entender o que está sendo deixado para trás, aprender a lição e planejar para fazer com que o próximo evento seja diferente.

Até hoje, você pode ter ido em frente sem refletir sobre a experiência anterior para concluí-la. Hoje, espere um pouco! Não tome decisões. Peça que a luz do Espírito Santo lhe mostre como caminhar em direção a uma experiência mais feliz.

Hoje, eu me dedico a concluir as experiências vividas para aprender com elas.

23 de Dezembro

Eu ficarei em paz quando... me dispuser a me abrir para falar e ouvir.

Algumas vezes nós rompemos um relacionamento por causa de sentimentos malresolvidos ligados à raiva ou à traição e que possuem raízes em experiências passadas. Ou rompemos por acharmos que não estamos recebendo o amor de que precisamos. Infelizmente, costumamos culpar o outro quando os nossos desejos não são satisfeitos. Na verdade, na maioria das vezes, *fomos nós* que não pedimos o que queríamos ou necessitávamos.

Quantas vezes você disse sinceramente ao seu parceiro exatamente o que queria ou por que queria? Quando foi que, de coração aberto, você colocou a sua verdade e dispôs-se a ouvir a dele? Você lhe deu chance de saber como seus atos afetavam você? Disse-lhe como se sentia, o que esperava, do que necessitava? Como esperar receber o que não pediu? E como receber, se estiver com o coração e a mente fechados?

Há alguns casos em que sabemos, sem sombra de dúvida, que é chegado o momento de romper o relacionamento. Mas não é disso que estamos falando aqui. Estamos falando de um relacionamento em que vale a pena investir. Relacionar-se intimamente é um desafio que requer uma abertura mental, emocional e espiritual para revelar-se com honestidade, expressar seus desejos e necessidades, respeitar os limites do outro, ouvi-lo e ajudá-lo a crescer. Por favor, *diga a sua verdade e ouça a do ser amado!*

Até hoje, você pode ter deixado seu relacionamento desgastar-se por não ser capaz de abrir-se para expressar-se e acolher o que ouve. Hoje, tome coragem para revelar o que você quer e sente e ouvir o que o outro tem a dizer.

Hoje, eu me dedico a me abrir para falar de minhas necessidades e sentimentos, e ouvir meu parceiro.

24 de Dezembro

Eu ficarei em paz quando...
me der conta de que nunca estou só.

São muitos os momentos na vida em que nos sentimos sós. Talvez estejamos de fato sozinhos, sem ninguém por perto. Mas podemos nos sentir sós no meio de uma multidão, numa grande reunião de família, ao lado de nosso companheiro ou de nossa companheira.

Você sabe que *nunca estamos sós*, porque há uma *presença permanente* conosco, dentro de nós, no mais íntimo de nosso ser. Uma presença divina que conhece o que temos de melhor, que nos apóia e sustenta em todos os movimentos para o nosso maior bem, que se expressa através de nossos atos de amor e compaixão. Se nos sentimos muitas vezes sós e sofremos por isso, é porque nos esquecemos dessa presença.

Hoje, especialmente, volte-se para dentro de si e entre em contato com essa presença. Invoque-a, e os anjos cercarão você. Os reis magos, os profetas e todos os sábios acorrerão para proteger, amparar, encorajar, abrir seu coração, responder aos seus desejos e necessidades. Invoque amorosamente essa presença, e a força que sentirá dentro de si diminuirá o impacto de qualquer acontecimento externo. Na presença de Deus, tudo aquilo de que você precisa virá para você e através de você.

Até hoje, você pode ter acreditado que estava só. Hoje, entreguese à presença de Deus. Peça para que o amor e a graça de Deus sejam sua força.

Hoje, eu me dedico a experimentar
a presença de Deus em minha vida.

25 de Dezembro

Eu ficarei em paz quando... reconhecer que tudo aquilo que é Deus eu sou.

A sua mente é um solo fértil no qual reside o amor.
Deus está em sua mente.
Deus é amor.
A presença de Deus é permanente.
Faça todas as coisas na companhia de Deus.
Faça todas as coisas na companhia do amor.
Decida-se a:
Estar presente com Deus.
Estar presente no amor.
Siga Deus.
Procure Deus em primeiro lugar.
Siga o que há de mais espontâneo no seu ser.
Porque o seu instinto mais espontâneo e natural é amar.

Até hoje, você pode ter pensado que Deus vivia em algum lugar distante, onde você não conseguia contactá-lo. Hoje, lembre-se de que Deus é a presença mais profunda e íntima em seu ser.

Hoje, eu me dedico a entrar em contato com Deus em mim.

26 de Dezembro

Eu ficarei em paz quando...
conseguir achar graça no que penso.

Se alguém agride, humilha, desvaloriza você, a culpa é totalmente dessa pessoa, certo?! Não tem nada a ver com você! Se você repete uma série de relacionamentos infelizes e destrutivos, a culpa é sempre dos parceiros, você é apenas uma vítima infeliz, sem nenhuma responsabilidade.

Se você concorda com as afirmações acima, vai me deixar dividida entre achar graça e ficar absolutamente desolada. Porque você resistiu e preferiu continuar vendo assim. Não é possível! Eu fico desolada porque sei que, dessa forma, você vai continuar sofrendo, se submetendo, mas sempre apontando o dedo acusador para os outros. São eles que têm que mudar.

Pare um pouco e reflita. Lembre-se do que leu até aqui. Eu compreendo que você resista porque passou tanto tempo acreditando que a culpa é dos outros, que fica difícil mudar. Mas eu sei que você vai mudar. Você já está mudando, mas o processo é lento e exige paciência. Reflita de novo. Tenho certeza de que você vai até achar graça por descobrir que ainda pensa assim.

Até hoje você pode ter acreditado que os problemas que surgem em sua vida nada têm a ver com você. Hoje, reflita melhor para ver se acredita mesmo no que diz.

Hoje, eu me dedico a compreender por que certas experiências acontecem em minha vida.

27 DE DEZEMBRO

Eu ficarei em paz quando... escolher aquilo que contribui para a minha paz.

Lutar para ter tudo à sua maneira não contribui para a sua paz. Lutar para impor seu modo de ver as coisas não aumenta a sua paz. Recusar-se a admitir que você errou não aumenta a sua paz. Recusar-se a reconhecer as suas fraquezas e limites não aumenta a sua paz. Apontar as fraquezas dos outros não aumenta a sua paz. Tentar consertar os outros não aumenta a sua paz. Acusar-se constantemente não aumenta a sua paz. Não pedir aquilo que você deseja não aumenta a sua paz. Aceitar menos do que você deseja não aumenta a sua paz. Tentar provar o seu valor não aumenta a sua paz. Recusar-se a aceitar que os outros têm valor não aumenta a sua paz. Não aceitar responsabilidade não aumenta a sua paz. Assumir responsabilidade pela vida dos outros não aumenta a sua paz. Assumir mais do que pode não aumenta a sua paz. *Confiar que você está sempre fazendo o melhor que pode, isto sim, aumenta a sua paz.*

Até hoje, você pode ter tido comportamentos e atividades capazes de perturbar a sua paz de espírito. Hoje, aumente a sua paz. Escolha atividades e comportamentos amorosos que contribuam para a sua paz.

Hoje, eu me dedico a investir nas experiências que contribuem para a minha paz.

28 de Dezembro

Eu ficarei em paz quando... me der conta de que o amor e a paz trabalham lado a lado.

O amor é a única experiência que substitui o medo.
A paz é o resultado.
O amor consiste em entregar-se à vida, sem medo.
A paz é o resultado.
Quando você se dá conta de que pode enfrentar tudo com amor,
a paz é o resultado.
Quando você se ama em cada experiência,
a paz é o resultado.
A paz é a ajudante e a parceira do amor.
Quando você se dedica a amar tudo
e fazer tudo em nome do amor,
a paz tomará conta de todo o resto.

Até hoje, você pode não ter tomado consciência do relacionamento divino que existe entre o amor e a paz. Hoje, faça parte desse relacionamento divino capaz de trazer milagres para dentro de sua vida.

Hoje, eu me dedico a me amar e a amar os outros.

29 DE DEZEMBRO

Eu ficarei em paz quando... compreender que só há ganhos quando há perdas.

Poucos compreendem por que estão aqui. Temos até algumas idéias vagas, mas não sabemos ao certo por que nos encontramos neste planeta neste momento. Para aqueles que buscam entender o sentido da vida, eis aqui algumas dicas.

Você está aqui:

Para ganhar generosidade à medida que perde o ego.
Para ganhar integridade à medida que perde a desonestidade.
Para ganhar força à medida que perde o medo.
Para ganhar compaixão à medida que perde a raiva.
Para ganhar disciplina à medida que perde a irresponsabilidade.
Para ganhar igualdade à medida que perde a separação.
Para ganhar apreciação à medida que perde o ressentimento.
Para ganhar entusiasmo à medida que perde a hostilidade.
Para ganhar ternura à medida que perde a rigidez.
Para ganhar coragem à medida que perde a amargura.
Para ganhar generosidade à medida que perde o egoísmo.
Para ganhar otimismo à medida que perde a inadequação.
Para ganhar alegria à medida que perde o constrangimento.
Para ganhar gratidão à medida que perde a ganância.
Para ganhar amor à medida que perde a ignorância.

Até hoje, você pode não ter se dado conta de que à medida que renuncia a uma coisa ganha outra para substituí-la. Hoje, alegre-se com as perdas, porque os ganhos serão muito maiores.

Hoje, eu me dedico a investir no desenvolvimento de minha natureza espiritual.

30 de Dezembro

Eu ficarei em paz quando... me sintonizar com o funcionamento do universo.

A paz não pode existir na desordem. Quando as coisas estão fora de ordem, haverá caos e confusão. Quando há caos e confusão, as coisas não ficam claras. Quando você tem clareza, tem paz.

O universo da vida é tão benevolente e misericordioso, que nos deu uma receita para a paz. A receita se chama Lei da Ordem Universal. A lei diz: *Deus em primeiro lugar!* Depois, você. Depois, a família e os amigos. Finalmente, o trabalho. *Ignore qualquer outra ordem!* O que não quer dizer que você deva negligenciar os seus deveres e responsabilidades. Não, nada disso! Só quer dizer que você deve obedecer às prioridades. A ordem é a seguinte: Primeiro, Deus! Depois, você. Depois, a sua família e os amigos. E na retaguarda vem o trabalho. *Compreendeu?* Agora, se você fizer o possível para seguir a lei ao pé da letra, vai sentir uma imensa paz. *Você terá uma paz capaz de ultrapassar qualquer compreensão. Uma paz que nada no mundo será capaz de lhe tirar.* Paz na mente. Paz no coração. Paz com você e paz com os outros. Se você não está vivendo em paz, talvez sua vida esteja *fora de ordem!*

Até hoje, você pode não ter se dado conta do que precisava fazer para ter mais paz em sua vida. Hoje, siga a lei ao pé da letra. Organize a sua vida!

Hoje, eu me dedico a perseguir a paz.

31 de Dezembro

Eu ficarei em paz quando... confiar em minhas preces.

Deus, meu Pai. Deus, minha Mãe. Deus, tudo em todos.

Lembre-me que você está presente onde quer que eu esteja. Abra os meus olhos para que eu O veja, meus ouvidos para que eu O ouça, minha alma para que eu sinta a Sua presença e, assim, conheça a verdade de quem sou. Abra o meu coração para que eu sinta, conheça e expresse o Seu amor em cada situação e em todas as circunstâncias.

Deus, eu me entrego a Você como uma oferenda de amor. Que eu sempre reconheça as suas formas de me amar. Que eu sempre seja uma expressão do Seu amor, uma expressão da Sua verdade. Que eu sempre aja de acordo com a Sua sabedoria. Que eu sempre traga a energia do Seu Espírito para cada situação, de modo que Você possa tocar os corações e as mentes de todas as pessoas.

Deus, eu me abro para você. Que eu me encha com a luz da Sua presença, com o poder de Sua verdade. Que eu possa viver de acordo com a fé que Você deposita em mim. Que eu satisfaça o objetivo que você traçou para mim. Que eu aprenda a confiar sempre em Você, e que a minha vida seja um exemplo luminoso da Sua sabedoria e da Sua glória. Que eu dignifique a Sua presença dentro de mim e em minha vida vivendo de acordo com o princípio do Seu amor.

Eu agradeço, pois sei que Você irá me atender. Por tudo aquilo que recebi e que ainda está por vir, eu agradeço.

Até hoje, você pode não ter se dado conta de que Deus diz *sim* para todas as suas preces. Hoje, reze com confiança, sabendo que Deus tem alegria em atender aos pedidos que você faz do fundo do coração.

Hoje, eu me dedico a confiar completamente nas minhas preces.

E assim seja!

Conheça outros títulos de Iyanla Vanzant

Um Dia Minha Alma se Abriu por Inteiro

"Quero compartilhar com você aquilo que mais me ajudou a permanecer aberta e bem fundamentada na compreensão de quem realmente sou, quando as experiências da vida ameaçaram fazer-me esquecer.

Estou propondo uma jornada de quarenta dias e quarenta noites para que você tome consciência das coisas que realmente importam nesta vida. Este será o primeiro passo na direção do crescimento pessoal e do fortalecimento espiritual."

Iyanla Vanzant

Ontem, Eu Chorei

"Este livro não é apenas a minha história, é a nossa história. História das coisas comuns que todos nós vivemos e que não aprendemos a expressar. História das coisas que nos mantêm mutilados porque as vemos com medo, com raiva, com culpa e com vergonha.

Minha vontade é que minha história ajude as pessoas a jogarem fora suas muletas de deformações e vícios, para podermos ficar juntos em uma nova época, em um novo lugar, com uma nova compreensão que nos permitirá celebrar o fato de estarmos vivos."

Iyanla Vanzant

Enquanto o Amor não Vem

Haverá um momento em sua vida em que o amor vai chegar. Antes disso, você terá feito tudo o que podia, tentado tudo o que podia, sofrido o quanto podia e desistido muitas vezes.

Mas com a mesma certeza com que você está lendo este texto, posso lhe garantir que esse dia virá.

Nesse meio tempo, este livro vai lhe contar muitas histórias e lhe ensinar algumas coisas que você pode fazer para se preparar para o dia mais feliz de sua vida: o dia em que experimentar o amor verdadeiro.

Esperando o Amor Chegar

Você está passando por uma fase de confusão, ansiedade e frustração? Sente pena de você mesmo? Acaba de terminar um relacionamento amoroso e tem a sensação de que nunca encontrará seu par ideal?

Talvez você se sinta no fundo do poço e sem perspectivas. Mas não acredite nisso! As crises – mesmo as mais sofridas – são preciosas para nos mostrar novos caminhos e nos incentivar a reformular nossas vidas.

Agora é a hora da virada! Este livro é um instrumento precioso que vai ajudar você a identificar os problemas e questionar o que está bloqueando o amor em sua vida. Seguindo os conselhos da autora e dedicando-se aos exercícios práticos, você encontrará as respostas que procura e poderá alcançar a paz, o entendimento, a sabedoria e o AMOR que deseja.

INFORMAÇÕES SOBRE OS PRÓXIMOS LANÇAMENTOS

Para receber informações sobre os próximos lançamentos da EDITORA SEXTANTE, queira entrar em contato com nossa Central de Atendimento, dando seu nome, endereço e telefone para:

EDITORA SEXTANTE
Rua Voluntários da Pátria, 45 – Gr. 1.404 – Botafogo
22270-000 – Rio de Janeiro – RJ
Tel.: (21) 2286-9944 – Fax: (21) 2286-9244
DDG: 0800-22-6306 (ligação gratuita)
E-mail: atendimento@esextante.com.br

Para saber mais sobre nossos títulos e autores, e enviar seus comentários sobre este livro, visite o nosso site:

www.esextante.com.br

PAPEL CHAMOIS-FINE alcalino

Impresso em papel Chamois Fine Alta Performace Dunas 80g/m² da Ripasa S/A, fabricado em harmonia com o meio ambiente.